아름답게 가는 길

아름답게 가는 길

···

펴낸 날 ‖ 2021년 11월 3일 초판 1쇄
2025년 3월 10일 초판 2쇄

지은이 ‖ 대현
펴낸 이 ‖ 유영일
펴낸 곳 ‖ 올리브나무 제2002-000042호

경기도 고양시 일산동구 정발산로 82번길 10, 705-101
Tel. 031-905-8469, 010-7755-2261
Fax 031-629-6983   E메일 yoyoyi91@naver.com

ⓒ 올리브나무, 2021

ISBN 979-11-91860-02-3 03220

값 15,000원

아름답게 가는 길

대현 스님 유고집

올리브나무

차 례

병을 얻다

찬바람을 쐬거나 찬 음식을 먹으면 기침이 심하게 나온다. 분명 병은 깊어지고 있는 게 맞다. 멀지 않아 마지막을 알리는 징후가 나타날 것 같다. 늦가을 찬바람이 불기 전에 생을 마무리하는 게 좋겠다. …아름다운 마무리가 필요하다.

아름다운 마무리란, 이번 생에서 인연이 지어진 모든 분들과 기꺼이 작별할 줄 알고 마지막임을 받아들이는 것이다. 아름다운 마무리는 나를 얽어매고 있는 구속과 생각들로부터 벗어나 자유로워지는 것, 삶의 예속물이 아니라 삶의 주체로서 거듭나는 것이다. 죽고 사는 것까지도 벗어나야 한다. 죽음은 끝이 아니라 다음 삶의 시작이다.

내 몸에서 생긴 일과 수행자다움에 대하여

2019년 기해년이 저물고 2020년 경자년이 되었다. 절기로는 낮이 가장 짧다는 동지가 지나고, 일 년 중 가장 추운 소한이 되었다. 해마다 이 무렵이면 심한 감기 몸살로 고생을 하곤 했다. 내 나이 칠십 중반에 이르다 보니 면역력이 떨어져 다른 해보다 더 기침이 심해지고 가래가 많이 나와 고생이 이만저만이 아니다.

면 소재지 의원을 찾아가 자주 감기약과 기관지염 처방을 받아 약을 복용하지만 잘 듣지 않는다. 지난해 봄, 국민건강보험공단에서 실시한 건강진단 결과, 만성기관지염이 발견되니 정밀검사를 해보라는 통보를 받았었다. 지금껏 무시하고 지냈는데, 오늘따라 심하게 기침이 나오면서 울컥 시뻘건 피가 한 줌 목에서 쏟아져 나왔다. 왈칵 겁이 났다. 이것 큰일났구나! 기관지나 폐에서 나온 게 분명했다. 큰 병원에 가봐야겠다고 생각하고, 진주 B병원을 찾아갔다. X-레이 검사와 CT 검사 결과, 폐렴 같으니 당장 병원에 입원을 해야겠다고 한다. 난감했다. 입원하여 속인과 같이 한 병실에서 생활한다는 것 자체가 많이 망설여졌다. 산속 생활만 해오던 내가 그들과 어울릴 수도 없고, 음식도 맞지 않을 것이 뻔했다. 또 호흡기 계통의 환자이기 때문에 다른 사람에게 옮길 수도 있고, 또 내가 옮을 수도 있다. 그래서 독방을 알아보았으나 독방이 없다고 한다.

의사 선생님께 "제가 피를 쏟았지만, 크게 불편하지는 않고 감기 증상 정도이니 통원치료를 하면 안 되겠습니까?" 하고 사정하니, 그렇게 하라고 하면서 가래 검사를 하겠으니 가래를 뱉어 담아오라고 하였다. 며칠 후에 오라는 날짜에 병원에 갔더니 가래에 결핵균과 사촌격인 유사한 병균이 검출되었다고 한다. 일종의 폐렴균이다. 이 균은 200여 종류가 있는데, 공기 중에 있다가 우리 몸의 폐에 들어와서는 대부분 기생하지 못하고 소멸하지만, 면역력이 약한 사람에게서는 기생하기도 하고, 잠자고 있다가 기회를 노리어 활동하게 되기도 한다고 한다. 이 균은, 다른 사람에게는 전염되지 않는다고 한다.

이 균을 한 달 간 배양하여 활동하는지 여부를 알아보아야 하니, 한 달 후에 다시 오라고 한다. 별다른 약 처방은 없었다. 감기 기운이 여전하더니 두 번째로 피가 나왔다.

한 달 후에 병원에 갔더니 이 균이 활동을 한다고 한다. 그러면서 경상대학병원으로 가보라고 한다. 병원 의뢰서와 소견서, 그리고 지금까지 몇 차례 촬영한 X-레이와 CT 결과를 CD에 담아 주었다.

경상대학병원에 가서 진료를 받으니, 내과 호흡기 담당 교수님이 말하기를, 먼저 기관지 내시경을 해보아야겠으니 촬영 날짜까지 5일 동안 병원에 입원해야 한다고 한다. 그런데 보호자가 있어야 한다는 것이다. 또다시 난감했다. 무엇보다도, 절 내의 식구와 신도들을 놀라게 할 것이 걱정되었다. 난 혼자뿐이라 보호자도 없고 병원 입원이 어렵다고 사정했다. 교수님은 한참 생각하더니, 통원을 허락해 준다.

보호자를 대동하라고 하는데, 누구한테 부탁할 사람이 없었다. 기관지 내시경을 하기 전에 심전도 검사 등 몇 가지 검사를 받았다. 마취를 하고 검사를 받기 때문에 별 고통을 느끼지 않으며 검사 시간은 5분이라고 했다. 하지만 준비하는 시간과 회복하는 시간까지 두 시간 정도가 소요되었다. 며칠 후 검사 결과에 대해서 자세히 설명을 들을 수 있었다. B병원 의사와 별로 다를 것은 없었다. 암은 발견되지 않았고 가래가 많이 나왔는데, 가래에 결핵균은 없으나, 결핵균과 유사한 폐렴균이 발견되어 두 달 정도 배양해 본 뒤에 치료 방법을 결정하겠다고 하였다.

그러면서 폐렴에 대하여 자상하고 친절하게 설명하여 주었다.

"폐렴은 세균이나 바이러스, 그리고 드물게 곰팡이 또는 화학 물질 흡입으로 생기며, 200여 종류가 넘습니다. 요즈음 중국에서 발생한 코로나도 바이러스형 급성 폐렴균입니다. 급성 폐렴은 빠른 속도로 진행되면서 발열, 두통, 몸살, 오한, 기침, 가래, 또는 피가 넘어 나오며 호흡이 곤란하여 조기 치료하지 않으면 사망할 수 있습니다. 만성 폐렴은 느리게 진행하면서 초기 감기 증상을 느끼며 가래가 많이 나옵니다. 치료하지 않으면 폐 세포가 죽어 석고현상이 되어 호흡이 곤란하고, 가래, 기침이 나오며, 많은 영양분을 소멸시켜 극도로 피곤하고, 체중이 점점 줄어 저체중, 호흡곤란 등으로 사망할 수 있습니다. 그리고 폐렴균에는 전염성이 빠르고 강한 것도 있고, 느리고 전염하지 않는 것도 있습니다. 급성 폐렴은 입원치료를 받아야 하지만, 만성 폐렴은 예약 통원치료를 받으면 됩니다. 스님은 만성 폐렴이므로 입원하실 필요는 없습니다. 그리고 전염성이 거의 없기 때문에 그 점은 별로 걱정하지 않으셔도 됩니다."

　화창한 5월의 봄이다. 하지만 온 나라가 코로나 유행으로 난리가 났다. 대구의 신천지에서 시작되어 일파만파로 번져나가는 코로나 사태로 이곳 진주도 확진자가 생겨서 방역 수칙이 엄격해지고 경상대학병원 호흡기 계통의 병동은 더욱 철저했다. 두 달 만에 의사 선생님을 만났다. 다시 여러 가지 검사를 했다.

X-레이 검사, 심전도 검사, 피검사, 폐 기능 검사 등이었다.

모든 검사 결과를 보고 나서 교수님은, 지금 상태로 봐서는 급속하게 병이 진행하지는 않을 것 같지만, 이대로 둘 수는 없으니 치료를 시작하는 것이 좋겠다고 하였다. 치료약이 매우 독하여 소화기능이 약한 사람에게 매우 힘들다고 했다. 나는 선천적으로 위장이 약하여 음식을 제대로 먹지 못한다고 했더니, 연구를 많이 해보자고 하면서 일반 약국에서 구입할 수 있는 약이 아닌 대학병원 특수 약을 처방해 주었다.

일주일에 세 번 링거에 치료제를 주입하여 맞게 되었다. 지금 내 몸은 체중이 자꾸만 줄어서 키 159센티미터에 체중 40킬로그램밖에 나가지 않는다. 기운이 없어서 다리가 휘청거리고 앉았다 일어서면 '핑' 도는 기립성 빈혈이 심하다. 주사약은 너무나 독했다. 더욱 몸을 가눌 수 없게 만들었다. 약은 아침저녁으로 두 번 복용하게 되어 있었다. 처음으로 약을 먹었더니 위장이 뒤집힐 듯하고 소화불량이 극심하여 더는 먹을 수 없었다. 만약 약을 복용하다가 그만두면 병균이 그 약에 대하여 내인성이 생겨 더 독한 약을 사용해야 한다고 한다.

내 체력으로는 독한 주사를 계속 맞을 수도 없었다. 내가 결단해야 한다. 모든 것이 자연이라 생각하고 죽음 또한 삶의 연장이니 이대로 받아들이는 것이 최선이라 생각하자. 누구도 피할 수 없는 죽음을 조금 연장하려고 버둥거려 봤자 몇 년이겠는가. 오히려 병원비와 고통만이 뒤따를 것 같았다. 차라리 수행자답게 자연의 법칙에 순응하는 것이 좋겠다는 생각이 들었다. 칠십하고도 사년을 살았으니 약골로 태어난 나로서는 많이 산 셈이다.

살아 있는 모든 것은 때가 되면 그 생을 마감한다. 이것은 누구도 어길 수 없는 생명의 질서이며 삶의 신비이다. 만약 삶에 죽음이 없다면, 삶은 그 의미를 잃게 될 것이다. 죽음이 삶을 받쳐주기 때문에 그 삶이 빛날 수 있다. 잘 죽는 것이 잘 사는 것보다 어렵다고 하고, 그 사람이 그 생을 얼마나 잘 살았는지는 죽을 때 보면 안다고들 한다.

살 만큼 살다가 명이 다하여 가게 될 때, 병원에 실려 가지 않고 평소 살던 집에서 조용히 죽음을 맞이한다면 얼마나 행복한 죽음이겠는가? 하지만 병원에 실려가 오랫동안 병상에 누워 죽지도 살지도 못하는데, 사그라지는 잿불 같은 목숨에게 약물을 주사하거나 산소호흡기를 들이대어 연명의술에 의존한다면, 당사자에게는 커다란 고통이요, 주변 친지들에게도 큰 시달림을 주게 될 것이다.

스스로 관 속으로 들어간 보화 스님의 경우

임제선사의 행적과 법문을 실은 『임제록』에는 보화 스님에 대한 이야기가 나온다. 임제와 보화의 관계는 서로 밀접해서 어느 한쪽이 없다면 싱거울 것이다. 보화 스님의 죽음은 거리낌이 없는 생사 해탈의 한 전형을 보여준다.

보화 스님이 자기의 갈 때를 알고 사람들에게 옷을 한 벌 지어달라고 했다. 사람들은 바지와 저고리를 주었지만, 그는 받지 않고 요령을 흔들면서 지나가 버렸다. 이때 임제 스님이 관을 하나 보화 스님에게 내주며 말했다.

"그대를 위해 새 의복을 하나 지었는데, 맞을지 모르겠소."

보화 스님은 그 관을 메고 다니면서 사람들에게 하직 인사를 했다.

"내가 내일 동문 밖에서 죽으리라."

고을 사람들이 앞을 다투어 동문 밖으로 나오자, 보화는 "오늘은 일진이 맞지 않아 내일 남문 밖에서 죽으리라."고 했다. 이튿날 사람들이 남문 밖으로 몰려들자, "내일 서문 밖에서 죽으리라."고 했다. 사람들은 보화 스님이 자신들을 속이는 줄로 알고 차츰 모이는 사람 수가 줄어들었다.

넷째 날, 이제는 아무도 따라오지 않는 것을 보고 북문 밖에서 스스로 관을 열고 들어가면서, 지나가는 사람에게 관 뚜껑에 못을 박아달라고 했다. 그렇게 못을 쳐서 관이 움직이지 못하게 해놓고, 마을에 내려가 고을 사람들에게 이 소식을 전하니, 사람들이 몰려와 관을 열어 보았다. 어찌나 단단히 못을 박았는지 관을 부수다시피 겨우 열었다. 그런데 웬일인가. 시신은 보이지 않고 허공중에서 요령 소리만 은은히 들려왔다.

물구나무서서 가다

당(唐)나라 등은봉(鄧隱峰) 화상은 마조도일 선사의 법을 이은 제자로 기괴한 행을 보임으로써 많은 사람을 놀라게 하였다. 어느 날 스님은 그의 제자들이 모인 자리에 가서 돌연히 다음과 같이 말하였다.

"제방의 장로들이 열반할 때 흔히 앉아서 혹은 누워서 가는 사람이 많은데, 이런 것이야 그리 신통할 것이 없는 것이고…. 서서 그대로 간다면 좀 신기하다고 하겠지?"

"그렇습니다. 서서 간다면야 참으로 신기하지요. 그러나 그런 일이 아주 없었던 것은 아닙니다. 3조 승찬 선사께서 큰 나무 밑에서 선 채로 입적하셨다는 기록이 있습니다."

"그래? 그러면 거꾸로 물구나무서서 갔다는 사람은 없는가?"

"예, 그런 말은 아직 들어보지 못하였습니다."

"그래, 그러면 나는 거꾸로 물구나무서서 가야겠다."

스님은 미처 말끝을 맺지도 않고 두 손으로 땅을 짚자마자, 다리를 공중으로 번쩍 들고 거꾸로 서는 것이었다. 대중은 아연실색하였다. 그러나 스님은 거꾸로 선 그대로 이미 숨을 거두고 말았다. 더욱 신기한 것은 입고 있던 장삼이 조금도 흘러내리거나 벗겨지지 않고 입은 그대로 몸에 붙어 있다는 점이었다. 거꾸로 빳빳이 서 있는 모양이 마치 한 그루의 나무가 땅 위에 솟아 있는 것처럼 보였다.

대중 스님들은 물론, 신도와 일반인이 구름처럼 모여들어서 찬탄하는 소리가 끊이지 않았다. 며칠이 지난 뒤 장례식을 올리기 위하여 시신을 수습하여 관에 안치하는 입관예식을 하려고 하였다. 그러나 시신은 도화(倒化)한 자세 그대로 꼿꼿이 서서 아무리 밀고 잡아당겨도 꼼짝달싹하지 않았다. 대중 스님들은 어찌할 바를 몰라 우왕좌왕하며 야단법석을 피웠다. 이때 한 여승이 홀연 대중을 헤치고 앞으로 나오더니, 거꾸로 서 있는 스님을 보고 준열하게 질책을 하였다.

"오라버니! 이 무슨 짓입니까? 평생 기행만 하더니 열반에 들 때도 이러시면 첫째는 불조(佛祖)에게 실례가 되고, 둘째는 모든 중생을 놀라게 하여 미(迷)하게 하니, 이게 무슨 짓입니까?"

그러고는 손끝으로 슬쩍 미니 그대로 힘없이 넘어지는 것이었다. 이 여승은 등은봉 스님의 누이동생인데, 이미 오래전에 도를 깨달은 훌륭한 여승이었다.

가부좌 한 채로 가다

불법을 깨닫는 데는 승속이 따로 없다. 출가하여 삭발염의하고 산중 생활하는 스님들만 도를 깨달은 것이 아니다. 인도의 유마거사, 우리나라의 부설거사, 중국의 방거사가 가장 탁월한 재가불자이다.

방거사가 만년에 이르러 호북 양주라는 땅에서 바위굴을 집을 삼고 공부할 때의 일이다. 그는 어느 날 늘 따라다니며 시봉을 하는 그의 딸 영조에게 다음과 같이 말하였다.

"저 창 밖에 서서 해를 잘 지켜보았다가 해가 꼭 정오가 되거든 애비한테 알려다오."

말을 마치고는 바위굴 속으로 들어가 앉아서 입적하고자 돌부처같이 묵묵히 좌선삼매에 들었다. 태양은 한 뼘 한 뼘 중천에 높이 떠올라 드디어 정오가 되었다. 영조는 굴을 향하여 큰 소리로 외쳤다.

"아버지! 정오가 되었습니다. 그런데 오늘은 일식(日蝕)을 하는군요!"

이 말을 들은 거사는 벌떡 일어나 나와서 하늘을 살펴보았다. 이때 영조는 재빨리 굴속으로 들어가 자기 아버지가 방금까지 앉아 있던 자리에 얼른 가부좌를 하고 앉아 두 눈을 고요히 내려 감고 좌탈입적(坐脫入寂)해 버렸다. 거사가 안으로 들어왔을 때는 이미 때는 늦었다.

"이놈 봐라!"

영조는 일찍부터 묘한 선기를 체득하여 때때로 그 아버지를 선문답으로 놀라게 하였으며 기행으로 골탕을 먹이기도 하였다. 거사가 열반에 들려고 하는 것을 영조가 먼저 알고 열반해 버린 것이다.

"할 수 없군. 나보다 솜씨가 빠르니, 나는 칠일을 늦출 수밖에!"

거사는 열반에 드는 것을 칠일 더 늦추고는, 딸의 시신을 거두어서 다비(화장)를 하여 주었다.

수행자다운 죽음이란

옛날 도인들은 앉아 죽고, 서서 죽고, 미리 날짜를 정해 놓고 죽고, 곧 죽기를 마음대로 하였다. 난 그런 능력이 없으니 어찌해야 하나? 나는 늘상 입버릇처럼 말하기를, "이 몸은 허망하여 거짓 나이니 애착할 게 없다."라고 했지만, 막상 죽음이 코앞에 다가왔으니, 어떻게 죽어야 잘한 죽음일까? 죽음은 선택의 여지가 없는 운명적인 것일까? 운명에 그대로 맡겨야 하나? 생각이 깊어진다. 수행자다운 죽음의 선택은 없을까?

수행자의 수행 목적은 깨달음을 성취하여 생사윤회를 벗어나는 길이요, 만약 금생에 깨달음을 성취하지 못했다면 마지막 숨을 거두는 순간, 알아차림으로 한 생각 챙기면서 저세상으로 가야 한다. 그래야 그 한 생각은 내세로 연결되어 금생의 수행력과 원력에 따라 다음 생에도 수행자의 길을 걸어 쉽게 깨달음을 성취할 수 있다.

단식의 경험과 내가 바라는 죽음

지금부터 40년 전 30대 젊은 나이에 전남 강진 백련사에서 여름안거를 보내고, 도반 두 스님과 셋이서 15일 단식을 한 적이 있다. 단식이란 쉬운 일이 아니므로 본인의 단단한 각오가 필요하고 단식지도 경험이 풍부한 지도자 밑에서 엄한 율을 지키면서 해야 한다. 먼저 본단식에 들어가기 전에 본단식에서 오는 충격을 최소화하기 위하여 예비단식을 한다. 운동선수가 게임에 들어가기 전에 예비운동으로 몸을 푸는 것과 같다.

예비단식을 철저히 하지 않으면 본단식에 큰 고통이 따르고, 중간에 그만두어야 할 경우도 생긴다. 15일 생수만 먹는 단식을 하려면, 한 달 정도 예비단식을 해야 한다. 보약 및 영양제를 먹지 않고 기름진 음식을 피하고, 과식을 해서는 안 된다. 음식을 조금씩 감식하고 뜨거운 음식을 피하며 식혀서 먹는다. 그리고 구충제를 복용해야 한다. 구충제를 복용하지 않으면 몸 안에 충이 있을 때, 특히 회충이 있을 경우에는 회충이 요동을 쳐서 그 고통이 심할 뿐 아니라, 위험한 일이 발생할 수도 있다.

두 도반 스님과 내가 함께 단식을 하게 된 것은, 우리 셋이 모두 단식에서 한 번씩 실패를 보았기 때문에 꼭 단식을 해야만

한다는 절박함이 있었다. 단식 치료법은 매우 효과적이고 뛰어난 치유법이지만, 위험하기도 하다. 단식 부작용으로 생긴 병은 다시 단식을 하여 바로잡을 수밖에 없다. 약으로는 완치가 불가능하다.

단식은 장내의 숙변을 제거할 수 있고, 몸 구석구석 세포 속속들이 쌓인 노폐물을 단시일 내에 몸 밖으로 내보낼 수 있는 최선의 방법이다. 단식은 노폐물로 생긴 혈액순환 장애 및 여러 병을 치료하고 모든 장기를 활성화시킨다. 백혈구의 증가로 각종 체내외의 종양을 낫게 한다.

단식법은 몸 안의 노폐물을 몸 밖으로 내보내 자연치유의 좋은 효과를 가져다주지만, 단식을 잘못했을 때는 그 부작용이 막대하다. 그래서 단식은 경험이 풍부한 지도자의 철저한 지도를 받으면서 해야 한다. 만약 지도자 없이 혼자서 하게 되면 십중팔구는 실패하게 된다.

우리 셋은 경험이 풍부하고 여러 사람을 성공시킨 바가 있는 스님의 지도를 받기로 하였다. 요가, 풍욕(風浴), 관장, 포행, 일광욕, 냉수마찰 등 시간표를 짜놓고 하루에 냉수 2리터 이상 마시는 생수단식을 시작했다.

나는 오래전부터 위 무력증으로 고생하고 있었다. 이번 단식으로 위장병을 치료하고, 또 이 기회에 만사를 놓아버리고 정진하고 싶었다. 혼신을 다해 화두를 참구할 계획을 세웠다.

먹는 재미가 끊어지면 세상 속의 중생락이 끊어져 마음이 담담해진다. 세속인들은 무료하여 하루가 지겨워진다. 하지만 바로 이 점이 정진에는 더할 나위 없이 좋은 기회가 된다. 먹는 일뿐만 아니라 만사를 놓아버리기가 쉬워서 번거로운 일상사에서 벗어날 수 있기 때문이다.

하루, 이틀, 사흘 날짜가 지남에 따라 체중이 줄고 기운이 쇠약해지니 망상도 적어졌다. 이때 화두를 챙기고 또 챙겼다. 모든 생각을 화두 하나에만 매달리니, 배고픔도 지루함도 없었다. 다만 기운이 없어 몸을 움직이기가 괴로울 뿐이었다. 단식 중에는 깊은 잠에 빠지지 않았다. 몸이 고단하여 누워서 눈을 감으면 화두의정이 강물처럼 도도히 흘러, 끊김이 없이 이어졌다. 가끔 꿈을 꾸긴 했지만, 꿈속의 희로애락에 빠져들지 않았고 화두의정이 분명했다. 아침에 눈을 뜨기 전의 화두의정과 전날 저녁 잠자리에 누울 때의 화두의정이 조금도 다르지 않았다.

그때, 이 세상을 떠날 때 이렇게 단식을 하면서 생을 마감한다면 좋겠다고 생각했다. 그러나 단식으로 생을 마감한다는 것이 쉬운 일이 아니다. 누구든지 숨을 쉬지 않거나 음식물을 섭취하지 않으면 죽는다는 것은 다 안다. 하지만 스스로 숨을 참거나 음식물을 섭취하지 않고 스스로 목숨을 끊는 자는 실로 드물다. 굶으면 죽겠지 하고 어느 날 갑자기 굶으면 심한 통증이 온다. 그래서 단식치료 요법처럼 구충제를 먹어 체내의 충을 제거하고 설사제를 먹어 장내 음식찌꺼기를 장외로 배출하고 미지근한 물 1리터 정도의 물을 항문으로 넣어 대장을 씻어내는 관장을 하고 난 뒤, 단식에 들어가야 한다. 그래야 고통이 따르지 않고 정신이 맑은 상태에서 생을 마감할 수 있을 것이다.

단식으로 생을 마감하고자 했다가 실패한 자들의 말을 들어보면 공통점이 있다. 그것은 정신력의 문제다. 너무 쉽게 생각하여 물도 마시지 않으면 일주일이나 이주일쯤이면 죽겠지 생각했다가 삼주일이 지나도 죽지 않으면 무서운 공포감이 엄습한다고 한다.

'죽어서 어떻게 될지, 나는 내가 갈 곳을 모른다. 혹시 무서운 지옥에 떨어지지는 않을까?'

엄습해 오는 공포 때문에 다시 삶을 찾는다고 한다. 인도 갠지스 강가에 가면 노인들이 단식으로 생을 마감하려고 주문을 외우면서 앉아 있는 것을 볼 수 있다. 성스러운 갠지스 강가에서 이렇게 죽으면 다음 생에 천상에 태어난다고 그들은 굳게 믿고 있다. 흔들림 없는 굳은 마음이 있기 때문에 어떤 두려움도 없이 행복한 표정으로 죽음을 맞이한다.

내게도 갠지스 강가의 인도 노인과 같은 굳은 의지가 있는가? 나 자신에게 반문해 보았다. 이 세상 올 때는 비록 오는 줄 모르고 왔지만, 갈 때는 알아차림으로 가는 줄 알고 가고 싶다. 올 때는 울면서 왔지만, 갈 때는 웃으면서 가고 싶다. 수행자답게 굳은 의지를 보여야 한다.

아름다운 마무리를 위해

금년은 코로나 사태로 부처님 오신 날 행사를 윤 4월 8일 한 달 늦게 가졌다. 하안거도 한 달 늦게 가졌다. 날씨는 제법 더워지기 시작했다. 병원에 간 지가 한 달이 넘었고, 그 안에 어떠한 약도 먹지 않았다. 하지만 크게 달라진 바도 없고 나빠진 바도 없다. 다행히 목에서 피가 넘어오지 않았다. 너무도 착한 병이다. 다른 사람들에게 전염시키는 일은 없다니 얼마나 다행인가.

찬 바람을 쐬거나 찬 음식을 먹으면 기침이 심하게 나온다. 분명 병은 깊어지고 있는 게 맞다. 멀지 않아 마지막을 알리는 징후가 나타날 것 같다. 늦가을 찬 바람이 불기 전에 생을 마무리하는 게 좋겠다. 찬 바람이 조금만 몸속에 스며들어도 온몸이 떨리고 기침이 심하여 고통이 이만저만이 아니다. 올 겨울을 보낼 자신이 없다. 아름다운 마무리가 필요하다.

아름다운 마무리는 지금 이때 해야 한다. 과거나 미래의 어느 때가 아니라, 지금 이 순간이 내게 주어진 유일한 순간이다. 아름다운 마무리란, 이번 생에서 인연이 지어진 모든 분들과 기꺼이 작별할 줄 알고 마지막임을 받아들이는 것이다. 아름다운 마무리는 나를 얽어매고 있는 구속과 생각들로부터 벗어나 자유로워지는 것, 삶의 예속물이 아니라 삶의 주체로서 거듭나는 것이다. 죽고 사는 것까지도 벗어나야 한다. 죽음은 끝이 아니라 다음 삶의 시작이다.

떠나는 자리를 아름답게 가꾸고 싶다는 마음이 들어, 봄부터 마당가 화단에 꽃씨를 뿌리고 꽃을 사다가 심었다. 뒤쪽 창문 밖에는 산과 들에서 야생화를 캐다가 심었다. 마당의 잔디밭 잡초도 열심히 제거했다.

죽음이 가까워지니 생명체의 목숨이 얼마나 소중한지 알 것 같다. 불교에서 살생을 금하는 계율을 모든 계율 중 첫째로 삼는 것을 이제야 알 것 같다. 이름 없는 풀도 함부로 대할 수 없고, 작은 곤충들의 움직임마저 신비하고 경외스럽다. 밤마다 울어대는 풀벌레, 소쩍새, 아침마다 조잘대는 산새 소리가 정답고 감미롭게 느껴진다. 떡갈나무 숲속에 산꿩이 울고, 뻐꾸기 이 산 저 산 다니면서 울어대고, 까막까치 소란을 피워대지만 모두가 사랑스럽다.

바람 불어 부딪히는 대나무 소리, 대웅전 처마 밑 풍경소리가 함께 어우러져 대자연의 오케스트라가 연주되는 것 같다. 내가 중이 되어 산중에 살지 않는다면 어떻게 이런 행운을 누릴 수 있을 것인가? 한적한 곳에 있다 보니 배곯은 들고양이가 찾아와 먹이를 달라고 한다. 모르는 척할 수 없어 사료를 사다가 주었더니 노랑 줄무늬 고양이는 애교가 있어 '야옹! 야옹!' 밥 달라고 울어대며 가까이 오지만, 다른 두 마리는 경계심을 풀지 못하고 좀 떨어져서 눈치를 살핀다.

세면장 들어가는 문 위의 처마 밑 중방 위에 물까치가 알을 낳아 부화하여 새끼를 키우려고 집을 짓느라 연신 잔 나뭇가지를 물어 나른다. 작년에는 집을 짓지 못하도록 연신 부수어 버려 원천 봉쇄해 버렸다. 새끼를 보호한답시고 가까이 오는 사람이나 짐승을 보면 목숨 걸고 달려들어 쪼기 때문이다. 하루에도 수없이 들고나야 하는 곳이기에 여간 불편해지는 것이 아니다. 당분간이지만 어리석은 새와 불편한 관계가 되어 싸우는 것보다, 냉정하지만 처음부터 원인을 제거하고자 했다.

그러나 올해는 아무런 방해도 하지 않기로 했다. 자비심을 내어 불편함을 감내하기로 마음먹었다. 그랬더니 착하게도 새끼를 키우면서 사람이나 고양이를 공격하지 않았다. 물까치는 잡식성이기 때문에 산에 나는 과일이나 들에 나는 곡식 또는 사람들이 버린 쓰레기 음식 등을 먹는다. 고양이가 먹고 남은 사료를 잘 쪼아 먹었다. 그래서 따로 고양이 사료를 새들을 위하여 챙겨 주었다.

코로나19로 절집도 쓸쓸하다. 초하루 지장제일 정기법회에도 신도들이 겨우 열 명 정도 찾아온다. 평일에는 더 말할 것도 없다. 정각사에서도 한갓진 곳에 있는 선원 한 귀퉁이에 있는 내 거처에는 평상시에도 사람들의 발자취가 드문 곳이다. 요즘 관광객은 아예 뚝 끊기었다. 가끔 찾아오던 친한 신도들도 전화로 안부를 물을 뿐 찾아오지는 않는다. 참선 수행으로 일관해 오고 있는 나에게는 화두를 애인 삼아 살아가기 때문에 외롭지 않다.

초의(艸衣) 선사의 시 한 수

찾아오는 사람 없어 혼자서 차를 즐기는데, 내 찻상 위에는 두 장의 다포가 찻잔을 덮고 있다. 하나는 다성(茶聖) 초의(艸衣) 선사의 시(詩)가 쓰인 것이요, 또 하나는 조선조 중기 최고의 학자인 남명 조식 선생의 시가 쓰인 것이다. 초의선사는 조선 후기의 대선사이면서 우리나라 다도의 중흥조이다. 선사는 차와 선에 관한 귀중한 저서들을 후손들에게 남겼다. 『다신전(茶神傳)』, 『동다송(東茶頌)』, 『선문사변만어(禪門四辯漫語)』는 오늘날 차와 선을 연구하는 이들에게 없어서는 안 될 중요한 지침서이다.

초의선사가 어느 날 만행을 하면서 충남 예산에 들려서 동갑내기 지음우(知音友)인 당대의 최고의 지식인이며 명필인 추사

김정희를 찾아갔다. 예산리 금오산에 있는 향천사에서 객으로 하루를 쉬고 신안면에 있는 추사의 집을 찾아갔다. 추사는 반갑게 초의선사를 맞이하였다. 그리고 당신의 부친께 인사를 시켰다. 초의선사가 부친을 뵈오니 부친 하시는 말씀이 "정희한테 스님 이야기를 많이 들었소. 정희가 그러는데 스님의 학문이 대단하다고 하더군. 무엇보다도 시를 잘 짓는다고 하던데, 내가 운(韻)을 뗄 터이니 시 한 수 지어보소." 하신다.

말이 끝나자 추사가 지필묵을 가져다가 초의선사 앞에 펼쳐 놓았다. 초의선사는 사양할 여지가 없었다. 화선지 앞에 다가가 붓을 들었다. 그때 추사 부친은 운을 부르려 했으나, 막상 운이 떠오르지 않았다. 머뭇거리다가 생각할 여지를 갖기 위하여 초의 선사에게 말을 걸었다.

"지난밤, 어디에서 보냈는가?"
"향천사에서 유했습니다."
추사 부친은 이제야 번쩍 생각이 떠올라 큰 소리로 운을 불렀다.
"샘 천(泉)!"
초의선사는 조금도 망설임 없이 화선지에 붓을 내리었다.

"無窮山下泉 (끝남이 없는 산 아래 샘물)"
무 궁 산 하 천

다음 운으로 초의선사가 승려이므로 "승려 려(侶)!" 하였다.

"普供山中侶 (널리 산중 스님들께 공양하고자 한다)"
보공산중려

향천사에서 왔으므로 올 래(來)자를 부르자

"各持一瓢來 (각자 하나의 표주박을 가져와서)"
각지일표래

끝으로는 갈 거(去)를 불렀다.

"總得全月去 (모두 둥근 달을 떠가시오)"
총득전월거

초의선사는 멋지게 끝마무리를 하였다. 추사와 추사의 부친은 초의선사의 시 짓는 모습을 보고 감탄하지 않을 수 없었다.

남명 조식 선생과 덕산

남명 조식(1501-1572) 선생은 조선조 중기의 대학자로서 경상 좌도 동갑내기 퇴계 이황과 쌍벽을 이루는 경상우도 학풍의 대표 인물이다. 그는 의령 어느 산사에서 불경 공부를 한 적이 있다. 선생은 유교 경전을 비롯하여 천문, 지리, 의학, 병법에 이르기까지 폭넓게 공부를 했다. 선생의 학문과 실천의 지표는 '경(敬)'과 '의(義)'였다. 좌우명과도 같았던 경과 의를 실생활에도 옮겨, 몸에 차고 다니던 칼에 "안에서 밝히는 것은 경이요, 밖에서 결단하는 것은 의다(內明者敬 外斷者義)"라는 글을 새겼다.

조선시대 선비가 벼슬길에 나가지 않으면 생활이 무척이나 궁핍할 건데, 그는 왕이 여섯 번 벼슬을 내렸어도 벼슬길에 나가지 않았다. 다만 초야에 묻히어 제자 양성에 힘을 다했다. 선생은 임종에 이르러 제자들에게 이렇게 말하였다.

"금생에 내가 잘한 것은 왕이 여섯 번 벼슬을 내렸어도 벼슬길에 나가지 않은 것이다. 내 상여 앞에 나가는 명정(銘旌)에 처사(處士) 아무개라 하여라."

선생은 육십에 이르러 이곳 지리산 덕산골을 찾아들어 초가를 짓고 산천제(山天齊)라 하였다. 이 다포에 쓰여 있는 시구가 산천제의 기둥에 걸려 있는 주렴 글귀이다.

德山卜居
덕 산 복 거

春山底處無芳草　只愛天王近帝居
춘 산 저 처 무 방 초　지 애 천 왕 근 제 거

白手歸來何物食　銀河十里喫猶餘
백 수 귀 래 하 물 식　은 하 십 리 끽 유 여

덕산을 선택하여 살고자 하는 뜻은
봄산 이곳저곳에 아름다운 꽃이 없으리요마는,
다만 천왕봉 기상이 좋아 가까이 와 살고자 하네.
빈손으로 왔으니 먹을 것이 무엇 있겠나,
은하수 같은 덕천강수는 주린 배를 채우고도 남으리.

남명 선생은 분명 풍수지리에 뛰어난 분이다. 이곳 산천제 자리를 잡아 놓고 춤을 덩실덩실 추었으리라. 산천제에서 멀리 보이는 아름다운 천왕봉에서 내려오는 힘찬 맥이 중봉, 하봉을 거쳐 대원사 좌청룡을 만든 뒤 바로 산천제 뒤에서 뭉치었다. 이곳이 풍수지리에서 왕궁터나 집터로 최고로 삼는 회룡고조혈(回龍顧祖穴)인 것이다.

회룡고조혈은 멀리 조산(祖山)에서 내려오는 맥이 휘돌아서 그 끝 용머리가 조산을 바라보며 읍소하는 형국을 말한다. 대부분 혈자리에서 멀리 떨어져 있는 조산이 보이지 않는데, 산천제에서는 조산인 천왕봉이 아름답게 뚜렷이 보인다. 회룡고조혈 왕궁터는 충신들이 왕을 잘 받들어 나라가 잘 다스려지고 군신이 화합하며, 일반 서민 집터는 아랫사람이 윗사람을 잘 받들어 공경하고 권속이 화합한다고 한다. 우리나라에서 회룡고조혈은 천 년의 사직을 지켜온 신라의 왕궁터 경주 반월성과 태조 이성계가 도읍지로 정했다가 그만둔 현 충남 계룡산 계룡대가 대표적이다.

산천제가 있는 덕산 고을은 또 다른 하나의 맥이 천왕봉에서 뻗어내려 법계사 좌청룡을 만들고 휘돌아 구곡산 덕천서원 뒤에 뭉쳤다. 또 한 맥은 세석평원 삼신봉에서 내려와 고운동을 지나 정각사 뒷봉우리인 주산을 만들고 천평뜰 앞에 뭉쳐 산천제의 앞 안산(案山)이 된다.

산천제 앞에 흐르는 덕천강은 서출동류수(西出東流水)이다. 남명 선생이 시에서 덕천강을 은하수로 표현한 것은 은하수가 서출동류수이기 때문이다. 우리나라 대부분의 강들은 서쪽이나 남쪽으로 흐르고 동쪽으로 흐르는 큰 강은 두만강이 유일하다. 흐르는 물 중에서는 서출동류수를 가장 귀하게 여긴다. 덕산이라는 고을은 삼산삼수(三山三水)가 조화롭게 모인 대명지이다.

정각사의 유래와 나와의 인연

덕산 고을에 있는 정각사는 60년 전 근세에 풍수지리로 가장 뛰어난 수월 스님이 터를 닦아 절을 세웠다. 수월 스님은 이곳이 '손 위에 여의주를 굴리는 장중농주혈(掌中弄珠穴)'로서 수행자들이 많이 모여들어 참선 수행을 할 곳이요 눈 밝은 납자들이 많이 출현할 도량이라고 극찬하였다. 절 규모는 큰 사찰 못지않으나, 선원을 개설하지 못하다가 삼십 년 전에 은사 정일 선사께서 정각사를 수월 스님으로부터 인수받아 '죽림선원(竹林禪院)'을 짓고 선객을 지도하셨다. 20여 년간 선원을 운영하다가 은사스님께서 돌아가신 뒤, 사세가 어려워 현재는 휴원하고 있다.

선원 개원 초창기 은사스님의 유지를 받들어 한 만기 주지 소임을 본 적이 있다. 그때에는 선원대중과 후원대중을 합하면 30여 명의 대중이 살았다. 서울 보광사에서 은사스님이 경제적

지원을 해주었지만, 대중을 모셔야 하고 사중의 여러 일들을 처리하며 많은 신도들을 접견해야 하는 바쁜 일과 속에 화두를 챙기며 참선 수행을 하기가 어려웠다.

그리하여 은사스님께 간절히 애원하여 주지 소임에서 벗어나 다른 선원으로 가서 정진에 매진할 수 있었다. 그때 주지실에 손님 접견실 찻상 내가 앉은 자리 뒤편 벽에는 한산 습득 그림과 선가귀감에 있는 서산 스님의 글이 쓰여 있는 그림 액자가 걸려 있었다. 한산 습득 그림도 좋지만 서산 스님의 글이 좋아서 걸어놓았던 것이다.

"출가하여 중이 되는 것이 어찌 작은 일이랴! 몸의 안일을 구하는 것도 아니고, 따뜻이 입고 배불리 먹으려는 것도 아니며, 명예와 재물을 구하는 것도 아니다. 나고 죽음을 면하고, 번뇌를 끊으려는 것이며, 부처님의 지혜를 이루려는 것이고, 삼계에 뛰어나서 중생을 건지려는 것이니라."

그 뒤 15~16년을 제방선원을 다니면서 정진하다가 내 나이 육십 후반이 되니 오래전에 있었던 교통사고의 후유증인지 견비통이 와 팔이 올라가지 않고 통증으로 불면증이 심해졌다. 고질적인 위장장애로 소화가 안 되어 체중은 점점 줄어 기운이 쇠약해지고 대중스님들과 시간을 맞추어 정진을 따라 하기가 힘들었다. 더 이상 대중생활이 어려웠다.

하지만 막상 대중처소를 떠나 편히 쉬면서 자유스럽게 정진할 수 있는 곳이 없었다. 상좌가 없으니 상좌가 가진 절이 없고, 몇몇 절을 운영하는 도반이 있지만, 며칠 쉬는 것은 가능해도 여러 달을 보내는 것은 어려울 것 같았다. 궁리 끝에 은사스님께서 세운 선원이 있고, 나 또한 주지 소임을 본 적이 있는 정각사에 마음이 갔다. 현재 사제가 주지 소임을 맡고 있으니 부탁하는 수밖에 없었다.

그리하여 전화로 사제에게 내 사정을 이야기했더니 흔쾌히 받아주었다. 현재 선원을 운영하지 않고 있으므로 선원 지대방을 잘 수리하여 살게 하였다. 지대방은 스님들이 방선 시간에 차를 마시며 쉬는 곳이다. 넓은 방에 주방 시설, 세면장이 딸려 있는 선원 한편에 있는 독채이다. 내 복으로는 과분한 대접이다.

죽림선원은 대웅전 오른쪽 백호 등 위에 덩실하게 올라앉아 있다. 그래서 전망이 저 멀리까지 시원스레 열려 있다. 뒤로는 빽빽이 대나무 숲으로 감싸여 있고 앞마당은 잔디로 덮여 있어 여름철 땅에서 뿜어내는 지열을 감소해 준다. 마당가로는 사철 푸른 쥐똥나무가 담장을 이루고 있다. 오랫동안 돌보지 않은 탓에 중간중간 나무가 죽어 보기가 흉해서, 숲속에서 쥐똥나무를 캐다가 보충하여 심었다.

틈만 있으면 마당 잔디에 끼어들어 있는 잡초를 제거하였다. 뒤뜰 담장 밑에 창포, 붓꽃을 심고, 언덕배기에는 금계국, 엉겅퀴 등 야생화를 심었다. 마당가에는 복수초, 수선화, 금낭화, 할미꽃, 무스카리, 매발톱, 튤립, 장미, 백합, 국화, 접시꽃 등을 심었다. 일년초로는 봉숭아, 백일홍, 금사초 등을 씨 뿌렸다. 철따라 피어나는 꽃들을 보면서 재미를 느꼈다.

이렇게 말년을 꽃을 가꾸며 여유롭게 보낼 수 있게 된 것은 부처님과 은사스님의 은혜이다. 나를 낳아주신 분은 부모님이지만 중을 만들어 주시어 백천만겁에 만나기 어려운 불법을 닦을 수 있게 해주신 분은 은사스님이시다. 은사스님은 또한 이 험난한 세상 치열한 생존경쟁에서 살아남기 위하여 온갖 죄를 지을 수밖에 없는 나를 구제하여, 불문에서 생명을 사랑할 줄 알며 진리를 탐구하여 생사 해탈의 길을 걷게 하였다. 이 은혜는 하늘보다 높고 바다보다 깊다. 세세생생에 갚아도 다 갚을 길이 없다. 또한 은사스님의 큰 덕화에 은혜를 입고자 많은 사형사제가 모여들어 문도를 이루었으니, 그것 또한 복 중의 복이다.

입추가 지나고 하안거 반 살림도 지났다. 올해는 유난히도 긴 장마에 큰비가 쏟아졌고, 태풍도 어느 해보다 많이 우리나라를 강타하여 홍수피해, 태풍피해, 코로나19 전염병 등 온갖 재앙이 함께 닥친 힘든 해이다.

열반경을 다시 보기까지

내 몸은 조금씩 야위어갔다. 오늘따라 심하게 기침이 나오더니만 울컥 피가 목에서 쏟아져 나온다. 이제 멀지 않았나 보다. 이제는 아름다운 마무리를 위하여 준비를 해야겠다. 찬 바람이 일기 전에 단식에 들어가야 한다. 체내에 충을 제거해야 하니 구충제를 구하고, 설사로 장을 비우기 위해 설사제인 마그밀을 구하고, 장을 씻어내기 위해 관장기구를 구입했다.

그리고 사전 유언장을 작성하고 존엄한 죽음을 위한 부탁 말과 마지막 드리고 싶은 말을 적은 고별사도 써놓았다. 어떤 지인에게 일반 속가에서 사람이 죽으면 장례비가 얼마나 드느냐고 물었더니 2천만 원 정도면 된다고 한다. 나에게는 모아놓은 돈이 2천만 원 넘게 있었다. 노인연금, 사중에서 주는 보시금, 가끔 신도들이 찾아와 주고 간 보시금을 알뜰히 모은 돈이었다.

그런데 마음에 걸리는 데가 있다. 아무리 유언장에 통장에 있는 현금을 장례비로 쓴다고 해놓았지만, 죽고 난 뒤 통장에 든 현금은 상속인인 속가 조카들에게 우선권이 있다. 그래서 미리 이천만 원을 찾아놓고, 기회를 보아 소임자에게 줄 생각이다. 갑자기 장례비를 내놓으면 놀라고 의아하게 생각할 것이다. 기회를 잘 선택하자. 이렇게 모든 준비를 끝마치니 마음이 한층 평화스러워졌다.

지금 내가 할 일은 참선 수행밖에 없다. 모든 생각을 내려놓고 마음챙김을 하는 것이다. 그런데 다시 한 번 알아보고, 정리하고 싶은 것이 있었다. 부처님께서는 인간의 몸을 받아 사바세계에 오셔서 열반에 이르는 마지막 마무리를 어떻게 하셨을까? 그래서 부처님의 마지막 행적이 설해진 열반경을 보게 되었다.

열반경에는 남방 상좌부 소승 『대반열반경』과 북방 대중부 대승 『대반열반경』이 있다. 부처님을 절대 초월적 인물로 묘사한 북방 대승 『대반열반경』은 하룻낮 하룻밤 사이에 설하셨다는 방대한 설법이 담겨 있는 경전으로, 대승불교의 요체가 함축되어 있다고 평가받는다. 남방 상좌부 『대반열반경』은 부처님께서 마가다국 라자가하(왕사성) 독수리봉(영취산)에서 열반지 꾸시나가라까지 해를 넘겨가며 수천 리 길을 제자들과 걸어가시면서 중생교화를 하신 내용이 사실적으로 기록되어 있다. 여기에는 중생에 대한 한없는 자비와 연민 등 부처님의 인간적인 면모, 인격, 성품, 수행, 인간관계, 사유 방향, 바른 견해, 거룩한 성자의 모습이 설해져 있다.

근년에 각묵 스님이 빠알리어로 된 경전을 우리말로 번역, 『부처님 마지막 발자취 대반열반경』으로 발간하였다. 나는 이 경전을 읽고 부처님께서 사바세계에 오셔서 어떻게 생을 아름답게 마무리하셨는지를 알게 되었다. 너무나 감동스러웠다.

부처님의 마지막 발자취

'부처님의 마지막 발자취 대반열반경'을 읽고, 다른 어느 경전에서도 볼 수 없는 중요한 교리를 비롯하여, 마음을 흔드는 감명 깊은 가르침과 상상을 초월하는 위대한 영적 힘을 지닌 부처님의 삶과 수행을 만날 수 있었다. 부처님의 진솔한 모습, 중생에 대한 한없는 자비와 연민 등 부처님의 일거수일투족을 선명하게 떠올릴 수 있었다.

…부처님께서는 인간의 몸을 받아 80년 사바세계에서의 삶을 아주 아름답게 마무리하셨다. 이렇게 부처님같이 빈틈없이 깔끔하게 마무리를 짓는 분이 또 나올 수 있을까.

1. 1. 이와 같이 나는 들었다. 한때 세존께서는 라자가하(왕사성)에서 독수리봉(영취산)에 머무셨다. 그 무렵에 마가다 왕 아자따삿뚜 웨데히뿟따는 왓지를 공격하려 하고 있었다. 그는 이와 같이 말했다. "왓지가 이처럼 크게 번창하고 이처럼 큰 위력을 가졌지만, 나는 왓지를 멸망시킬 것이고, 왓지를 파멸시킬 것이고, 왓지가 참극을 당하게 하고야 말 것이다."

1. 2. 그러고 나서 마가다의 왕 아자따삿뚜 웨데히뿟따는 마가다의 대신인 왓사까라 바라문을 불러서 말하였다. "이리 오시오 바라문이여, 그대는 세존께 가시오 가서는 '세존이시여, 마가다의 왕 아자따삿뚜 웨데히뿟따는 세존의 발에 머리 조아려 절을 올립니다. 그리고 병이 없으시고 어려움도

없으시며 가볍고 힘 있고 편안하게 머무시는지 문안을 여쭙니다.'라고 내 이름으로 세존의 발에 머리 조아려 절을 올리고, 세존께서 병이 없으시고 어려움도 없으시며, 가볍고 힘 있고 편안하게 머무시는지 문안을 여쭈시오. 그리고 이렇게 말씀드리시오. '세존이시여, 마가다의 왕 아자따삿뚜 웨데히뿟다는 왓지를 공격하려 합니다. 왓지가 이처럼 크게 번창하고 이처럼 큰 위력을 가졌지만, 나는 왓지를 멸망시킬 것이고, 왓지를 파멸시킬 것이고, 왓지가 참극을 당하게 하고야 말 것이다.'라고. 그래서 세존께서 그대에게 설명해 주시는 것을 잘 탐지하여 나에게 보고하시오. 여래들께서는 거짓을 말하지 않으시기 때문이오."

1. 3. "그렇게 하겠습니다. 폐하!"라고 마가다의 대신인 왓사까라 바라문은 마가다 왕 아자따삿뚜 웨데히뿟따에게 대답한 뒤, 아주 멋진 마차들을 준비하게 하고 아주 멋진 마차에 올라서 아주 멋진 마차들을 거느리고 라자가하를 나가서 독수리봉 산으로 들어갔다. 더 이상 마차로 갈 수 없는 곳에 이르자, 마차에서 내린 뒤 걸어서 세존께로 다가갔다. 가서는 세존과 함께 환담을 나누었다. 유쾌하고 기억할 만한 이야기로 서로 담소를 하고서 한 곁에 앉았다. 한 곁에 앉아서 마가다의 대신 왓사까라 바라문은 세존께 이렇게

말씀드렸다.

"고타마 존자시여, 마가다의 왕 아자따삿뚜 웨데히뿟따는 세존의 발에 머리 조아려 절을 올립니다. 그리고 병이 없으시고 어려움도 없으시며, 가볍고 힘 있고 편안하게 머무시는지 문안을 여쭙니다. 고타마 존자시여, 마가다 왕 아자따삿뚜 웨데히뿟따는 왓지를 공격하려 합니다. 그는 이와 같이 말했습니다. '왓지가 이처럼 크게 번창하고 이처럼 큰 위력을 가졌지만, 나는 왓지를 멸망시킬 것이고, 왓지를 파멸시킬 것이고, 왓지가 참극을 당하게 하고야 말 것이다.'라고."

1. 4. 그때 아난다 존자가 세존의 뒤에서 세존께 부채질을 해드리고 있었다. 그러자 세존께서는 아난다 존자를 불러서 말씀하셨다.

(1) "아난다여, 그대는 왓지들이 정기적으로 모이고, 자주 모인다고 들었는가?"

"세존이시여, 저는 왓지들이 정기적으로 모이고, 자주 모인다고 들었습니다."

"아난다여, 왓지들이 정기적으로 모이고, 자주 모이는 한, 왓지들은 번영할 것이고 쇠퇴란 기대할 수 없다."

(2) "아난다여, 그대는 왓지들이 화합하여 모이고, 화합하여 해산하고, 화합하여 왓지의 업무를 본다고 들었는가?"

"세존이시여, 저는 왓지들이 화합하여 모이고, 화합하여 해산하고, 화합하여 왓지의 업무를 본다고 들었습니다."

"아난다여, 왓지들이 화합하여 모이고, 화합하여 해산하고, 화합하여 왓지의 업무를 보는 한, 왓지들은 번영할 것이고 쇠퇴란 기대할 수 없다."

(3) "아난다여, 그대는 왓지들이 공인하지 않은 것은 인정하지 않고, 공인한 것은 깨뜨리지 않으며, 공인되어 내려오는 오래된 왓지의 법들을 준수하고 있다고 들었는가?"

"세존이시여, 저는 왓지들이 공인하지 않은 것은 인정하지 않고, 공인한 것은 깨뜨리지 않으며, 공인되어 내려온 오래된 왓지의 법들을 준수하고 있다고 들었습니다."

"아난다여, 왓지들이 공인하지 않은 것은 인정하지 않고, 공인한 것은 깨뜨리지 않으며, 공인되어 내려온 오래된 왓지의 법들을 준수하고 있는 한, 왓지들은 번영할 것이고 쇠퇴란 기대할 수 없다."

(4) "아난다여, 그대는 왓지들이 왓지의 연장자들을 존중하고 숭상하고 예배하며, 그들의 말을 경청해야 한다고 여긴다고 들었는가?"

"세존이시여, 저는 왓지들이 왓지의 연장자들을 존중하고 숭상하고 예배하며, 그들의 말을 경청해야 한다고 여긴다고 들었습니다."

"아난다여, 왓지들이 왓지의 연장자들을 존경하고 존중하고 숭상하고 예배하며, 그들의 말을 경청해야 한다고 여기는 한, 왓지들은 번영할 것이고, 쇠퇴란 기대할 수 없다."

(5) "아난다여, 그대는 왓지들이 [남의] 집안의 아내와 [남의] 집안의 딸들을 강제로 끌고 와서 [자기와 함께] 살게 하지 않는다고 들었는가?"

"세존이시여, 저는 왓지들이 [남의] 집안의 아내와 [남의] 집안의 딸들을 강제로 끌고 와서 [자기와 함께] 살게 하지 않는다고 들었습니다."

"아난다여, 왓지들이 [남의] 집안의 아내와 [남의] 집안의 딸들을 강제로 끌고 와서 [자기와 함께] 살게 하지 않는 한, 왓지들은 번영할 것이고 쇠퇴란 기대할 수 없다."

(6) "아난다여, 그대는 왓지들이 안에 있거나 밖에 있는 왓지의 탑묘들을 존경하고 존중하고 숭상하고 예배하며 [탑묘] 전에 이미 바쳤고, 전에 이미 시행했던 법다운 봉납(돈, 과일, 곡물)을 철회하지 않는다고 들었는가?"

"세존이시여, 저는 왓지들이 안에 있거나 밖에 있는 왓지의 탑묘들을 존경하고 존중하고 숭상하고 예배하며 [탑묘] 전에 이미 바쳤고, 전에 이미 시행했던 법다운 봉납을 철회하지 않는다고 들었습니다."

"아난다여, 왓지들이 안에 있거나 밖에 있는 왓지의 탑묘들을 존경하고 존중하고 숭상하고 예배하며 [탑묘] 전에 이미 바쳤고, 전에 이미 시행했던 법다운 봉납을 철회하지 않는 한, 왓지들은 번영할 것이고 쇠퇴란 기대할 수 없다.”

(7) “아난다여, 그대는 왓지들이 아라한들을 법답게 살피고 감싸고 보호해서 아직 오지 않은 아라한들은 그들의 영토에 오게 하며, 이미 그들의 영토에 온 아라한들은 편안하게 살도록 한다고 들었는가?”

“세존이시여, 저는 왓지들이 아라한들을 법답게 살피고 감싸고 보호해서 아직 오지 않은 아라한들은 그들의 영토에 오게 하며, 이미 그들의 영토에 온 아라한들은 편안하게 살도록 한다고 들었습니다.”

“아난다여, 왓지들이 아라한들을 법답게 살피고 감싸고 보호해서 아직 오지 않은 아라한들은 그들의 영토에 오게 하며, 이미 그들의 영토에 온 아라한들이 편안하게 살도록 하는 한, 왓지들은 번영할 것이고 쇠퇴란 기대할 수 없다.”

1. 5. 그러자 세존께서는 마가다의 대신 왓사까라 바라문을 불러서 말씀하셨다. “바라문이여, 한때 나는 웨살리(바이샬이)에서 사란다 탑묘에 머물렀다. 나는 거기서 왓지들에게 이러한 일곱 가지 쇠퇴하지 않는 법들을 가르쳤다. 바라문이여, 이 일곱 가지 쇠퇴하지 않는 법들을 왓지들이 준수한다면,

왓지들은 번영할 것이고 쇠퇴란 기대할 수 없다."

이렇게 말씀하시자, 마가다의 대신 왓사까라 바라문은 세존께 이렇게 말씀드렸다. "고타마 존자시여, 각각의 쇠퇴하지 않는 법 하나만으로도 왓지들은 번영할 것이고 쇠퇴란 기대할 수 없을 것인데, 일곱 가지 쇠퇴하지 않는 법들 전체는 말해 무엇 하겠습니까? 고타마 존자시여, 마가다의 왕 아자따삿뚜 웨데히뿟따는 전쟁으로 왓지들을 정복할 수 없겠습니다. 그 대신에 [왓지들의] 기만과 상호 불신을 획책해야겠습니다. 고타마 존자시여, 이제 저는 그만 물러가겠습니다. 저는 바쁘고 해야 할 일이 많습니다."

"바라문이여, 지금이 적당한 시간이라면 그렇게 하라!"

그러자 마가다의 대신 왓사까라 바라문은 세존의 말씀을 기뻐하고 감사드린 뒤, 자리에서 일어나 물러갔다.

주석서에 의하면 세존께서 웨살리를 마지막으로 방문하신 지 3년 후(불멸 3년 후)에 마가다의 대신 왓까라가 분열을 획책하여 왓지국의 국력을 쇠진하게 한 뒤, 마가다의 군대가 공격하여 왓지를 정복하였다고 한다.

왓지국은 한 사람이 다스리는 왕국이 아니고 여러 문벌 수장인 왓지들이 자주 공회당에 모여 여러 왓지들의 의견을 듣고 합당한 결론을 내리는 공화국이었다. 한때 부처님이 왓지국 수도인 웨살리를 방문하여 왓지들에게 일곱 가지 쇠퇴하지 않는 법들을 가르친 적이 있다. 그들 왓지들은 부처님이 가르쳐주신 일곱 가지 쇠퇴하지 않는 법을 잘 간직하고 실천하고 있었다.

웨살리는 넓은 평야에 땅이 기름지며 수로시설이 잘 되어 있어서 농산물이 많이 생산되는 풍요로운 도시였다. 사람들의 인심이 후하고 보시하기를 좋아하여 수행자들이 탁발하는 데 어려움이 없어 안거철에는 많은 비구들이 주변에 모여들어 지냈다. 웨살리에는 큰 숲의 중각강당(重閣講堂, 대림정사)과 왈리까 승원이 있었다.

부처님 당신과 인연이 깊은 왓지국을 마가다 왕 아자따삿뚜가 공격하여 왓지를 정복하겠다고 말하면서, 어떻게 하면 전쟁에서 이길 수 있는지 그 방법을 대신 왓사까라를 통하여 물어왔으니 얼마나 난처했을까?

부처님께서는 당신이 그렇게도 줄곧 중생들에게 입이 아프도록 살생을 하지 말고 자비를 베풀라고 했건만 탐욕 때문에 더 큰 땅과 권력을 부리기 위하여 전쟁을 일으켜 많은 사람을 죽이려 하는 아자따삿뚜가 안타깝고 불쌍하게 여겨졌을 것이다. 그리고 머지않아 전쟁의 소용돌이에 휩싸일 라자가하를 빨리 떠나고 싶었을 것이다.

'사바세계에서 인간의 몸을 받아 팔십 년을 살아오는 동안 너무도 많은 중생들이 고통스러움을 겪는 모습을 보았다. 인간의 팔십 년은 너무 긴 것 같다.'

뭇 중생들이 고통 속에 헤매고 있는 것이 차마 보기가 힘드셨을 것이다.

'사바세계를 떠나 어느 세계에도 몸을 받지 않은 윤회에서 벗어나는 완전한 열반에 들 때가 왔다. 어디에서 완전한 열반에 들면 좋을까?'

혜안으로 과거 세상을 살펴보니, 먼 옛날 전쟁을 일으키지 않고 덕과 지혜로 천하를 다스린 전륜성왕이 있어, 그가 다스린 성스러운 땅이 있다.

[대반열반경]

5. 17. 이렇게 말씀하시자 아난다 존자는 세존께 이렇게 말씀드렸다. "세존이시여, 세존께서는 이처럼 조그마하고 척박하고 볼품없는 도시에서 반열반하지 마시옵소서. 세존 이시여, 짬빠, 라자가하, 사왓티, 사께따, 꼬삼비, 와라나시 같은 다른 큰 도시들이 있습니다. 거기에는 세존께 청정한

믿음을 가진 많은 크샤트리아 부호들과 바라문 부호들과 장자 부호들이 있습니다. 그들은 여래의 존체를 잘 수습할 것입니다."

"아난다여, 그렇게 말하지 말라. 아난다여, [꾸시나가래를 조그마하고 척박하고 볼품없는 도시라고 그렇게 말하지 말라."

5. 18. "아난다여, 옛적에 마하수닷사나라는 전륜성왕이 있었나니 그는 정의로운 분이요 법다운 왕이었으며 사방을 정복한 승리자여서 나라를 안정되게 하고 일곱 가지 보배를 두루 갖추었다. 아난다여, 이 꾸시나라는 마하수닷사나 왕이 [다스리던] 당시 꾸사와따라는 수도였으니 동쪽부터 서쪽까지는 12요자나의 길이었고, 북쪽부터 남쪽까지는 7요자나의 너비였다. 아난다여, 수도 꾸시와따는 부유하고 번창하였으며, 인구가 많고 사람들로 붐비며 풍족하였다. 아난다여, 마치 알라까만다라는 신들의 수도가 부유하고 번창하고 인구가 많고 사람들로 붐비며 풍족한 것처럼, 그와 같이 수도 꾸사와따는 부유하고 번창하였으며 인구가 많고 사람들로 붐비며 풍족하였다. 아난다여, 수도 꾸사와따에는 열 가지 소리가 끊인 적이 없었나니, 즉 코끼리 소리, 말소리, 마차소리, 북소리, 무딩가 북소리, 류트 소리, 노랫소리, 심벌즈

소리, 벨 소리, 그리고 열 번째로 '잡수세요, 마시세요, 드세요!'
라는 소리였다.

열반지로 꾸시나가라를 선택한 이유

부처님은, 전륜성왕이 있어 전쟁 없이 덕과 지혜로 천하를
통일하여 다스린 나라의 옛 수도인 꾸시나가라에서 다시는 천상이
나 인간계에 태어나 몸을 받지 않는 완전한 윤회에서 벗어나는
반열반(般涅槃)에 들기로 마음을 결정하셨다. 그러고 나서 라자가
하 영취산에서 수천 리 떨어진 꾸시나가라를 향하여 마지막 긴
여행을 시작하신다.

부처님께서는 이제 다시 돌아올 수 없는 라자가하를 떠나야
한다고 생각하니 라자가하에서 있었던 추억들이 주마등처럼 떠올
랐을 것이다. 아자따삿뚜 왕은 한때 교단을 분열시키려 했던
부처님의 사촌 데와닷따의 후원자였고, 데와닷따의 꼬임에 넘어
가 부왕 빔비사라 왕을 지하 감옥에 가두어 굶어죽게 하여 왕위를
탈취한 잔인하고 부도덕한 왕자였다. 그러다가 부처님의 주치의
지왓까의 설득으로 부처님께 참회하고 귀의하였다.

대나무 숲을 기증하다

빔비사라 왕은 라자가하에 오래 머무시면서 당신 가까이에서

중생들에게 가르침을 펼 수 있는 곳이 어디가 좋을까 고민하였다.

빔비사라 왕은 부처님과 천 명의 제자들을 공양에 초대하였다. 왕은 손수 부처님께 시중들며 음식을 권하였다. 왕은 이런 생각을 하였다. '어디에 부처님께서 머물면 좋을까? 마을에서 너무 멀지도 않고, 너무 가깝지도 않고, 오고 가기에 편리하고, 사람들이 방문하기 쉽고, 낮 동안 너무 번잡하지 않고, 밤에 소음이 없고 조용하고 인적이 드물고, 방해받지 않고 명상 수행에 적합한 곳이 어디일까? 그런데 나의 이 대나무 숲은 모든 구비 조건을 갖춘 숲이다. 나는 이 대나무 숲을 부처님과 승단에 기증해야겠다.'

이렇게 생각하고 왕은 부처님께 말하였다.

"부처님, 저는 이 대나무 숲을 부처님과 승단에 기증합니다."

부처님은 숲을 받으시고 왕을 위하여 가르침을 설하여 기쁘게 하셨다. 왕은 환희에 넘쳐 기뻐하였다.

아자따삿뚜의 반역

빔비사라 왕은 부처님께서 라자가하에 오래 머무시도록 대나무 숲을 부처님과 승단에 기증하고, 거기에다 견고한 재료를 써서 죽림정사라는 승원을 지어서 부처님과 승단에 기증하였다. 그리고 수시로 부처님과 제자들을 왕궁으로 초대하여 음식 공양을 올리고 가사를 지어서 부처님과 모든 제자들에게 공양하였고, 의사 지왓까를 시켜서 부처님과 제자들의 병을 치료하게 한 부처님의 가장 큰 후원자였다.

그런데 속세로는 같은 왕족이며 사촌이고 제자인 데와닷따가 왕자 아자따삿뚜에게 반역을 일으키도록 꾀어 부왕 빔비사라 왕을 지하 감옥에 가두어 굶어죽게 하였으니, 그 과정을 다만 바라만 보고 있을 수밖에 없었던 부처님의 마음은 어떠했을까? 어리석은 중생들의 하는 짓이 얼마나 안타까웠을까?

한편 왕자 아자따삿뚜의 반역으로 지하 감옥에 갇히어 굶어죽게 된 빔비사라 왕은 부처님을 의심하였다. 부처님께서 말씀하시기를, '여래, 아라한, 사문 등 수행자들에게 음식, 약, 옷 등을 보시하면 큰 복을 받는다.'고 하셨다. 그래서 '나는 부처님과 그 제자들에게 많은 음식, 약, 옷 등을 보시하였는데, 어찌하여 지금 나는 아들로부터 반역을 당하여 지하 감옥에 갇히어 굶어죽어 가는가?'

왕자 아자따삿뚜는 아무도 부왕을 만나지 못하게 하였으나, 그의 어머니 왕비만은 허락하였다. 왕비는 쌀가루를 꿀로 반죽하여 몸에 바른 뒤, 옷을 입고 지하 감옥에 들어가 왕을 만나 왕으로부터 왕비의 몸에 붙은 꿀로 반죽한 쌀가루를 핥도록 하였다. 그때 왕은 왕비에게 부탁하기를 부처님께 가서 부처님을 뵙고 당신이 의심한 바를 물어 부처님으로부터 그 답을 받아오라 하였다.

그리하여 왕비는 부처님을 찾아뵙고 빔비사라 왕의 말을 전하였다. 부처님께서 말씀하셨다.

"지난날 왕이 혼인한 지가 오래였으나, 왕자가 생기지 않자 어느 날 빔비사라 왕이 선인에게 묻기를 '어찌하여 혼인한 지가 오래인데 왕자가 생기지 않습니까?'라고 했다. 그때 선인이 대답하기를 '왕자가 될 만한 복을 갖춘 영혼이 없어 왕비의 태중에 들지 못하고 있습니다. 그러나 지금 수행하고 있는 한 사문이 십년 후에 죽어 왕비의 태중에 들어 왕자로 태어날 것입니다.'라고 하였습니다. 그러자 왕께서는 그 사문이 있는 곳을 물어 알아내어 자객을 보내어 죽이니, 그 영혼이 곧 왕비의 태중에 들어 왕자로 태어나니, 그가 바로 지금 아자따삿뚜 왕자입니다. 지금 왕자가 부왕을 지하 감옥에 가두어 굶어죽이고자 하는 것은 그때 죽음을 당한 원한을 갚고자 한 것입니다. 그러하오니 왕께서는 왕자를 원망하지 마시고, 얼마 남지 않은 시간이지만, 여래가 설한 사념처 수행을 열심히 하면, 악도에 떨어지지 않는 예류과를 증득할 것입니다."

왕비로부터 부처님 말씀을 전해 듣고 왕은 지난날 어리석어 저지른 과오를 참회하고 부처님의 가르침을 따라 사념처 수행을 열심히 하여 예류과를 증득하고 편안히 생을 마감하였다.

최초의 승원 죽림정사의 건립

라자가하에서 또 하나의 잊지 못할 일은, 대나무 숲에 최초의 승원을 짓게 된 동기일 것이다. 부처님께서 죽림정사가 있었기에 오랫동안 라자가하에 머무셨고, 그로 인하여 많은 제자들이 모였으며, 활발히 중생교화를 펼칠 수 있었다.

[율장 쭐라왁가 6편 1:1-5, 3:11]

어느 때 부처님은 라자가하의 [빔비사라 왕이 기증한] 대나무 숲에 계셨다. 그때에는 비구들에게 숙소에서 사는 것이 허락되지 않았다. 그래서 비구들은 숲의 여기저기, 즉 숲속 나무 아래, 언덕, 골짜기, 동굴, 묘지 주변, 짚더미 등에서 살았다.

그때 라자가하의 대부호 상인이 아침 일찍 이 대나무 숲에 가게 되었는데, 그는 마침 비구들이 여기저기에서 나오는 것을 보았다. 그래서 비구들에게 다가가 물었다.

"존자여, 제가 숙소를 지어드리면 거기에서 사시겠습니

까?"

"장자여, 숙소에 사는 것은 부처님께서 허락하지 않으셨습니다."

"그러면 존자여, 부처님께 [허락해 주시도록] 여쭌 후에 저에게 알려주십시오."

그래서 비구들은 장자의 간청을 부처님께 여쭈었는데, 부처님은 이를 허락하셨다. 장자는 서둘러 하루 동안에 60채의 거처를 만들었다. 그리고 부처님과 비구들을 공양에 초대하였다. 공양 후 부처님은 장자에게 감사의 게송을 말씀하셨다.

장자가 기증한 60채의 거처는 추위와 더위를 막을 것이요,
동물, 파충류, 모기를 피하게 하고,
뜨거운 바람과 비를 피하게 할 것이요,
명상하기에, 통찰력을 얻기에 훌륭한 곳이오.
거처는 승가의 으뜸가는 선물로서
깨달은 분에 의하여 찬탄됩니다.

부처님은 라자가하의 대부호 상인에게 감사의 게송을 말씀하신 후 자리를 떠나셨다. 부처님이 숙소 짓는 것을 허락하셨다는 소문이 퍼지면서 신도들은 앞다투어 숙소를 지어 기증하게 되었다. 그때 마가다의 세니야 빔비사라 왕은 승가

를 위하여 좀 더 견고한 재료인 점토와 회반죽을 발라 대나무 숲에 길고 연속한 숙소를 건축하게 되었다.

라자가하 대부호 아나타삔디까는 꼬살라국 사왓티 대부호 상인 수닷따, 즉 금강경에 나오는 급고독(給孤獨) 장자의 처남을 말한다. 라자가하 대부호 상인 아나타삔디까가 부처님과 제자들을 집으로 초대하여 공양을 올리고자 하는 뜻을 부처님께 알리고자, 비구들이 시내로 탁발하러 나가기 전 이른 아침에 빔비사라 왕이 기증한 대나무 숲을 찾아갔다. 그때 여기저기서 나오는 비구들이 간밤에 내린 비에 입고 있는 가사가 비로 흠뻑 젖어 있는 것을 보았다. 그 모습을 보고 비를 피할 수 있는 숙소가 있어야겠다고 생각했다. 그때 만난 비구에게 비를 피할 수 있는 숙소를 지어 부처님과 승단에 기증하고 싶다고 말하였다.

"장자여, 숙소에 사는 것은 부처님께서 허락하지 않으셨습니다."

"그러면 존자여, 부처님께 [허락해 주시도록] 여쭌 후에 저에게 알려주십시오."

그래서 비구들은 장자의 간청을 부처님께 여쭈었는데, 부처님은 이를 허락하셨다. 장자는 서둘러 하루 동안에 60채의 거처를 만들었다. 이 소문을 뒤늦게 들은 빔비사라 왕은 장자에게 선수를 빼앗긴 것을 섭섭하게 생각했다. 그래서 부처님께 간청하였다.

"지금 장자가 지은 숙소는 임시 비를 피할 곳이지 오래 가지 못합니다. 제가 좋은 자재를 써서 견고한 숙소를 지어드리겠으니 허락해 주십시오."

부처님께서는 허락하셨다. 그러자 왕은 견고한 재료인 점토와 회반죽을 발라 길고 연속한 숙소를 지으니, 이것이 죽림정사(竹林精舍)이다. 부처님께서 장자의 집에 오셔서 공양을 받을 때, 꼬살라국 대부호 상인 수닷따(급고독) 장자도 있었다. 거기서 부처님을 뵙고 설법을 듣고 나서 환희심을 내었다.

수닷따 장자는 우기에 부처님과 그 제자들이 사왓티에서 지내시도록 청하였다. 장자는 라자가하에서 일을 마치고 사왓티로 돌아와서 부처님과 그 제자들이 머무는 숙소를 지었으니, 그것이 기원정사이다.

기원정사의 건립

[율장 풀라왁가 6편 4:1-10]

수닷따 장자는 빔비사라 왕이 기증한 대나무 숲에 60채의 숙소를 지은 라자가하의 대부호 상인의 누나의 남편이었다. 사왓티에 살고 있는 수닷따 장자도 역시 대부호 상인이었다. 그는 라자가하에 볼일이 있어 가게 되었다.

수닷따 장자가 그 집에 도착하였을 때 다른 때와는 달리, 처남 되는 라자가하의 대부호 상인은 노예와 종들에게 이것저것 지시하며 내일 먹을 음식 준비로 분주하였다. 마치 빔비사라 왕과 그 군대라도 초청한 듯이 [엄청난 음식을 만들고 난리였다. 그는 웬일이냐고 물으니 내일 깨달으신 분과 그의 제자들을 초대한다고 하였다. 그는 다시 물었다.

"깨달으신 분이라고 말하였는가?"

"예, 깨달으신 분이라고 말하였습니다. 장자여!"

그러나 또 다시 물었다.

"깨달으신 분이라고 말하였는가?"

"예, 깨달으신 분이라고 말하였습니다. 장자여!"

수닷따 장자는 똑같은 질문을 세 번씩이나 하면서 깨달으신 분이라고 말하였는지를 확인하였다.

"이 세상에서 깨달으신 분이라고 말하는 것을 듣기란 어려운데, 지금 온전히 깨달으신 분, 부처님을 뵐 수 있을까?"

"지금은 부처님 뵙기에 적당한 때가 아닙니다. 내일 아침 일찍 부처님을 뵐 수 있을 것입니다."

수닷따 장자는 부처님을 뵙는다는 생각에 밤잠을 설치고 동트기 전 이른 새벽에 일어나 집을 나서서 머리카락이 쭈뼛 서는 어두운 숲을 지나 부처님을 찾아갔다. 부처님은 수닷따 장자를 보고 말씀하셨다.

"어서 오십시오. 수닷따!"

장자는 자신의 이름을 듣고는 기쁘고 환희심이 일어났다. 부처님 발에 이마를 대어 인사를 드리고 말하였다.

"부처님께서 편히 지내시기를 바랍니다."

"나는 마음이 평화롭기 때문에 편안하게 머뭅니다."

부처님은 수닷따 장자를 위하여 쉬운 가르침부터 시작하여 점차적인 가르침을 주셨다. 장자의 마음이 가르침을 이해하고 받아들일 준비가 되어 있음을 아시고 부처님은 깨달으신 진리인 사성제의 가르침을 주셨다. 장자는 깨끗한 천에 물감이 쉽게 물들 듯이 그 자리에서 '생기는 모든 것은 소멸하게 마련이다!'라는 티 없는 진리의 통찰력이 생겼다. 담마 속에 완전히 뛰어들어 의심을 제거하고 주저함을 치워버리고, 스승의 가르침에서 완전한 만족을 얻었다.

"부처님, 참으로 훌륭하십니다. 저는 부처님께 귀의합니다. 가르침에 귀의합니다. 승가에 귀의합니다. 오늘부터 저를 재가신도로 받아주십시오."

그리고 그는 부처님과 승가 대중을 다음날 공양에 초대하였다. 그는 집이 사왓티였기 때문에 라자가하의 대부호 처남의 집에서 부처님을 대접하였다. 공양 후 그는 우기 철에 부처님과 그 제자들이 사왓티에서 지내시도록 청하였다. 장자는 라자가하에서의 일을 마치고 사왓티로 떠났다.

가는 길에 만나는 사람들에게 자신이 깨달으신 분과 승가 대중을 초청했다는 이야기, 그러니 정사와 숙소를 지어야 한다는 이야기, 깨달으신 분이 이 세상에 나타났다는 이야기, 이 길을 따라서 오실 것이라는 이야기 등을 열성적으로 말하였다. 그래서 장자의 권고로 사람들은 승원을 짓고 거처를 마련하고 선물을 준비하였다.

장자는 사왓티를 죽 둘러보면서 '마을에서 너무 멀지도 않고, 너무 가깝지도 않고, 밤에는 시끄럽지 않고, 인적이 드물고, 명상하기에 적합한 곳은 어딜까?' 하고 생각하였다. 그런데 그때 장자는 제따 왕자의 훌륭한 숲을 보았다. 그것은 모든 조건을 다 갖춘 안성맞춤의 장소였다. 그래서 장자는 제따 왕자를 찾아가서 왕자의 훌륭한 숲에 승원을 지을 수 있도록 요청하였다. 그러나 왕자는 억만금을 준다 해도 줄 수 없다고 말하였다. 그러나 끈질긴 장자의 요청으로 결국 왕자가 부르는 값에 지을 수 있다는 결론에 도달하였다. 그래서 장자는 마차에 금화를 싣고 가서 그곳에 깔기 시작하였다.

그러나 그 금화는 입구 근처의 작은 공간에도 충분하지 않았다. 그래서 장자는 사람들에게 말하였다.

"여러분, 가서 금화를 가져오시오 이 공간에 금화를 깔아야 합니다."

이것을 보고 제따 왕자는 생각하기를, '장자가 이렇게 많은 금화를 가져오는 것은 보통 일이 아니다!' 그래서 장자에게 말하였다.

"됐습니다, 장자여, 이 공간을 나에게도 주십시오. 이것은 나의 선물이 될 것입니다."

그래서 왕자 자신도 숲의 입구 쪽에 건물을 짓고 현관을 지어 자신의 훌륭한 숲을 기증하였다. 수닷따 장자는 그곳에 건물을 짓고 방사를 만들고 현관, 시자실, 불 때는 장소, 창고, 벽장, 경행하는 장소, 회랑, 경행할 수 있는 방, 우물, 우물가 정자, 목욕탕, 목욕탕에 딸린 방, 작은 오두막들, 연못, 나무를 심어 그늘을 만듦 등으로 편리한 시설을 갖춘 승원을 지었다.

20여 년 전 인도 성지 순례단에 합류하여 사왓티 기원정사를 가보았다. 2,600여 년이 지난 기원정사는 그때의 화려했던 모습을 떠올리기에 충분했다. 널따란 대지에 커다란 집터 자리가 여기저기 보이고, 아직도 집터의 기초가 되는 붉은 벽돌이 두세 자 높이로 남아 있었다.

가이드는 설명하였다. 부처님의 방, 아난다의 방, 일반 대중 방, 그리고 그때 사용하던 우물···. 그 우물은 지금도 사용할 수 있을 것처럼 맑은 물이 가득 차 있었다. 이곳에서 부처님과 많은 제자들이 계시면서 수행했을 거라 생각하니 가슴이 벅차올랐다.

데와닷따의 교단 분열

라자가하에서 또 하나 잊지 못할 일은 데와닷따의 교단 분열이다. 데와닷따는 부처님과 사촌이다. 왕자인 동시에 같은 또래의 죽마고우이다. 어린 왕자 시절, 활쏘기, 말타기, 칼과 창 다루기 등 경기를 하며 놀았으며, 인도 전통 고전을 배우며 서로 논쟁을 벌였던 상대였다. 그런 데와닷따가 언제 출가했는지, 자세한 기록은 없다.

꼬살라국 빠세나디 왕 둘째 왕비 사이에서 태어난 유리 왕자에 의하여 부처님께서 태어난 카필라성이 점령당하여 카필라국이 망할 때, 많은 사까족 남녀가 카필라성을 탈출하였다. 나라가 망하면 점령자들로부터 모든 재산이 몰수당하고 그들의 노예가 된다.

왕비이며 부처님의 이모인 마하파자파티를 비롯한 왕궁의 여성들이 카필라성을 탈출하여 세상의 무상함을 통감하고 부처님께 귀의하여 비구니가 되었다. 데와닷따도 꼬살라국의 노예가 될 수 없어 카필라성을 탈출하였지만, 올 데 갈 데가 없어 어쩔 수 없이 출가하여 부처님께 의지한 것으로 보인다.

데와닷따는 어쩔 수 없이 출가하여 부처님의 제자가 되었지만,

부처님을 스승으로 생각하지 않고 어린 시절 왕궁에서 서로 겨루
며 다투었던 싯다르타, 즉 경쟁자로만 생각하고 있었다. 부처님께
서 많은 비구들로부터 존경을 받고, 왕과 바라문 등 재가불자로부
터 지극한 대접을 받자 데와닷따는 질투심이 타올랐다.

[율장 쭐라왁가 7편 3:14-17]

데와닷따 비구는 고깔리까 비구와 그를 추종하는 비구들
에게 가서 말하였다.

"자, 존자들이여, 이제 우리 사문 고타마 교단에서 일치를
깨버리는 분열을 일으킬 것입니다."

꼬깔리까 비구가 물었다.

"그렇지만 존자여, 사문 고타마는 탁월한 힘과 위대한
영적인 힘을 가지고 있습니다. 어떻게 우리가 사문 고타마
교단에서 일치를 깨는 분열을 일으킵니까?"

"존자들이여, 우리는 사문 고타마에게 가서 이와 같이
다섯 가지 조항을 질문할 것입니다. 부처님, 부처님은 여러
면에서 욕심이 적은 것을 칭찬하십니다. 만족하는 것을 칭찬
하시고, 악을 소멸하는 것, 예절 바른 것, 장애가 줄어드는
것, 정진하는 것을 칭찬하십니다. 다음의 다섯 가지 조항은
여러 면으로 욕심이 적은 것에 좋고, 만족하는 것에 좋고,
악을 소멸하는 것, 정확한 것, 예절 바른 것, 장애가 줄어드는

것, 정진하는 것에 좋습니다.

다섯 가지 조항

① 비구들이 이 세상에 사는 동안 숲에 사는 자라면 좋겠습니다. 마을의 이웃으로 가는 사람은 누구나 죄가 그를 더럽힐 것입니다.

② 비구들이 이 세상에 사는 동안 탁발 음식으로만 살도록 합시다. 초대를 받아들이는 사람은 누구나 죄가 그를 더럽힐 것입니다.

③ 비구들이 이 세상에 사는 동안 누더기 법의만을 입도록 합시다. 장자들이 보시하는 법의를 받는 사람은 누구나 죄가 그를 더럽힐 것입니다.

④ 비구들이 이 세상에 사는 동안 나무 아래에서만 살도록 합시다. 지붕이 있는 곳으로 가는 사람은 누구나 죄가 그를 더럽힐 것입니다.

⑤ 비구들이 이 세상에 사는 동안 고기를 먹지 않도록 합시다. 고기를 먹는 사람은 누구나 죄가 그를 더럽힐 것입니다."

이어서 데와닷따는 말하였다.
"그런데 사문 고타마는 이 조항들을 수용하지 않을 것이오 그러면 우리는 이 다섯 가지 조항에 의하여 승리하는 것이오 존자들이여, 이 다섯 가지 조항으로 사문 고타마 교단의 일치를 깨버리고 분열을 일으키는 것은 가능합니다. 왜냐하면 사람들은 엄격한 것을 존중하기 때문입니다."

그래서 데와닷따 비구와 그의 동료들은 부처님을 찾아가서 인사를 드리고 한쪽에 앉아 그들이 모의한 내용인 부처님이 칭찬하는 일곱 가지의 덕성을 말하고 이 덕성에 도움이 되는 다섯 가지 조항을 말하였다.

부처님은 데와닷따의 다섯 가지 조항의 말을 다 듣고 이렇게 말씀하셨다.

"됐다, 데와닷따,

① 누구든 숲에 살기를 원하는 사람은 숲에 살도록 하여라. 누구든 마을의 이웃에 머물기를 원하는 사람은 마을의 이웃에 머물게 하여라.

② 누구든 탁발 음식으로만 살기를 원하면 그렇게 하도록 하여라. 누구든 초청을 받아들이기 원하는 사람은 그렇게 하도록 하여라.

③ 누구든 누더기 법의만 입기를 원하는 사람은 그렇게 하도록 하여라. 누구든 장자가 보시한 법의를 받기를 원하는 사람은 그렇게 하도록 하여라.

④ 그러나 오직 8개월 동안만, 데와닷따, 나무 아래서

거처하는 것이 허락된다. [우기에는 비가 많이 오므로 우기철 4개월 동안은 나무 아래서 사는 것을 금하심]

⑤ 고기는 세 가지 관점에서 깨끗하다. 보지 않고, 듣지 않고, 그를 위한 목적으로 잡았다는 의심이 없을 때는 깨끗하다.”

데와닷따는 ‘부처님은 이 다섯 가지 조항을 승인하지 않으신다.’고 생각했다. 그는 의기양양한 마음으로 기뻐하면서 동료들과 함께 물러나왔다.

데와닷따는 동료들과 함께 라자가하로 가서 사람들에게 이 다섯 가지 조항에 대하여 가르쳤다. 그리고 말하였다.

“[부처님께서 말한 내용을 그대로 신도들에게 말함] 사문 고타마는 이 다섯 가지 조항을 허락하지 않습니다. 그러나 우리들은 이 조항을 지키며 삽시다.”

그래서 신심도 없고 믿음도 없고 생각이 깊지 못한 사람들은 데와닷따를 찬탄하고 사문 고타마는 풍요로움을 추구한다고 비난하였다. 그러나 신심이 있고 믿음이 있고 지혜롭고 생각이 깊은 사람들은 데와닷따는 화합을 깨고 승단을 분열한다고 비난하였다. 부처님은 이런 내용을 듣고 데와닷따에게 말씀하셨다.

“데와닷따, 그대가 승단의 일치를 깨고 분열을 일으켰다는 말이 있는데, 그것이 사실인가?”

"사실입니다. 부처님!"

"데와닷따, 교단에 분열이 있어서는 안 된다. 교단의 분열은 매우 중대한 문제이다. 데와닷따, 누구든지 일치된 교단을 분열하는 사람은 오랜 세월 동안 이어지는 악덕을 짓는 것이다. 그러나 누구든 분열된 교단을 일치하게 하는 사람은 훌륭한 공덕을 짓는 사람이다. 데와닷따, 교단에 분열이 있어서는 안 된다. 교단의 분열은 매우 중대한 문제이다."

그때 아난다 존자는 라자가하로 탁발을 나갔다. 그런데 그때 데와닷따 존자는 아난다 존자를 보고 다가와서 말하였다.

"오늘부터 앞으로 나는 부처님이나 비구 승단과는 다르게 포살을 할 것이며, 승단의 갈마를 시행할 것이오."

아난다 존자는 데와닷따가 한 말을 모두 부처님께 말씀드리면서 "부처님, 오늘 데와닷따는 교단을 분열할 것입니다." 라고 말하였다.

부처님께서는 데와닷따가 비구들은 고기를 먹지 말자고 요구한 사항을 허락하지 않았다. 부처님과 그 제자들은 탁발로 살았기 때문에 탁발자는 주는 대로 아무 음식이나 얻어 와서 하루에 오직 한 끼만 공양하였다. 부처님 시대 상황을 고려할 때 탁발할 때 이것저것 가리면 탁발이 무척 어려웠을 것이고, 공양을 올리는 사람도 탁발 음식을 따로 만들어야 하는 어려움이 있었을 것이다.

부처님은, 다른 사람들의 입장을 살피는 인간적인 자비로움이 앞선 분이었다. 부처님은 요지부동의 율법주의자가 아니었다. 극단에 흐르지 않은 점과, 항상 모든 사람의 이익과 행복을 위하는 것이 무엇인가에 초점을 두셨다.

[대반열반경]

1. 13. 그때 세존께서는 라자가하에서 원하는 만큼 머무신 뒤, 아난다 존자를 불러서 말하셨다. "아난다여, 이제 암발랏티까로 가자."

"그렇게 하겠습니다, 세존이시여."라고 아난다 존자는 세존께 응답하였다. 그리하여 세존께서는 많은 비구 승가와 함께 암발랏티까에 도착하셨다.

세존께서는 많은 비구 승가와 함께 암발랏티까에 도착하셨다고 하였는데, 많은 비구 승가는 과연 몇 명이었을까? 너무 많은 숫자의 대중이 움직이면 머물 장소와 탁발해 먹을 공양에 어려움이 생기고, 민폐를 끼칠 염려가 있게 된다.

부처님 제자가 1,250인이라고 하지만, 그 많은 대중이 한 지역에서 모여 살기에는 많은 어려움이 따랐을 것이다. 부처님 당시에 인도 대륙 여러 나라 여러 지역에 승원들이 있는 것을 보면, 비구들이 인연 따라 여러 지방으로 나누어져 수행한 것으로 보인다.

큰 승원으로는 라자가하의 죽림정사, 사왓티의 기원정사, 웨살리의 큰 숲 중각강당(대림정사)이 있다. 그 외에 카필라 왓투의 니그로 승원, 기원정사 동쪽의 미가라마뚜 승원, 나디까의 벽돌 승원, 나디까의 긴자까와 시타 승원, 꼬삼비의 고시따 승원, 웨살리의 왈리까 승원, 빠딸리뿟다의 꾹꾸다 승원, 기원정사 가까이에 있는 빠세나디 왕이 세운 라자까라마 비구니 승원 등이 있었다.

승원을 중심으로 하여 동일 지역에 사는 비구들은 매달 정해진 날에 승원에 모여, 계율을 외우고 자신의 잘못을 반성하고 가르침을 기억하고 죄를 고백 참회하는 예식을 하면서, 잘못된 길에 빠지지 않도록 하여 승가의 규범을 바로 세우는 포살을 했다. 그리고 해마다 우기에 행하는 하안거 마지막 날에는, 승원에 모여 대중 앞에서 안거 동안에 지은 잘못을 고백하고 참회하며 꾸중을 구하는 예식인 자자(自恣)를 하였다.

우뽀사타(布薩)의 제정

[율장 마하왁가 2편 1-2:1]

어느 때 깨달으신 분, 부처님은 라자가하의 독수리봉(영취산)에 계셨다. 그때 다른 교단의 방랑 수행자들은 14일과 15일 그리고 반달의 제8일에 함께 모여 담마를 설하였다.

그래서 사람들은 담마를 듣기 위하여 그들에게로 갔다. 그들은 사람들의 호감과 신뢰를 얻었다.

그때 마가다의 세니야 빔비사라 왕은 홀로 명상하는 중에 이런 생각이 들었다. '다른 교단의 방랑 수행자들은 14일과 15일 그리고 반달의 제8일에 함께 모여 담마를 설한다. 그래서 사람들은 담마를 듣기 위하여 그들에게로 간다. 그들은 사람들의 호감과 신뢰를 얻는다. 부처님도 이렇게 하시면 어떨까? 그래서 부처님을 찾아가서 이런 말씀을 드리고 왕의 생각을 말하였다.

"그러니 부처님의 제자들도 14일과 15일과 반달의 제8일에 함께 모이는 것이 어떻겠습니까?"

부처님은 빔비사라 왕에게 가르침을 설하여 왕을 기쁘게 하고, 분발케 하고, 환희심을 북돋우었다. 부처님은 이런 일로 인하여 비구들을 모으시고 말씀하셨다.

"비구들이여, 14일과 15일, 그리고 반달의 제8일에 담마를 설하기 위하여 모두 함께 모여야 한다."

빠와라나(自恣)의 제정

[율장 마하왁가 4편 I-2:2]

어느 때, 부처님은 사왓티의 기원정사에 계셨다. 그때에

서로 친한 몇 명의 비구들이 꼬살라국의 어떤 거주지에서 우기 안거를 하게 되었다. 그들은 '어떻게 하면 우리 모두가 서로 친근하게 화합하면서 편안한 우기 안거를 보낼 수 있을까?'라고 생각하였다. 그래서 그들은 서로 말하지 말고 각각 할 일을 하기로 하였다. 이렇게 3개월 동안 서로 말을 하지 않았고, 상대방에게 말을 걸지도 않았다.

그때 우기 안거를 마친 비구들이 부처님을 뵈러 가는 것은 관례였다. 그래서 이 비구들도 3개월간의 우기 안거를 마치고 앉고 눕는 자리를 꾸리고 가사와 발우를 들고 사왓티로 길을 떠났다. 기원정사에 도착하여 부처님께 예를 올리고 한쪽에 앉았다. 부처님은 이렇게 말씀하셨다.

"비구들이여, 잘들 지냈는가? 서로 친근하게 화합하면서 편안한 우기 안거를 보냈는가? 탁발하는 데 어려움은 없었는가?"

"부처님, 저희들은 잘 지냈습니다. 서로 친근하게 화합하면서 편안한 우기 안거를 보냈습니다. 탁발하는 데 어려움은 없었습니다."

"그대들은 어떻게 그렇게 서로 친근하게 화합하면서 편안한 우기 안거를 보내고 탁발하는 데도 어렵지 않았는가?"

"부처님, 저희들은 어떻게 하면 우리 모두가 서로 친근하게 화합하면서 편안한 우기 안거를 보낼 수 있을까를 생각했습니다. 그래서 서로 말하지 말고 각자 할 일을 하기로 하였습니다. 이렇게 l3개월 동안 서로 말을 하지 않았고, 상대방에게 말을 걸지도 않았습니다. 그래서 저희들은 서로 화합하면서 편안한 우기 안거를 보냈고, 탁발하는 데도 어려움이 없었습니다."

부처님은 그들에게 말씀하셨다.

"참으로 어리석은 사람들은 불편하게 보냈으면서도 편안하게 보낸 것처럼 말한다. 짐승처럼 모여 살았으면서도 편안하게 보냈다고 한다. 양들이 모여 사는 것처럼 살았으면서도 편안하게 살았다고 한다. 게으른 사람들이 모여 사는 것처럼 살았으면서도 편안하게 살았다고 한다. 어떻게 이 어리석은 사람들은 다른 교단의 '벙어리 수행'의 계율을 지킬 수 있단 말인가?"

부처님은 이렇게 꾸짖으시고 합당한 말씀을 하신 후, 이렇게 말씀하셨다.

"다른 교단의 계율인 '벙어리 수행'을 지켜서는 안 된다. 누구든지 그렇게 하는 사람은 잘못을 범하는 것이다. 우기 안거를 끝마친 비구들은 함께 모여 대중들에게 세 가지에 대하여 물어야 한다.

자신의 잘못을 본 것이 있는지,

자신의 잘못을 들은 것이 있는지,

자신의 잘못이라고 의심이 되는 것이 있는지,

이 세 가지를 대중에게 말해 달라고 요청하여야 한다. [이 예식이 자자(自恣)이다.] 이것은 서로를 위하여 좋은 것이며, 계율을 어기지 않게 하며, 계율을 파악하는 데 목적이 있다. 빠와라나(자자)는 이와 같이 하여야 한다. 유능하고 노련한 사람이 대중 앞에서 이렇게 말해야 한다. '승가 대중은 저의 말을 들으십시오! 오늘은 빠와라나 날입니다. 만일 대중이 옳다고 여기면 대중은 빠와라나를 하십시오.'

한 장로 비구가 가사를 어깨에 걸치고 합장하고 무릎을 꿇고 앉아서 이렇게 세 번 말해야 한다.

'존자님들, 나에 대하여 본 것, 들은 것, 의심되는 것에 대하여 대중 여러분께 요청합니다. 부디 자비로써 저에게 말해주시면 고치겠습니다.'

'존자님들, 나에 대하여 본 것, 들은 것, 의심되는 것에 대하여 대중 여러분께 요청합니다. 부디 자비로써 저에게 말해주시면 고치겠습니다.'

'존자님들, 나에 대하여 본 것, 들은 것, 의심되는 것에 대하여 대중 여러분께 요청합니다. 부디 자비로써 저에게 말해주시면 고치겠습니다.'"

[장로부터 새로 계를 받은 사람 순으로 모두 이렇게 세 번 묻는다.]

부처님은 이어서 말씀하셨다.

"각 사람이 무릎을 꿇고 앉아 빠와라나를 할 동안에는 대중이 모두 같이 무릎을 꿇고 앉아야 한다. 그의 요청이 끝나면 다시 자리에 앉아도 된다."

빠와라나(自恣) 행사

[상윳따 니까야 8 방기사 상윳따 7]

어느 때 부처님은 사왓티의 동쪽 승원, 마가라미뚜 강당에 계셨다. 부처님은 500명의 많은 비구들과 함께 계셨는데, 그들은 모두 아라한이었다. 그때 보름날 우뽀사태포살] 날에 부처님 빠와라나 [자재] 예식을 하시려고 옥외에서 많은 비구들의 무리에 둘러싸여 앉아 계셨다. 잠잠한 비구들을 둘러보고 나서 부처님은 말씀하셨다.

"비구들이여, 그대들에게 청하건대 나의 말과 행동의 어떤 것이라도 비난받을 만한 것이 있었는가?"

이때 사리뿟따 존자가 말하였다.

"부처님의 말과 행동에 아무것도 비난할 만한 것이 없습니다. 부처님께 청하옵건대 저의 말과 행동에 어떤 책망할 만한 것이 있었다면 말씀해 주십시오."

"사리뿟따, 그대의 말과 행동에 아무것도 책망할 것이 없다."

"부처님, 저에게 책망할 것이 없으시다면, 여기 500명의 비구들에게 말과 행동에 어떤 책망할 것이 있으면 말씀해 주십시오."

"사리뿟따여, 500명의 비구들의 말과 행동에도 아무런 책망할 것이 없다."

이때 방기사 존자가 자리에서 일어나 부처님께 말하였다.

"부처님, 저에게 영감이 떠올랐습니다."

"그렇다면 그대의 영감을 말해 보아라. 방기사!"

이에 방기사 존자는 부처님을 찬탄하는 게송을 읊었다.

보름날, 청정함을 위하여
500명의 비구들이 함께 모였네.
구속과 속박을 끊고
태어남과 괴로움에서 벗어난 선인들
마치 대신들에 둘러싸인 천륜성왕이
깊은 바다로 둘러싸인 강대한 영토를 둘러보는 것 같은
전쟁의 승리자, 위없는 대상(隊商)의 지도자에게
세 가지 지혜에 정통하고
윤회에서 벗어난 제자들이 예배드리네.
우리 모두 부처님의 진정한 아들이며
여기에 쭉정이는 없네.

갈애의 창살을 부순 이

태양의 후예에게 나는 예배드리네.

빠띠목카(戒本)를 외우도록 규정하심

[율장 마하왁가 2편 3:1-3]

부처님은 이와 관련하여 비구들에게 말씀하셨다.

"내가 홀로 명상하고 있을 때, 나는 이런 생각을 하였다. '나는 이미 비구들을 위하여 계율을 정하였다. 그러니 이런 계율을 가지고 비구들을 위하여 빠띠목카를 외우도록 만들면 어떨까? 빠띠목카의 독송은 우뽀사타(포살)를 행함에 있어 공식적인 예식이 될 것이다.' 비구들이여, 빠띠목카를 독송하도록 하여라."

빠띠목카는 이와 같이 독송하여야 한다. 노련하고 유능한 사람이 대중 앞에서 이렇게 말하여야 한다.

"승가 대중은 저의 말을 들으십시오 오늘 15일은 우뽀사타 날입니다. 승가 대중이 옳다고 여기면 우뽀사타를 행하여야 하며 빠띠목카를 독송하여야 합니다. 승가 대중의 첫 번째 의무는 무엇입니까? 존자님들은 각자 자신의 청정함을 말하십시오. 저는 빠띠목카를 독송할 것입니다. 모두 주의를 기울여 잘 들으십시오 계율을 위반한 사람은 그것을 드러내야 합니다. 만약 계율을 위반한 것이 없다면 침묵하십시오. 침묵하면 존자님들은 청정하다고 저는 알겠습니다. 각각의 질문에 대중들은 답을 하여야 합니다. 이와 같이 대중들은 세 번씩 답을 선언하여야 합니다. 만일 세 번씩 선언하는 동안, 계율의 위반을 기억하고도 드러내지 않으면, 그것은 의도적인 거짓말이 됩니다. 알면서도 거짓말을 하는 것은 '걸림돌'이라고 부처님은 말씀하셨습니다. 그러므로 청정해 지기를 원하는 사람은 계율을 위반한 것이 기억나면 드러내야 합니다. 그것을 드러냄으로써 편안하게 됩니다."

부처님은 우기 넉 달 하안거는 어느 한 곳에서 머무시다가 안거가 끝나면 여덟 달은 여러 지방에 흩어져 수행하는 비구들을 지도하시기 위해 그들을 방문하였다. 인도의 우기는 넉 달이지만, 석 달 만에 우기가 끝나는 해가 많다. 그래서 비구 승가들은 석 달 만에 안거를 끝낸다. 그러나 우기가 길어서 석 달에 끝나지 않은 해는 대중공사에서 결정하여 한 달 연장한다.

[대반열반경]

1. 15. 그때 세존께서는 암발랏티까에서 원하는 만큼 머무신 뒤, 아난다 존자를 불러서 말씀하셨다. "아난다여, 이제

날란다로 가자." "그렇게 하겠습니다. 세존이시여!"라고 아난
다 존자는 세존께 응답하였다. 그리하여 세존께서는 많은
비구 승가와 함께 날란다에 도착하셨다. 세존께서는 거기
날란다에서 빠와리까의 망고 숲에 머무셨다.

인도는 국토의 대부분이 평탄한 평원이어서 옛날부터 마차가
다니는 도로가 잘 발달되어 있다. 그러나 부처님은 한 번도 마차를
이용한 적이 없다. 다만 걸어서 여러 지방에 머물러 수행하는
제자들을 지도하기 위하여 방문하였다. 팔십이 다 된 노구를
끌고 많은 비구 승가와 걷는 긴 여행을 하고 있다. 부처님은
날란다에 도착하셔서 빠와리까의 망고 숲에 머무셨다.

인도는 비가 많이 오고 고온다습한 우기와 무더운 건기와 아침
저녁으로 쌀쌀한 봄, 가을 같은 세 절기가 있다. 부처님은 비가
많이 오는 우기철 안거에는 승원이나 지붕이 있는 숙소에서 머무
시고 안거가 끝나면 대부분 숲속에서 지내셨다. 숲속 생활이란
쉽지 않다. 숲속에는 사나운 들짐승이 있고, 뱀, 쥐, 고슴도치
등과 지네, 전갈, 파리, 모기, 개미 등 곤충들이 있기 때문이다.
때때로 갑자기 쏟아지는 비에 온몸이 젖게 마련이다.

부처님은 망고나무 숲을 좋아하셨던 듯하다. 망고나무는 우리
나라 감나무처럼 높이 자라고 잎이 넓고 무성하여 낮에는 따가운
햇볕을 가려주고, 저녁에는 밤이슬을 막아 준다. 망고나무는 과일

수로서 농장 주인이 잡초를 제거해 잘 관리하므로 수행자가 머물기에 안성맞춤이다. 라자가하에서는 의사 지왓까의 망고 숲, 날란다에서는 빠와리까의 망고 숲, 웨살리에서는 기녀 암바빨리의 망고 숲, 아찌라와띠에서는 강변의 망고 숲, 빠와에서는 대장장이 아들 쭌다의 망고 숲에서 머무셨다.

당시 비구 승가들은 삼의(三衣 : 상하의 법의와 대의 가사)를를 입었고, 발우, 그리고 정해진 크기의 깔개만을 소지했다. 신발은 신지 않았고, 밤에는 좌선으로 밤을 보낸다. 벌레에 물렸을 때는 주위의 약초를 캐서 바르고 혹 약을 소지한 자도 있었다. 긴 여행 중이라 노약자 중에는 병이 난 자도 생겼다. 그러면 대중이 며칠을 더 머물거나 환자 스스로 여행을 포기하기도 했다. 중간에 죽는 비구가 생기면 주변의 마른 나무를 주워다가 화장을 했다.

인류 역사상 최고 최대의 대학 [날란다 상가라마]

날란다에는 '날란다 상가라마'라고 하는 인류 역사상 최고 최대의 대학이 있었다. 이 날란다 상가라마는 건립연대가 확실하지 않으나, 2~3세기에서 12세기까지 천년 세월 동안 불교문화를 꽃피게 했다. 아시아의 수많은 학승(學僧)들이 꿈과 동경(憧憬)의 날란다로 모여들었다. 이 날란다 상가라마에서 기라성 같은 수많은 고승들이 배출되었고, 수많은 대승경전(大乘經典)이 이곳을 중심으로 편찬되었다.

날란다 대학은 세계 지혜의 보고(寶庫), 학문의 거대한 창고가 되고 있었다. 『대당서역기』를 쓴 중국의 현장(玄奘) 법사(7세기)를 비롯하여 법현(5세기), 의정(7세기 말) 등이 여기서 각각 5년 간 수학하였다. 현장법사는 이곳에서 학자로서는 물론 성자로서도 존경을 받아, 코끼리를 타고 다닐 수 있는 대우를 받았다고 한다. 그는 여기서 수많은 불경 원전을 수집해 중국으로 가져갔다.

현장법사가 기록한 『대당서역기』에 의하면, 수천 명의 승려가 있었으며, 모두 재능이 높고 학식 있는 인물로서 덕을 당대의 최고로 여기며, 명성을 외국에까지 떨친 인물이 수백 명이나 되었다고 했다. 계율이 청정하고 수칙(守則)과 작법(作法)이 순수했으며, 승려에게는 엄한 규제가 있었는데 모두가 굳게 지켰다고 한다. 교의(敎義) 연구에 하루 해가 모자라 아침과 저녁에도 서로 격려, 충고하며 젊은이나 늙은이가 서로 도와 학문에 힘쓰고 있었다고 했다.

의정(義淨)의 『남해기귀내법전(南海寄歸內法傳)』에서도 날란다 대학의 이모저모를 기록하고 있다. 이러한 기록을 미루어 보면 3~4천 명의 학승들이 여기서 배우고 있었던 것 같다. 날란다 대학에는 신라 승려 혜업(慧業)이 이곳에서 공부했고, 이밖에도 여러 승려가 당시 인도를 여행했으나, 귀국한 사람은 없다. 신라

혜초 스님도 날란다 대학에 입학하고자 했으나 뜻을 이루지 못한 것으로 전해진다. 언어의 장벽을 넘기가 어려웠을 것이다. 날란다 대학은 그 둘레만도 15킬로미터나 되었다고 한다.

12세기에 인도 대륙을 짓밟은 이슬람의 말발굽은 이곳을 폐허로 만들었다. 침략자들이 휘두른 칼날 아래 숱한 불교학자들이 죽어갔다. 날란다의 모든 건물은 파괴되고, 도서관의 경전들은 모두 불길 속에 싸여 일곱 달 동안 탔다고 한다. 이렇게 하여 인도에서의 불교는 그 찬란했던 막을 내렸다.

20세기 마지막 해 마지막 달 끝자락에 성지순례단에 끼여 날란다 대학 옛터를 들러보았다. 널따란 들판에 옛 집터가 여기저기 황량하게 널려 있었다. 1.5평 정도의 방 10개가 20평 됨직한 큰방을 둘러싸고 있다. 흡사 벌집처럼 뚫린 이 방바닥에는 무릎 높이의 돌 침상이 마련되어 있고, 그 옆에는 상자 모양의 책장이 한두 개 딸려 있다. 각 방은 건넌방을 훤히 들여다볼 수 있도록 문을 마주하고 있다. 서로 실내 생활을 감시할 수 있도록 배려한 듯하다. 이런 구조의 건물이 여러 개 있다. 도서관 자리도 세 곳이나 되었고, 여기저기에 취사장 자리와 우물이 보였다. 전성기에는 52개소의 못이 대학 둘레에 있었는데, 이는 목욕하는 곳이라 한다. 우물도 53개소나 있었는데, 지금은 드러난 곳이 11개소다.

이 폐허는 1861년 이래, 천천히 발굴이 진행되어 현재에도 계속되고 있는데, 발굴된 면적은 10만 평 정도라고 한다. 발굴 결과 기숙사와 수도원을 겸한 사원터 14개소가 드러났다. 벽돌기단은 전부 7층으로 9회에 걸쳐 증축된 것이라 한다. 발굴이 끝나기까지에는 앞으로 수년이 걸릴 것으로 보인다.

[대반열반경]

1. 19. 그때 세존께서는 날란다에서 원하는 만큼 머무신 뒤, 아난다 존자를 불러서 말씀하셨다. "아난다여, 이제 빠딸리 마을로 가자." "그렇게 하겠습니다. 세존이시여."라고 아난다 존자는 세존께 응답하였다. 그리하여 세존께서는 많은 승가와 함께 빠딸리 마을에 도착하였다.

1. 20. 빠딸리 마을의 청신사들은 세존께서 빠딸리 마을에 오셨다고 들었다. 그러자 빠딸리 마을의 청신사들은 세존께 다가갔다. 가서는 세존께 절을 올린 뒤 한 곁에 앉았다. 한 곁에 앉아서 빠딸리 마을의 청신사들은 세존에게 이렇게 말씀드렸다. "세존이시여, 세존께서는 저희들의 공회당에 [머무실 것을] 허락하여 주시옵소서." 세존께서는 침묵으로 허락하셨다.

1. 21. 그러자 빠딸리 마을의 청신사들은 세존께서 허락하신 것을 알고서 자리에서 일어나 세존께 인사드리고 오른쪽으로 [세 번] 돌아 [경의를 표한 뒤에 공회당으로 갔다. 가서는 공회당을 덮개로 완전하게 덮고 자리를 준비하고 물 항아리를 마련하고 기름 등불을 매달고서 세존을 뵈러 갔다. 세존을 뵙고 인사드리고 한 곁에 섰다. 한 곁에 서서 빠딸리 마을의 청신사들은 세존에게 이렇게 말씀드렸다.

"세존이시여, 공회당을 덮개로 안전하게 덮었고, 자리를 준비하고 물 항아리를 마련하고 기름 등불을 매달았습니다. 세존이시여, 이제 세존께서 [가실] 시간이 되었습니다."

1. 22. 그러자 세존께서는 옷매무새를 가다듬고 발우와 가사를 수하고 비구 승가와 더불어 공회당으로 가셨다. 발을 씻으시고 공회당으로 들어가셔서는 중간 기둥 곁에 동쪽을 향하여 앉으셨다. 비구들도 역시 발을 씻고서 공회당에 들어가서 서쪽 벽 근처에 동쪽을 향하여 세존을 앞에 모시고 앉았다. 빠딸리 마을의 청신사들도 역시 발을 씻고 공회당에 들어가서 동쪽 벽 근처에 서쪽을 보고 세존을 앞에 모시고 앉았다.

1. 23. 그러자 세존께서는 빠딸리 마을의 청신사들을 불러

서 말씀하셨다.

"장자들이여, 계행이 나쁘고 계를 파한 자에게 다섯 가지 위험이 있다. 무엇이 다섯인가? 장자들이여, 여기 ① 계행이 나쁘고 계를 파한 자는 방일한 결과로 큰 재물을 잃는다. 이것이 계행이 나쁜 자가 계를 파해서 얻는 첫 번째 위험이다. 다시 장자들이여, ② 계행이 나쁘고 계를 파한 자는 악명이 자자하다. 이것이 계행이 나쁜 자가 계를 파해서 얻는 두 번째 위험이다. 다시 장자들이여, ③ 계행이 나쁘고 계를 파한 자는 크샤트리아(왕족)의 회중이든, 바라문의 회중이든, 장자의 회중이든, 수행자의 회중이든, 그 어떤 회중에 들어가더라도 의기소침하여 들어간다. 이것이 계행이 나쁜 자가 계를 파해서 얻는 세 번째 위험이다. 다시 장자들이여, ④ 계행이 나쁘고 계를 파한 자는 매(昧)해서 죽는다. 이것이 계행이 나쁜 자가 계를 파해서 얻는 네 번째 위험이다. 다시 장자들이여, ⑤ 계행이 나쁘고 계를 파한 자는 몸이 무너져 죽은 뒤에 처참한 곳, 불행한 곳, 파멸처, 지옥에 떨어진다. 이것이 계행이 나쁜 자가 계를 파해서 얻는 다섯 번째 위험이다."

1. 24. "장자들이여, 계를 가진 자가 계를 받들어 지님에 다섯 가지 이익이 있다. 무엇이 다섯인가? 장자들이여, 여기

① 계를 가지고 계를 갖춘 자는 방일하지 않은 결과로 큰 재물을 얻는다. 이것이 계를 가진 자가 계를 받아 지님으로써 얻는 첫 번째 이익이다. 다시 장자들이여, ② 계를 가지고 계를 갖춘 자는 훌륭한 명성을 얻는다. 이것이 계를 가진 자가 받아 지님으로써 얻는 두 번째 이익이다. 다시 장자들이여, ③ 계를 가지고 계를 갖춘 자는 크샤트리아의 회중이든, 바라문의 회중이든, 장자의 회중이든, 수행자의 회중이든, 그 어떤 회중에 들어가더라도 두려움 없고 당당하게 들어간다. 이것이 계를 가진 자가 계를 받아 지님으로써 얻는 세 번째 이익이다. 다시 장자들이여, ④ 계를 지니고 계를 갖춘 자는 매하지 않고 죽는다. 이것이 계를 가진 자가 계를 받아 지님으로써 얻는 네 번째 이익이다. 다시 장자들이여, ⑤ 계를 지니고 계를 갖춘 자는 몸이 무너져 죽은 뒤에 선처 혹은 천상세계에 태어난다. 이것이 계를 가진 자가 계를 받아 지님으로써 얻는 다섯 번째 이익이다.”

1. 25. 그때 세존께서는 빠딸리 마을의 청신사들에게 밤이 깊도록 법을 설하시고 격려하시고 분발하게 하시고 기쁘게 하신 뒤, 그들에게 떠날 것을 권하셨다. “장자들이여, 밤이 참 아름답구나. 이제 그대들이 갈 시간이 되었구나.” “그렇게 하겠습니다. 세존이시여.”라고 빠딸리 마을의 청신사들은

세존께 대답을 한 뒤, 자리에서 일어나 세존께 절을 올리고 오른쪽으로 [세 번] 돌아 [경의를 표한] 뒤에 물러갔다.

1. 29. 그때 마가다의 대신 수니다와 왓사까라가 세존께 다가갔다. 가서는 세존과 함께 환담을 나누고 유쾌하고 기억할 만한 이야기로 서로 담소를 나누고 한 곁에 섰다. 한 곁에 서서 마가다의 대신 수니다와 왓사까라는 세존께 이렇게 말씀드렸다.

"세존이시여, 고타마 존자께서는 비구 승가와 함께 내일 저희들의 공양을 허락하여 주십시오."

세존께서는 침묵으로 허락하셨다.

1. 30. 그러자 마가다의 대신 수니다와 왓사까라는 세존께서 침묵으로 허락하신 것을 알고서 자리에서 일어나 세존께 절을 올리고 오른쪽으로 [세 번] 돌아 [경의를 표한] 뒤에 물러갔다. 그리고 마가다의 대신 수니다와 왓사까라는 그 밤이 지나자, 자신들의 집에서 맛있는 여러 음식을 준비하게 하여 세존께 시간을 알려드렸다. "고타마 존자시여, [가실] 시간이 되었습니다. 음식이 준비되었습니다."라고.

그때 세존께서는 오전에 옷매무새를 가다듬고 발우와 가사를 수하시고 비구 승가와 함께 마가다의 대신 수니다와 왓사까라의 집으로 가셨다. 가셔서는 비구 승가와 함께 지정된 자리에 앉으셨다. 그러자 마가다의 대신 수니다와 왓사까라는 부처님을 상수로 하는 비구 승가에게 맛있는 여러 음식을 자기 손으로 직접 대접하고 드시게 하였다. 세존께서 공양을 마치시고 발우에서 손을 떼시자 마가다의 대신 수니다와 왓사까라는 어떤 낮은 자리를 잡아서 한 곁에 앉았다.

1. 31. 세존께서는 한 곁에 앉은 마가다의 대신 수니다와 왓사까라를 다음의 게송으로 기쁘게 하셨다.

현자는 어느 지방에 거주하든
계를 지니고 잘 제어된
청정범행 닦는 자들을 부양한다.
거기서 현자가 그들에게 보시를 베푸는 것을 보고
신들은 그에게 예배하고 그를 존경한다.
신들은 그를 연민하나니
마치 어머니가 친아들을 그리하듯이.
신들이 연민하는 그는
항상 경사스러움을 보게 된다.

세존께서는 이 게송으로 마가다의 대신 수니다와 왓사까

라를 기쁘게 하신 뒤, 자리에서 일어나 나가시었다.

부처님 당시 인도에는 여러 수행 단체인 교단이 있었다. 이런 수행 집단의 출가 수행자를 사문이라고 불렀다. 여러 교단 사문들도 탁발로 살아갔기 때문에 한정된 재가신도들은 부담이 될 수밖에 없었다. 그리하여 자신들이 좋아하고 존경하는 교단 사문들에게는 후한 대접을 하고, 다른 교단의 사문들에게는 냉대를 했다. 그래서 서로 다른 교단끼리 치열한 경쟁을 했다.

우기 안거를 마친 비구들이 부처님을 뵈러 가는 것은 당연한 관례였다. 그때 부처님은 비구들에게 제일 먼저 "편안한 우기 안거를 보냈는가? 탁발하는 데 어려움은 없었는가?"라고 물으셨다. 부처님도 탁발하러 나갔다가 어느 바라문으로부터 호된 꾸지람을 당한 적이 있다.

나도 밭을 갈고 씨를 뿌립니다

[상윳따 니까야: 7 브라흐마나 상윳다 2:1]

이와 같이 나는 들었다. 어느 때 부처님은 바라문 마을인 에까날라에서 가까운 마가다 사람들이 사는 곳인 닥키나기리에 계셨다. 그때 바라문 까시 바라드와자는 파종할 때가 되어 오백 개의 쟁기를 멍에에 실었다. 이때 부처님은 탁발하기 위해 까시 바라드와자가 마침 음식을 분배하고 있는 곳으로 가셨다. 바라문 까시 바라드와자는 부처님을 보고 말하였다.

"사문이여, 나는 밭을 갈고 씨를 뿌린 후에 먹습니다. 그대도 또한 밭을 갈고 씨를 뿌린 후에 드십시오."

"바라문이여, 나 또한 밭을 갈고 씨를 뿌린 후에 먹습니다. 그렇지만 우리는 고타마 존자님이 멍에나 쟁기, 밭 가는 연장, 소몰이 막대, 황소를 보지 못하였습니다. 그런데도 고타마 존자님, 밭을 갈고 씨를 뿌린 후에 먹는다고 하십니다."

바라문 까시 바라드와자는 게송으로 말하였다.

그대는 밭 가는 사람이라고 말하지만,
그대의 밭 가는 것을 보지 못했네.
그대가 밭 가는 사람이라면, 말해 주시오.
그대의 밭 가는 것을 어떻게 알 수 있는지.
이에 부처님은 게송으로 말씀하셨다.

믿음은 씨앗이며 고행은 비이며,
지혜는 나의 멍에와 쟁기이며,
마음은 멍에의 끈이며, 부끄러움은 막대기이며,
마음 챙김은 보습과 소몰이 막대일세.
몸을 단속하고, 말을 조심하고, 음식을 알맞게 먹습니다.

진실은 나의 제초기이며, 온화함은 멍에를 벗음일세.
정진은 나의 짐을 진 소이며,
속박으로부터 안온함으로 이끈다네.

쉬임 없는 정진으로 슬픔 없는 곳에 이르네.
이렇게 밭갈이가 끝나면 불사의 열매를 거두며
모든 괴로움에서 벗어난나네.

상대방 교단의 지도자에게 대답하기 어려운 문제를 물어서
상대방 교단의 지도자가 말문이 막혀서 대답을 하지 못해 쩔쩔매
게 함으로써, 그를 따르던 종도들에게 실망감을 주어서 종도들이
더 이상 그를 따르지 않고, 말문을 막히게 한 자신을 믿고 존경하도
록 하려는 지도자들이 있었다.

여래도 다른 사람에게 불쾌한 말을 합니까?

[맛지마 니까야: 58 아바야라자꾸마라 경]

이와 같이 나는 들었다. 어느 때 부처님은 라자가하의
죽림정사에 계셨다. 그때 아바야(빔비사라 왕의 왕자) 왕자
는 나간타 나따뿟따(자이나교주)에게 갔다. 나간타 나따뿟
따는 왕자 아바야에게 이렇게 말하였다.

"왕자님, 수행자 고타마의 교리를 논박하십시오. 그러면 '아비야 왕자가 그렇게 큰 영적인 힘이 있고, 그렇게 막강한 사문 고타마를 논박하였다.'라는 좋은 평판이 퍼질 것입니다."

"그렇지만 존자여, 어떻게 내가 그렇게 큰 영적인 힘이 있고, 그렇게 막강한 사문 고타마를 논박할 수 있습니까?"

"왕자님, 사문 고타마에게 가서 이렇게 말하십시오 '존자여, 여래도 다른 사람에게 불쾌한 말을 합니까?'라고 물었을 때, 만일 불쾌한 말을 한다고 대답하면, '존자여, 그대가 다른 일반 사람들처럼 그렇게 불쾌한 말을 한다면, 다른 사람과 그대와의 다른 점이 무엇입니까?' 일반 사람들은 다른 사람에게 불쾌한 말을 합니다. 그러나 만일 다른 사람에게 불쾌한 말을 하지 않는다고 대답하면, 이렇게 말하십시오 '존자여, 그러면 왜 데와닷따에게 구제할 길이 없는 어쩔 수 없는 사람이라고 불쾌한 말을 했습니까? 데와닷따는 그 말에 화가 났고, 불쾌하게 생각하였습니다.' 왕자여, 이와 같이 두 개의 뿔 달린 질문을 하였을 때, 수행자 고타마는 그것을 뱉을 수도 없고 삼킬 수도 없을 것입니다."

니간타 나따뿟따와 이런 대화를 한 후, 아바야 왕자는 그 다음날 아침 공양에 부처님과 세 명의 비구를 그의 집으로 초대하였다. 왕자는 직접 음식 시중을 들며 온갖 맛있는 음식으로 부처님을 대접하였다. 공양 후 왕자는 준비된 질문을 부처님께 하였다.

"존자님, 여래도 다른 이에게 불쾌한 말을 합니까?"

"왕자님, 그 질문에 대하여 일방적인 대답은 없습니다."

"존자님, 그러면 니간타 나따뿟따는 졌습니다."

"왕자님, 그 말은 무슨 뜻입니까?"

그래서 왕자는 니간타 나따뿟따와의 자초지종 이야기를 다 하였다. 그때 어린 아기가 왕자의 무릎에 누워 있었다. 부처님은 왕자에게 이렇게 말하였다.

"만일 왕자님이나 그대의 유모가 부주의한 동안에 아기가 막대기 조각이나 작은 돌을 입에 넣는다면, 그대는 어떻게 하겠습니까?"

"존자님, 그것을 꺼내야지요. 만일 즉시 꺼낼 수 없다면 아기의 머리를 왼손으로 잡고 오른 손가락을 입에 넣어 피가 나더라도 이물질을 제거할 것입니다. 왜냐하면 그 아기에 대한 자비심 때문입니다."

"마찬가지로 왕자님,

① 여래는 사실이 아니고 진실되지 않고 유익하지 않은 말들을 아는데, 이 말을 다른 사람이 좋아하지 않고 그들에게 불쾌감을 준다면, 여래는 그런 말을 하지 않습니다.

② 여래는 사실이고 진실되지만 유익하지 않은 말들을

아는데, 이 말들을 다른 사람들이 좋아하지 않고 그들에게 불쾌감을 준다면, 여래는 그와 같은 말을 하지 않습니다.

③ 여래는 사실이고 진실되고 유익한 말들을 아는데, 그러나 이 말들을 다른 사람들이 좋아하지 않고 그들에게 불쾌감을 준다면, 여래는 이 말을 해야 할 적절한 때를 알아서 합니다.

④ 여래는 사실이 아니고 진실되지 않고 유익하지 않은 말들을 아는데, 이 말들이 다른 이에게 기분 좋고 유쾌함을 준다 하더라도 여래는 그런 말들을 하지 않습니다.

⑤ 여래는 사실이고 진실되더라도 유익하지 않은 말들을 아는데, 그런 말들이 기분 좋고 유쾌함을 준다 하더라도 여래는 그런 말들을 하지 않습니다.

⑥ 여래는 사실이고 진실되고 유익한 말들을 아는데, 이 말들이 다른 이에게 기분 좋고 유쾌함을 줄 때, 여래는 말해야 할 적절한 때를 알아서 합니다. 왜냐하면 여래는 중생을 향한 자비심이 있기 때문입니다."

자이나교주 니간타 나따뿟따는 본명이며, 마하비라는 '위대한 영웅'이란 뜻의 존칭이다. 부처님과 거의 같은 시대에 살았고, 웨살리에서 왕족의 아들로 태어나 30세에 출가하여 고행 끝에 도를 깨닫고 30년 간 제자를 가르치다가 72세에 입적하였다.

그가 제자를 가르치는 장소는 사르나트(녹야원), 라자가하(왕사성) 등 부처님의 활동 무대와 겹친다. 그리하여 그는 어떻게 하든지 부처님의 교단을 허물려고 애를 썼다. 그는 철저히 불살계를 지키기 위해 최선을 다했고, 채식주의자였다. 무소유(無所有)를 주장하여 옷을 입지 않았으며 발가벗고 살았으므로 나체 외도라고 불리기도 하였다. 계율도 불교의 계율과 거의 같다.

첫째, 생물을 죽이지 말 것
둘째, 도둑질을 하지 말 것
셋째, 음란한 짓을 하지 말 것
넷째, 거짓말하지 말 것
다섯째, 갖지 말 것

현재 인도에서 불교도는 보기 드물지만, 지금도 발가벗고 다니는 자이나교 고행자들은 종종 볼 수 있다.

부처님은 많은 비구 승가와 꾸시나가라로 가는 긴 여행 도중, 강이 흐르고 강 언덕에 훌륭한 숲이 있고, 마을에서 너무 멀지도 않고 너무 가깝지도 않고, 사람들이 오고 가기에 편리하고, 낮에 번잡하지 않고 밤에는 시끄럽지 않고, 인적이 드물고 명상하기에 적합한 곳, 그리고 널따란 기름진 평야여서 농산물이 풍부하고 인심이 좋은 사람들이 많이 사는 큰 마을이 있는 곳, 부처님 가르침을 따르는 청신사 청신녀가 사는 곳에서는 여러 달을 머무셨다.

바로 빠딸리가 이런 곳이었다. 부처님이 빠딸리를 떠나기 전까지는 빠딸리는 조용하고 평화로운 수행자가 머물기 좋은 시골 마을이었다. 부처님이 빠딸리를 떠나자, 마가다 대신 수니다와 왓사까라가 왓지를 공격하기 위하여 빠딸리를 군사도시로 만들었다. 군대 막사를 짓고 훈련소를 건설하고 기마병 말을 기르고 무기 창고와 군량미 창고를 지었다. 갠지스강 상류인 히란야미띠 강변에 있는 빠딸리는 여러 지방과 통하는 도로가 건설되어 있는 도시이며, 한때 빠딸리뿌뜨라로 불리기도 하였다.

마우리아 왕조, 굽다 왕조 등 역대 인도 통일국가의 수도로 그 이름을 떨쳤으며, 현재 비하르 주의 주도(主都)인 빠드나이다.

첫 번째 바나와라가 끝났다.

* 바나와라(bhānavāra)란 쉬지 않고 계속해서 외울 수 있는 만큼의 분량을 말한다. 바나와라는 '암송(bhāṇā)의 전환점(vāra)'이라는 말인데, 경전을 외어 내려가다가 한 바나와라가 끝나면 쉬었다가 외우는 것이 반복되고, 그 다음 바나와라가 끝나면 또 쉬었다가 다시 시작한다. 한 바나와라는 8음절로 된 사구게(四句偈)로 250게송의 분량이라 한다. 그래서 총 4×7×250=8,000음절이 된다. 한편 삼장은 모두 2,547

개에 해당하는 바나와라를 가진다고 한다.

* 한 가지 알아둘 것이 있다. 영어 알파벳 'v' 표기는 산스크리트어에서는 'ㅂ' 발음으로 표기되고, 빠알리어에서는 'ㅇ'으로 표기된다. 북방 대승 불교권은 산스크리트어를 사용하므로 'ㅂ'으로 표기하고, 남방 불교권 에서는 'ㅇ'으로 표기한다. 본서는 남방불교 빠알리 경전을 근거로 하였으므로 'ㅇ'으로 표기했다.

[대반열반경]

2. 1. 그때 세존께서는 아난다 존자를 불러서 말씀하셨다. "아난다여, 이제 꼬띠가마로 가자." "그렇게 하겠습니다. 세존 이시여."라고 아난다 존자는 세존께 응답했다. 그리하여 세존 께서는 많은 비구 승가와 함께 꼬띠가마에 도착하셨다. 세존 께서는 거기 꼬띠가마에 머무셨다.

2. 2. 거기서 세존께서는 비구들을 불러서 말씀하셨다. "비구들이여, 네 가지 성스러운 진리(四聖諦)를 깨닫지 못하고 꿰뚫지 못하였기 때문에, 나와 그대들은 이처럼 긴 세월을 [이곳에서 저곳으로] 치달리고 윤회하였다. 어떤 것이 네 가지인가?

비구들이여, 괴로움의 성스러운 진리를 깨닫지 못하고 꿰뚫지 못하였기 때문에, 나와 그대들은 이처럼 긴 세월을

[이곳에서 저곳으로] 치달리고 윤회하였다.

비구들이여, 괴로움의 일어남의 성스러운 진리를 깨닫지 못하고 꿰뚫지 못하였기 때문에, 나와 그대들은 이처럼 긴 세월을 [이곳에서 저곳으로] 치달리고 윤회하였다.

비구들이여, 괴로움의 소멸의 성스러운 진리를 깨닫지 못하고 꿰뚫지 못하였기 때문에, 나와 그대들은 이처럼 긴 세월을 [이곳에서 저곳으로] 치달리고 윤회하였다.

비구들이여, 괴로움의 소멸로 인도한 도 닦음의 성스러운 진리를 깨닫지 못하고 꿰뚫지 못하였기 때문에, 나와 그대들은 이처럼 긴 세월을 [이곳에서 저곳으로] 치달리고 윤회하였다.

비구들이여, 이제 괴로움의 성스러운 진리를 깨닫고 꿰뚫었다. 괴로움의 일어남의 성스러운 진리를 깨닫고 꿰뚫었다. 괴로움의 소멸의 성스러운 진리를 깨닫고 꿰뚫었다. 괴로움의 소멸로 인도하는 도 닦음의 성스러운 진리를 깨닫고 꿰뚫었다.

그러므로 존재에 대한 갈애는 잘라졌고, 존재로 인도함은 부수어졌으며, 다시 태어남은 이제 더 이상 존재하지 않는다."

2. 3. 세존께서는 이렇게 말씀하셨다. 선서께서는 이렇게 말씀하신 뒤, 다시 [게송으로] 이와 같이 설하셨다.

"네 가지 성스러운 진리들을

있는 그대로 보지 못했기 때문에

긴 세월을 이 생 저 생으로 치달려 왔다.

이제 이 [네 가지 진리]들을 보았다.

존재로 인도함을 근절하였다.

괴로움의 뿌리를 잘라버렸다.

이제 다시 태어남이란 존재하지 않는다."

2. 4. 참으로 이렇게 세존께서는 꼬띠가마에 머무시면서 많은 비구들에게 법에 관한 말씀을 하셨다.

"이러한 것이 계다. 이러한 것이 삼매다. 이러한 것이 통찰 지다. 계를 철저히 닦아서 생긴 삼매는 큰 결실이 있고 큰 이익이 있다. 통찰지를 철저히 닦아서 생긴 마음은 바르게 번뇌들로부터 해탈하나니, 바로 이 감각적 욕망에 기인한 번뇌와 존재에 기인한 번뇌와 무명에 기인한 번뇌다."

생로병사에서 해탈하는 진리를 깨닫기 위해 출가한 싯다르타는 훌륭한 스승을 찾아 지도를 받는 것이 최선일 거라 생각했을 것이다. 스승의 지도 없이 자기 방식대로 깨달음을 구한다면, 나침반 없는 항해사요, 지도(地圖) 없는 탐사자와 같다고 생각했을 것이다.

재연 스님이 옮기고 세일론 대학 불교철학 강사 데이비드 깔루빠와 세일론대학 출신 인드라니 깔루빠나 그 두 사람의 공동 저서인 『싯다르타의 길』을 읽었다. 그 책에서는 부처님을 초인으로 격상시킴으로써 발생된 신화적인 요소를 제거하여 역사적 인물로 표현하였다.

두 스승을 만나다

[싯다르타의 길]

싯다르타는 친구 날라까로부터 우파니샤드의 가르침에 대해 들어본 적이 있었다. 그 가운데서도 그의 관심을 끄는 것은 야즈냐발카의 사상이었다. 싯다르타는 날라까와 마찬가지로 단순히 야즈냐발카의 사상뿐만 아니라, 그의 사상을 실증할 수 있는 방법에 대해 깊은 관심을 갖고 있었다. 날라까는 싯다르타에게 요가의 비법을 터득한 두 스승에 대해서도 말한 적이 있었다. 알라라 깔라마와 웃다까 라마뿟다였다. 그들은 철학 논쟁에 끼어들지 않고 오직 명상에 전념하여 은거하는 당대의 유명한 스승들이었다.

싯다르타는 무상과 고뇌에 관한 문제를 해결하기 위해서는 먼저 그들이 발견해낸 것이 어떤 것들인지 알지 않으면 안 된다고 생각했다. 싯다르타는 알라라의 은둔처가 있는

베살리까지 먼 여행길에 올랐다. 암자에 도착한 싯다르타가
알라라를 만나 정중하게 예를 올리고 말했다.

"스승이시여, 당신의 가르침을 따라 수행하길 원합니다."

한동안 젊은이를 살펴본 알라라가 말하였다.

"그대는 어디서 오는가?"

"사캬족의 수도 까삘라왓투에서 온 싯다르타입니다."

"그대는 아직 젊고 번듯하게 생겼는데, 가족이 없는가?
무엇이 그대로 하여금 출가의 길로 나서게 하였는가?"

"저는 사캬 왕 숫도다나의 아들이며, 아내와 아들이 있습니
다. 그 속에서 안락한 생활을 누릴 수 있지만, 저는 그것으로
만족할 수 없었습니다. 그렇게 구할 수 있는 것들이란 시간이
다하면 고뇌와 좌절로 변하고 말 뿐입니다. 저는 이런 불행과
고뇌로부터 영원히 벗어날 길을 찾고 있습니다."

노(老) 수행자 알라라는 이미 사캬 왕 숫도다나에 대해서
알고 있었다. 그는 숫도다나의 아들이 이토록 젊은 나이에
출가자의 길에 들어선 것을 의아하게 생각하면서도, 이 젊은
이가 자신이 하고자 하는 일에 대한 열정과 결의로 충만해
있음을 알았다.

"싯다르타, 그대를 제자로 받아들이겠다. 내가 주장하는
지식과 앎으로 설명하게 될 옛 스승들의 원리는 이미 나의
실제 수행으로 입증된 것들이다. 그러나 내 가르침을 이해하

고 체득하는 것은 그대의 노력에 달려 있다."

"알겠습니다. 스승님."

싯다르타가 대답했다. 그는 우선 알라라가 가르치는 교의가 사변에 근거한 것이거나, 단지 신앙심으로 받아들여질 것이 아니라는 사실이 마음에 들었다. 지난 몇 년 동안 그는 다만 다른 사람들의 입으로 전해진 이런저런 주장들을 들어왔을 뿐이었다. 그로서는 이런 식의 실험을 시도할 첫 번째 기회였다. 그의 정력과 열정은 지금 막 착수하려는 수행에 버금가는 것이었다. 알라라의 가르침이 시작되었다.

"내가 실행하는 바, 명상의 목적은 우선 마음을 진정시키는 것이다. 외부 세계의 감각 대상들은 집착하는 마음을 내게 하며, 마음을 흔들어 놓는다. 따라서 우리는 마음 밖에서 일어나는 일과 외적인 사물에 의해 마음이 어지럽혀지는 것을 막아야 한다. 이것이 쉽사리 이루어지는 것은 아니다.

시작 단계에서 그대는 다섯 가지 족쇄를 풀어버려야 한다. 그것은 바로, 이 육체를 실제라고 보는 견해, 의혹, 의례와 관습에 대한 집착, 관능적 욕망, 마지막으로 악의(惡意)를 끊어내야 하는 것이다. 그것들은 곧 그대를 묶고 있는 다섯 가지 사슬이기 때문이다. 어떤가, 이 족쇄를 풀어버릴 수 있는가?"

"그렇습니다. 스승님, 저는 그것들을 제거할 수 있습니다."

싯다르타는 그것이 바로 그로 하여금 출가의 길을 택하게 한 이유였기 때문에 확신을 갖고 대답했다.

"그대가 이 다섯 가지 사슬을 제거할 수 있다면, 첫 단계 명상을 시작할 준비가 된 것이다. 감각적 욕망과 해로운 성향을 멀리함으로써 다른 종류의 행복감이 일어난다. 사색과 탐구를 계속하는 동안 세속적인 일들을 버림으로써 생기는 희열을 증진하도록 하라. 이것이 명상의 첫 단계니라."

싯다르타는 한적한 장소를 찾아 자리를 잡고 앉았다. 그는 어려움 없이 다섯 가지 족쇄를 풀어버릴 수 있었다. 그의 마음은 모든 관능적 사고로부터 벗어날 수 있도록 집중되었다. 감각적 욕망을 여읨으로써 그는 일찍이 경험한 적이 없는 별난 희열을 체험했다. 그는 이 환희심을 이전에 경험한 쾌감과 세심하게 대비시켜 보았다. 그것은 실로 다른 종류의 기쁨이었으며, 이전의 쾌감을 훨씬 능가하는 것이었다. 그는 감각적 쾌락을 버림으로써 일어난 환희를 만끽했다.

싯다르타는 자신의 체험을 스승 알라라에게 고하고 어떻게 다음 단계로 진행할 것인가에 대한 가르침을 받았다.

"그대는 감각적 쾌락을 멀리함으로써 일어난 환희를 체험했다. 또한 그것에 대해서 사색하고 숙고했으며, 그것을 이전의 감각적 쾌감과 구별할 수 있었다. 게다가 그것이 보다 높은 차원의 느낌이라는 것을 이해하였다. 그러나 만약 이러한 사량(思量)과 분별(分別)을 계속한다면, 그것을 가장 우월한 것으로 생각하여 새로운 감각에 집착하게 된다. 따라서 그대는 이제 그러한 사량, 분별을 제거하도록 해야 한다. 그러고 나면 다시, 또 다른 유형의 기쁨을 체험하게 될 것이다."

싯다르타는 다시 자기 처소로 돌아와 이전에 경험한 첫 번째 단계(제1선정)에 이르기 위해 마음을 집중했다. 그의 마음은 새로운 감각 사이를 헤매지 않고 어떤 분별심도 없는 한갓된 상태에 머물렀다. 곧이어 그는 집중으로부터 나온 기쁨과 행복감에 둘러싸였다. 싯다르타는 그 상태를 견고하게 안정시킬 수 있을 때까지 똑같은 방법의 집중훈련을 계속했다.

"환희심은 더 이상의 진전에 방해가 된다."

알라라가 말했었다.

"거기에 몰두하게 되면, 그 밖의 것들에 주의를 기울일 수 없게 되는데, 제대로 된 집중(sati)은 사물들을 '있는바 그대로 보게 하는 데' 필수적이다. 따라서 그 환희심 또한 제거해야 한다."

싯다르타는 스승의 가르침에 따라 곧 환희심을 제거함으로써 새롭게 일어난 평온감과 순수한 집중으로 이루어진 명상의 세 번째 단계(제3선정)에 이르렀다. 그렇게 그는 전신을 가득 채운 평온, 행복감과 함께 무아경에 도달할 수 있었다.

싯다르타는 다시 육체적 평온감을 제거함으로써 명상의 네 번째 단계(제4선정)에 이르렀다. 그는 고통도 쾌감도 없는, 기쁨도 슬픔도 사라진, 그리하여 온전한 집중과 평정으로 이루어진 경지에 이르고, 그것을 선명하게 체험한 것이다. 그의 마음은 마치 옹기장이의 손에 잘 이겨져 이제 원하는 대로 다룰 수 있게 된 흙덩이처럼 티 없이 순수하고 맑으며, 밝고 유연하게 되었다. 싯다르타는 이제 완벽하게 자신의 마음을 제어할 수 있게 된 것이다.

알라라는 그토록 빨리 명상의 기법을 터득해낸 제자의 노력과 능력에 감탄했다. 이제 그는 싯다르타에게 보다 높은 경지의 명상을 전수할 수 있게 되었다.

"지금까지 그대가 익힌 것은 감각적 쾌락의 세계를 벗어나는 방법이었다. 그러나 아직도 그대의 마음은 형상의 영역, 즉 색계(色界)에 머무르고 있다. 극도로 신중을 기하지 않는 한, 그대가 이룬 경지는 언제라도 퇴보할 수밖에 없는 것이다. 따라서 그대의 마음은 이 형상의 세계를 벗어나 무형의 세계 무색계(無色界)에 머물지 않으면 안 된다. 이 무색계는 인간이 도달할 수 있는 최상의 경지이며, 인간이 획득할 수 있는 최고의 행복인 것이다."

"어떻게 하면 형상의 세계를 벗어나 무형의 세계에 도달할 수 있습니까?"

싯다르타가 물었다. 그는 자신이 경험한 것들에 대해 한없이 기뻤다. 마음속에 더없는 결의와 열정이 자라나고 있었다. 열정은 힘을 솟구치게 했다.

"모든 형상에는 한계가 있다. 무형은, 따라서 무형이다. 색계의 모든 경험으로부터 벗어나 무한 혹은 무형과 유사한 것은 오직 허공 한 가지밖에 없다. 이제 그대가 행할 명상의 대상은 허공이다. 허공에 대해 명상할 때, 그대는 스스로 허공의 끝에 도달할 수 있는지 알아보도록 하라. 다만 이 명상을 시작하기 전에 반드시 이전에 닦았던 명상의 첫 네 단계를 가져야 된다는 것을 명심하라."

싯다르타는 자신의 명상처로 돌아왔다. 그가 제4선정에 도달하는 과정을 재연해내는 데는 그리 긴 시간이 걸리지 않았다. 그는 한없이 확장시킬 수 있도록 유연해진 마음을 허공으로 향하게 하였다. 그의 집중력은 강력하고 예리했다. 그의 마음은 드넓은 허공의 끝을 향해 뻗어나갔다. 그러나 아무리 찾아도 허공의 끝에 이를 수 없었다. 명상에서 깨어난 그는 어리둥절해졌다. '허공에 끝이 있는가?' 그는 반문해 보았다. '만약 끝이 있으면, 그것을 체험해야 한다. 내 집중력은 강하고 예리했다. 그러나…' 그는 풀이 죽어 알라라에게 돌아와 호소했다.

"제가 심각한 실수를 저지른 것입니까?"

"그렇지! 하지만 그렇지도 않아!"

"그렇기도 하고 아니기도 하다는 건 무슨 뜻입니까?"

"그대가 허공이 무한하다는 것, 즉 인식할 수 있는 한계가 없다는 것을 깨달은 것에는 아무 잘못도 없었다. 하지만 그것에 대해 곤혹스러워하는 것은 잘못이다. 그대가 어리둥절해진 것은 허공도 다른 형상과 마찬가지로 한계가 있으며, 거기에 도달할 수 있다고 가정했기 때문이다. 만약 그 끝을 발견할 수 없다면, 허공은 무한한 것[無限虛空]이라고 규정해야 한다. 거기다 허공의 끝에 도달하기 위해 그대가 집중하고 있던 허공은 허공 자체가 아니라, 바로 공간의식이었다는 것을 깨닫지 못했던 것이다. 돌아가 처음부터 다시 시작하라. 무한허공의 경지[空無邊處]에 이르고 나서 그대는 다음 단계로 오를 수가 있다. 거기서 그대는 무한허공이 단순히 의식으로 전환되는 것을 깨닫게 될 것이다. 그것을 이루었을 때, 그대는 다시 의식의 끝에 도달할 수 있는지를 알아보라."

싯다르타는 알라라가 가르친 대로 정확하게 실행했다. 허공에 주의를 집중하고 그 끝에 이르도록 시도하는 도중에, 그는 다시 주의를 의식 쪽으로 돌리고 그 끝을 찾았다. 그는 이내 무한한 의식 자체는 일정한 형태를 가진 본질적 실재가 아니라는 것을 알았다. 이어서, 그는 무한의식의 경지[識無邊處]를 넘어선 다음 경지는 '무'[無所有處]라는 것을 깨달았다.

그는 되돌아와 자신의 체험을 스승 알라라에게 고했다. 알라라가 감격 어린 눈으로 제자를 바라보았다. 싯다르타는 허공에 대한 명상에서 저지른 실수를 다시 범하지 않았고, 더 이상의 가르침도 없이 다음 단계로 넘어갈 수 있었던 것이다. 기쁨에 넘치는 어조로 알라라가 말했다.

"잘했다. 싯다르타! 그대 역시 내가 이룬 경지를 체험했다. 이제 내가 그대에게 가르칠 것은 아무것도 없다. 나와 동등해진 것이다. 여기서 나와 함께 이 최상의 경지에 이르고자 하는 사람들을 가르치도록 하자."

싯다르타는 아무 말도 하지 않았다. 그는 자신이 머무르는 오두막에 들어가 침상에 누워 생각했다. '이것이 모두란 말인가? 그 경지에 이른다는 것은 무엇을 위해선가? 그 경지에 머무르는 동안 고통을 느끼지 않는 것은 사실이다. 그러나 그렇다고 어떤 기쁨이 있는 것도 아니다. 그 상태에서 벗어날 때, 비로소 행복감을 갖지만, 그것 또한 극히 일시적인 것이다. 순간에 다시 감각의 세계에 말려들게 되는 것이다. 내가 찾는 것은 이런 것이 아니다!'

그는 알라라의 처소로 돌아가 예를 올리고 자리에 앉았다. 알라라가 물었다.

"어떻게 할 것인가? 싯다르타, 나와 함께 여기 머물겠나?"
"아닙니다. 스승님의 호의를 거절하는 무례를 용서하십시오. 그러나 이것은 제가 찾는 답이 아닙니다. 저를 제자로 받아주시고 가르쳐주신 데 대해 감사드립니다. 스승의 가르침이 앞으로 큰 도움이 될 것입니다. 이제 떠날 수 있도록 허락해 주십시오."

"싯다르타, 그대는 내가 지금까지 만났던 제자들 가운데 가장 뛰어난 제자였다. 그대를 보내는 게 참으로 섭섭하다. 하지만 더 이상 가르칠 게 없는 걸 어쩌겠나! 그대가 최고의 진리를 깨닫게 되면 부디 돌아와 나를 가르쳐다오. 아무 장애 없이 그대가 세운 목표에 이르기를 빈다."

"부디 평안하시고 오래 사십시오."

싯다르타는 알라라의 암자를 떠났다.

그는 알라라 깔라마와 웃다까 라마뿟따가 각기 다른 처소에서 살고 있지만, 같은 명상의 기법을 따르고 있다고 들었다. 그는 웃다까 라마뿟따가 이룬 경지가 어떤 것인지 알고 싶었다. 따라서 그는 알라라의 은거지에서 그리 멀지 않은 웃다까의 암자를 찾아갔다.

웃다까는 싯다르타를 제자로 받아들이고 명상기법을 가르치기 시작했다. 그러나 그는 오래지 않아 웃다까가 가르치는 것이 알라라의 가르침에서 한 단계 넘어선 것을 제외하고는 근본적으로 같은 것임을 발견했다. 알라라가 무의 경지를 성취하고 중단했음에 비해, 웃다까는 스스로 '의식도 비의식도 아닌 경지[非想非非想處]'에 도달해 있었다.

그러나 웃다까가 성취한 그 경지는 결국 알라라가 시초의 두 단계를 넘어서기 위해 채택했던 것과 근본적으로 같은 원리에 의해 이루어진 것이었다. 즉 알라라가 무소유처를 최종의 절대적 경지로 인정했음에 반해, 웃다까는 한 발 더 나아가 그것이 실체적인 것인가를 밝히기 위해 무소유처 자체를 분석했다. 거기서 어떤 실체도 발견할 수 없었으므로, 웃다까는 그것을 넘어 명상의 궁극적 경지는 어떤 형태의 의식도 아니요, 비의식도 아니라고 생각하게 된 것이다. 따라서 그는 이것을 모든 일상적인 지식을 초월한 절대적인 것으로 간주했다.

웃다까를 떠난 싯다르타는 스스로 모든 번뇌가 끊어진 상수멸정(想受滅定)을 터득했다. 상수멸정을 터득했어도 싯다르타의 가슴은 시원하지 않았다. 그러면 싯다르타는 어떤 수행법으로 가슴이 시원스럽게 열린 깨달음을 성취하였을까?

깨달음을 얻다: 연기의 실상을 관찰하다

[붓다짜리따 12장 109-121, 14장, 율장 마하왁가 1편 1]

고타마 싯다르타는 음식을 먹어 몸의 기운을 회복하고

마음도 맑아져 깨달음의 결심을 굳히고 푸른 나무숲이 울창한 [우루웰래] 숲속의 보리수나무 아래 앉았다. 고타마 싯다르타는 스스로에게 깨달음의 서원을 말하였다. '깨달음의 목표를 이룸 없이는 이 자리에서 일어나지 않겠다.'라고 다부진 결심을 하였다. 그는 단호한 결단력과 고요한 선정에 의하여 온갖 마라(악마)의 유혹에도 전혀 동하지 않았다. 성자는 깊은 선정에 들어 윤회에 헤매는 중생들을 생각하니, 그의 마음속에서 크나큰 자비심이 솟아올랐다. 그리고 청정한 혜안으로 우주의 실상을 꿰뚫어 관찰하였다. 존재하는 모든 것들은 태어나서 늙고 병들어 죽는다. 그리고 끊임없는 윤회에 헤매니 다만 괴로울 뿐이다. 사람의 시야는 욕망과 착각의 어두움에 가려져 있다. 그래서 앞을 보지 못하기 때문에 윤회에세 벗어나는 길을 알지 못한다.

이와 같이 생각한 후, 고타마 싯다르타는 우주의 실상을 자세하게 관찰하였다.

— 늙음과 죽음[老死]은 어디에서 오는가? 그는 진리를 온전히 꿰뚫어 사유한 후에 그것은 태어남[生]이 있기 때문이라고 이해하였다.

— 그러면 태어남은 어디에서 오는가? 업의 결과인 존재[有]가 있기 때문이다. 원이 없이 이루어진 것은 없다.

— 그러면 존재는 어디에서 오는가? 집착[取]에서 온다.

— 그러면 집착은 어디에서 오는가? 갈애[愛]에서 온다.

— 그러면 갈애는 어디에서 오는가? 느낌[受]에서 온다.

— 그러면 느낌은 어디에서 오는가? 접촉[觸]에서 온다.

— 그러면 접촉은 어디에서 오는가? 여섯 가지 감각기관[六入]에서 온다.

— 그러면 여섯 가지 감각기관은 어디에서 오는가? 이름과 모양[名色]에서 온다.

— 그러면 이름과 모양은 어디에서 오는가? 의식작용[識]에서 온다.

— 그러면 의식작용은 어디에서 오는가? 형성[行]에서 온다.

— 그러면 형성은 어디에서 오는가? 어리석음[無明]에서 온다.

— 어리석음은 모든 것의 원인이 된다.

이어서 이런 진리를 거꾸로 관찰하였다.

— [無明] 어리석음에서 형성이 생긴다.

— [行] 형성에서 의식이 생기며

— [識] 의식에서 이름과 모양이 생기며

— [名色] 이름과 모양에서 여섯 감각기관이 생기며

— [六入] 여섯 감각기관에서 접촉이 생기며

— [觸] 접촉에서 느낌이 생기며

― [受] 느낌에서 갈애가 생기며

― [愛] 갈애에서 집착이 생기며

― [取] 집착에서 존재가 생기며

― [有] 존재에서 태어남이 생기며

― [生] 태어남에서

― [老死] 늙고 죽음이 생긴다.

그러면 어떻게 모든 것이 소멸하는가를 관찰하였다.

― 태어남이 없으면 늙음과 죽음이 없다.

― 존재가 없으면 태어남이 없다.

― 집착이 없으면 존재가 없다.

― 갈애가 없으면 집착이 없다.

― 느낌이 없으면 갈애가 없다.

― 접촉이 없으면 느낌이 없다.

― 여섯 감각기관이 없으면 접촉이 없다.

― 이름과 모양이 없으면 여섯 감각기관이 없다.

― 의식작용이 없으면 이름과 모양이 없다.

― 형성이 없으면 의식작용이 없다.

― 어리석음이 없으면 형성이 없다.

― 어리석음은 모든 것의 근원이 된다.

고타마 싯다르타는 이와 같이 최상의 지혜와 통찰력으로 우주의 실상을 관찰하였다. 그는 알아야 할 것을 마땅히 깨달았다. 그리고 이 세상에 붓다로서 우뚝 섰다. 그는 어디에서도 영원한 아트만[자아]를 발견할 수 없었다. 그리고 성자가 열망해 온 목표에 신속히 도달케 된 팔정도의 최상의 통찰력으로 그의 마음은 고요함과 평온으로 가득 찼다. 존재하는 모든 것들은 모두 서로 인연이 되어 생기고 저절로 생기지는 않으며, 인연에 의하여 사라지고 저절로 사라지지 않는다는 것을 깨달았다. 이와 같이 존재의 모습이 확연히 드러났다. 어느 것이고 고정된 실체가 없는 무아이기 때문에 무상하게 인연에 의하여 생겼다가 잠깐 존재하다가 인연이 다하면 사라지는 연기의 실상을 깨달았다. 우주만상은 고요에 잠겨 있고 먼동이 틀 무렵 위대한 성인, 훌륭한 성인은 완전한 깨달음을 성취하였다. 드디어 고타마 싯다르타 수행자는 붓다, 즉 깨달은 성인이 되셨다. 이와 같이 연기의 실상을 깨달은 성인은 자비심으로 가득 차서 깨달은 사람, 붓다의 눈으로 중생의 평화와 행복을 위하여 세상을 바라보았다.

부처님께서는 당신이 어떤 스승을 만나 어떤 수행을 했는지를 제자들에게 자세히 말씀하셨다. 또 깨달은 그 경지를 다음 제자들이 깨달을 수 있도록 여러 방편을 써서 말씀하셨다. 그리하여 지금까지 그 법맥이 끊이지 않고 이어져 오고 있다. 이것이 다른 어떤 성인이나 통달자와 다른 점이다.

[대반열반경]

2.5. 그때 세존께서는 꼬띠가마에서 원하는 만큼 머무신 뒤, 아난다 존자를 불러서 말씀하셨다. "아난다여, 이제 나디까로 가자." "그렇게 하겠습니다. 세존이시여."라고 아난다 존자는 세존께 대답하였다. 그리하여 세존께서는 많은 비구 승가와 함께 나디까에 도착하였다. 세존께서는 거기 나디까에서 벽돌집에 머무셨다.

부처님은 평등주의자이셨다. 그때 인도 사회는 바라문(힌두교 지도자), 크샤트리아(귀족), 바이샤(평민), 수드라(노예)의 엄격한 계급사회였다. 하지만 부처님은 승가에 입문하는 자는 나이와 어떤 계급에 관계 없이 입문한 순서대로 자리를 정하셨다. 그러다 보니 마음속으로 불만스러워하는 비구들도 있었다. 많은 비구들이 공동체 생활을 하다 보니 크고 작은 논쟁이 있었다. 꼬삼비에서 비구들의 큰 논쟁이 있었다. 꼬삼비에는 세 군데에 승원이 있을 정도로 많은 비구 승가가 모여 살았다.

꼬삼비 비구들의 논쟁

[율장 마하왁가 10편 1:1-2:20, 4:6-5:14]

어느 때 깨달으신 분, 부처님은 꼬삼비의 고시따 승원에 계셨다. 그때 비구들은 어떤 비구가 잘못을 저질렀다고 하여 정권(홀로 근신케 하여 비구의 권한을 일시 정지시킴)시켰다. 그러나 정권된 비구는 잘못이라고 생각지 않았고, 그 정권이 부당하다고 주장하였다. 그래서 자신의 말에 동조하는 무리를 지어 정권을 내린 무리들과 서로 다투게 되었다.

그때 어떤 비구가 부처님께 비구들의 논쟁에 대하여 말씀드리고 그들을 타이르기를 청하였다. 부처님은 정권 내린 비구들에게 가셔서 말씀하시기를, "그대들에게 그렇게 보인다 해서 모든 경우에 대하여 어떤 비구를 정권시켜야 한다고 생각해서는 안 된다."라고 타이르시고, 정권 당한 비구 무리에게 가셔서는 "잘못이 있을 때는 믿음으로 고백하여야 한다."라고 말씀하시고, 양쪽 모두에게 말씀하시기를, "이로 인하여 승단은 서로 다투고 논쟁하고 시끄러운 싸움이 일어난다. 결국 승단은 불화가 일어나고 분열될 것이다."라고 타이르고 떠나셨다.

그때 비구들이 승단에서 싸우고 다투고 논쟁에 빠져들고 말로 서로 찔러 상처를 입혔다. 그들의 논쟁을 해결하는 것은 불가능하였다. 그래서 부처님께 이 사실을 알렸고,

부처님은 그들에게 가셔서 이렇게 타이르셨다.

"비구들이여, 더 이상 다투지 말고, 더 이상 싸우지 말고, 더 이상 논쟁하지 말라."

이때 담마[法] 아닌 것을 말하는 비구가 이렇게 말하였다.

"부처님, 담마의 도사이신 세존께서는 기다리십시오 걱정하지 마시고 하루하루 편안히 지내십시오 이 다툼과 논쟁은 저희들이 알아서 해결하겠습니다."

부처님은, "원한은 원한에 의해서 결코 사라지지 않는다."라는 내용의 디가우 왕자의 이야기를 예를 들어 말씀하시고, 이와 같이 잘 설해진 가르침과 계율에 출가한 비구들은 서로 인내하고 따뜻하게 대하여 다투지 말고 화목해야 한다고 타이르셨다. 그러나 비구들이 뉘우치는 기색이 보이지 않자, 부처님은 자리에서 일어나 나가셨다. 다음날 아침, 부처님은 앉는 자리와 발우와 가사를 꾸리셨다. 그리고 발우와 가사를 들고 승단 가운데 서서 이런 게송을 말씀하셨다.

모두들 서로 똑같이 고함을 치지만
아무도 자신의 어리석음을 모른다.
승단이 분열된다 하더라도
자신의 이익만 생각한다.

산만한 재치로 지혜로운 척하면서
온갖 말을 한다.
입을 크게 벌렸지만
그것이 가져올 결과를 알지 못하는구나.
'그가 나를 욕한다. 그가 나를 해쳤다.
그가 나를 이겼다. 그가 내 것을 빼앗았다.'
이렇게 생각하지 않는 사람에게
원한은 가라앉는다.
언제 어느 때나
원한은 원한으로 가라앉지 않는다.
원한 아닌 것으로만 원한은 가라앉는다.
이것은 변함없는 진리이다.

부처님은 게송으로 가르치신 후, 발라까로나까라 마을로 떠나셨다. 이곳에서 수행하고 있는 비구 존자를 방문하여 어려움 없이 수행을 잘하고 있는지 물으시고, 그를 격려하신 후, 빠찌나왕사 숲으로 가셨다. 그곳에는 아누룻다, 난디야, 낌빌라 존자가 수행하고 있었다. 부처님은 이들에게도 어려움 없이 수행을 잘하고 있는지 물으신 후, 그들을 격려하고 다시 빠릴레야로 떠나셨다.

부처님은 빠릴레야에 도착하셔서 락키따 숲의 훌륭한 살

라 나무 아래 계셨다. 부처님은 명상하는 동안 이런 생각이
떠올랐다.

'전에 나는 꼬삼비 비구들의 논쟁으로 괴로웠다. 그들은
승단에서 싸우고 논쟁하고 계율적인 문제를 제기하여 나는
편치 않았다. 그러나 지금 나는 홀로 있다. 다투고 논쟁하는
비구들로부터 떠나 있으니 내 마음은 편안하구나.'

부처님은 사왓티의 기원정사로 가셨다. 한편 꼬삼비의
신도들은 이렇게 생각하였다.

'꼬삼비 비구들은 우리에게 많은 손실을 가져왔다. 부처님
은 이 비구들의 괴롭힘으로 말미암아 여기를 떠나셨다. 꼬삼
비의 비구들에게 인사도 하지 말고, 일어서지도 말고, 합장하
지도 말고, 신자가 할 일을 하지 말자. 존경하지도 말고,
공경하지도 말고, 그들이 탁발 나와도 공양도 받지 못하면
그들은 승단을 떠나든지, 아니면 부처님께 나아가 참회할
것이다.'

그래서 신도들로부터 존경과 공경도 받지 못하고 공양도
얻을 수 없게 되자, 비구들은 이렇게 말하였다.

"존자들이여, 사왓티로 가서 부처님을 뵙고 이 계율적인
문제를 해결합시다."

그래서 정권된 비구의 무리들과 정권시킨 비구의 무리들
은 모두 부처님께 나아가 잘못한 비구는 참회하고 자신이

잘못했음을 고백하고 정권이 타당하다고 고백하였다. 그래서 그의 정권은 복권되었고 상대방 비구들에게도 잘못을 고백하고 모두 서로 화해하게 되었다. 부처님은 이런 복권예식 직후에 우뽀사타(포살) 예식을 행하고 빠띠목카(계목)를 암송하라고 말씀하셨다.

학승과 선승이 서로 비난하다

[앙굿따라 니까야 6부 46]

이와 같이 나는 들었다. 어느 때 마하쭌다 존자가 사하자띠에서 제띠 사람들이 있는 곳에 머물고 있었다. 그는 비구들에게 이렇게 말하였다.

"벗들이여, 담마[부처님 가르침]에 열성적인 비구[학승]들이 명상하는 비구[선승]들을 헐뜯어 말하기를, '그들은 우리는 명상가다. 우리는 명상가다.'라고 말한다. 그리고 그들은 명상을 한다. 그러나 '무엇을 명상하는가? 무엇 때문에 명상하는가? 어떻게 명상하는가?'라고 비난합니다. 그래서 담마에 열성적인 비구들도, 명상하는 비구들도 모두 기쁘지 않게 됩니다. 이들은 중생의 이익과 행복을 위하여 수행하는 것이 아닙니다.

한편, 명상하는 비구들은 담마에 열성적인 비구들을 헐뜯어 말하기를, '그들은 우리는 담마의 열성가이다. 우리는 담마의 열성가이다.'라고 말한다. 그래서 그들은 자만심으로 우쭐거린다. 그들은 언변이 좋고 말이 많다. 마음 챙김이 없고 마음집중이 부족하다. 생각은 안정성 없이 여기저기 떠돌고 감각기관은 절제함이 없다.

그러면 '무엇 때문에 담마에 열성적인가? 무슨 목적으로 담마에 열성적인가? 어떻게 담마에 열성적인가?'라고 비난합니다. 그래서 담마에 열성적인 비구들도, 명상하는 비구들도 모두 기쁘지 않게 됩니다. 이들은 중생의 이익과 행복을 위하여 수행하는 것이 아닙니다.

어떤 담마 열성가 비구들은 명상가 비구들을 칭찬하지 않고, 담마 열성가 비구들만 칭찬합니다. 또 어떤 명상가 비구들은 담마 열성가 비구들은 칭찬하지 않고, 명상하는 비구들만 칭찬합니다. 그래서 담마에 열성적인 비구들도, 명상하는 비구들도 모두 기쁘지 않게 됩니다. 이들은 중생의 이익과 행복을 위하여 수행하는 것이 아닙니다.

그러므로 벗들이여, 그대들 자신을 이와 같이 담마 열성가는, '우리들은 담마 열성가이지만, 명상하는 비구들을 칭찬하겠습니다.'라고 단련하여야 합니다. 왜냐하면 열반의 체험을 얻은 뛰어난 사람들은 이 세상에 드물기 때문입니다. 또한 명상하는 비구들은, '우리들은 명상가이지만 담마 열성가를 칭찬하겠습니다.'라고 단련하여야 합니다. 왜냐하면 심오한

뜻의 경지를 통찰지로 선명하게 꿰뚫어보는 이런 뛰어난
사람들은 이 세상에 드물기 때문입니다."

[대반열반경]

2. 11. 그때 세존께서는 나디까에서 원하는 만큼 머무신
뒤, 아난다 존자를 불러서 말씀하셨다. "아난다여, 이제 웨살
리로 가자." "그렇게 하겠습니다. 세존이시여."라고 아난다
존자는 세존께 응답했다. 그리하여 세존께서는 많은 비구
승가와 함께 웨살리에 도착하였다. 세존께서는 거기 웨살리
에서 암바빨리 망고 숲에 머무셨다.

2. 12. 거기서 세존께서는 비구들을 불러서 말씀하셨다.
"비구들이여, 비구는 마음 챙기고 알아차리면서[正念正
知] 머물러야 한다. 이것이 그들에게 주는 나의 간곡한 당부이
다. 비구들이여, 그러면 어떻게 비구는 마음 챙기는가? 비구
들이여, 여기 비구는 몸에서 몸을 관찰하여[身隨觀] 머문다.
세상에 대한 욕심과 싫어하는 마음을 버리면서 근면하게
분명히 알아차리고 마음 챙기는 자 되어 머문다. 느낌에서
느낌을 관찰하며[受隨觀] 머문다. …마음에서 마음을 관찰하
며[心隨觀] 머문다. …법에서 법을 관찰하며[法隨觀] 머문다.

세상에 대한 욕심과 싫어하는 마음을 버리면서 근면하게 분명히 알아차리고 마음 챙기는 자 되어 머문다. 비구들이여, 이와 같이 비구는 마음 챙긴다."

2. 13. "비구들이여, 비구는 어떻게 알아차리는가? 비구들이여, 비구는 나아갈 때도 물러날 때도 [자신의 거동을] 분명히 알면서[正知] 행한다. 앞을 볼 때도 돌아볼 때도 분명히 알면서 행한다. 구부릴 때도 펼 때도 분명히 알면서 행한다. 가사, 발우, 의복을 지닐 때도 분명히 알면서 행한다. 먹을 때도 마실 때도 씹을 때도 맛볼 때도 분명히 알면서 행한다. 대소변을 볼 때도 분명히 알면서 행한다. 걸으면서 서면서 앉으면서 잠들면서 잠을 깨면서 말하면서 침묵하면서도 분명히 알면서 행한다. 비구들이여, 이와 같이 비구는 알아차린다. 비구들이여, 비구는 마음 챙기고 알아차리면서 머물러야 한다. 이것이 그들에게 주는 나의 간곡한 당부이다."

부처님께서 가르치신 깨달음에 이르는 길은, 위빠사나 선(禪)과 사마타 선(禪)이 있다. 위빠사나(vipassanā)에서 위(vi)는 '분리'라는 뜻이며, 빠사나(passanā)는 '직관, 통찰'이라는 뜻이다. 다시 말하면 대상을 분리해 놓고 있는 그대로 지켜보는 것을 말한다.

사마타는 '집중'을 뜻하는 말인데, 집중에는 바른 집중과 삿된 집중이 있다. 바른 집중은 수행 주제에 집중하는데, 간화선, 위빠사나 선이며, 삿된 집중은 감각적 쾌락의 대상에 집중하는데, 도박, 전자게임 등이 있다.

바른 집중에는 근본집중, 근접집중, 찰나집중이 있다. 사마타 선에서 하는 집중에는 근본집중과 근접집중이 있고, 위빠사나 선에서 하는 집중은 찰나집중이다.

집중은 지(止)요 정(定)이며, 알아차림은 관(觀)이요 혜(慧)이다. 지(止)만 있고 관(觀)이 없으면 무기(無記)요, 관(觀)만 있고 지(止)가 없으면 산만(散漫)이다. 위빠사나 선은 관(觀)하며 지(止)하고, 사마타 선은 지(止)하여 관(觀)하는 수행법이다.

위빠사나 선 수행의 근거가 되는 경전은 디가니까야의 22번째 경전인 『대념처경』(大念處經)을 근거로 한다. 부처님께서는 『대념처경』에서 다음과 같이 말씀하셨다.

[대념처경]

이와 같이 나는 들었다. 한때 부처님께서는 꾸르스 지방의 깜마사담마라는 마을에 머무셨다. 그때 부처님께서는 '비구들이여!'라고 비구들을 부르셨다. 비구들은 '네, 세존이시여!'

라고 대답했다. 그러자 부처님께서는 다음과 같이 말씀하셨다.

"비구들이여, 이것이 유일한 길이다. 중생을 정화하고, 슬픔과 비탄을 극복하게 하고, 육체적인 고통과 정신적인 고통을 사라지게 하고, 올바른 길에 도달하게 하고, 열반을 실현하기 위한 길이다. 이것은 바로 네 가지 알아차림의 확립이다.

무엇이 네 가지인가? 비구들이여, 몸에서 몸을 알아차리는 수행을 하면서 지낸다. 열심히 분명한 앎을 하고 알아차려서 세상에 대한 욕망과 싫어하는 마음을 제어하면서 지낸다. 느낌에서 느낌을 알아차리는 수행을 하면서 지낸다. 열심히 분명한 앎을 하고 알아차려서 세상에 대한 욕망과 싫어하는 마음을 제어하면서 지낸다. 마음에서 마음을 알아차리는 수행을 하면서 지낸다. 열심히 분명한 앎을 하고 알아차려서 세상에 대한 욕망과 싫어하는 마음을 제어하면서 지낸다. 법에서 법을 알아차리는 수행을 하면서 지낸다. 열심히 분명한 앎을 하고 알아차려서 세상에 대한 욕망과 싫어하는 마음을 제어하면서 지낸다."

위빠사나 선 수행은 몸[身] 느낌[受] 마음[心] 법(法)이라는 네 가지 대상에 대하여 어떤 군더더기도 붙이지 않고 사실 그대로, 있는 그대로 알아차려서 자신을 정화하고 육체적 정신적 고통을 사라지게 하고, 마지막에 열반을 실현하는 데 그 목표가 있다.

2. 14. 그때 암바빨리 기녀는 '세존께서 웨살리에 오셔서 나의 망고 숲에 머물고 계신다.'고 들었다. 그러자 암바빨리 기녀는 아주 멋진 마차들을 준비하게 하고 아주 멋진 마차에 올라서 아주 멋진 마차들을 거느리고 웨살리를 나가서 자신의 망고 숲으로 들어갔다. 더 이상 마차로 갈 수 없는 곳에 이르자, 마차에서 내린 뒤 걸어서 세존께로 다가갔다. 가서는 세존께 절을 올린 뒤, 한 곁에 앉았다. 세존께서는 한 곁에 앉은 암바빨리 기녀에게 법을 설하시고 격려하시고 분발하게 하시고 기쁘게 하셨다. 그러자 암바빨리 기녀는 세존께서 설하신 법을 [듣고] 격려 받고 분발하고 기뻐하며 세존께 이렇게 말씀드렸다.

"세존이시여, 세존께서는 비구 승가와 함께 내일 저희들의 공양을 허락하여 주십시오."

세존께서는 침묵으로 허락하셨다. 암바빨리 기녀는 세존께서 허락하신 것을 알고서 자리에서 일어나 세존께 절을 올리고 오른쪽으로 [세 번] 돌아 [경의를 표한] 뒤에 물러갔다.

2. 19. 암바빨리 기녀는 그 밤이 지나자 자신의 집에서 맛있는

여러 음식을 준비하게 한 뒤, 세존께 시간을 알려드렸다.

"세존이시여, [가실] 시간이 되었습니다. 음식이 준비되었습니다."

그때 세존께서는 옷매무새를 가다듬고 발우와 가사를 수하시고 비구 승가와 함께 오전에 암바빨리 기녀의 집으로 가셨다. 가셔서는 비구 승가와 함께 지정된 자리에 앉으셨다. 그러자 암바빨리 기녀는 부처님을 상수로 하는 비구 승가에게 맛있는 여러 음식을 자기 손으로 직접 대접하고 드시게 했다. 세존께서 공양을 마치시고 그릇에서 손을 떼시자, 암바빨리 기녀는 어떤 낮은 자리를 잡아서 한 곁에 앉았다. 한 곁에 앉아서 암바빨리 기녀는 세존께 이렇게 말씀드렸다.

"세존이시여, 이 원림을 부처님을 으뜸으로 한 비구 승가에 드립니다."

세존께서는 원림을 받으셨다. 그리고 세존께서는 암바빨리 기녀에게 법을 설하시고 격려하시고 분발하게 하시고 기쁘게 하신 뒤, 자리에서 일어나 가시었다.

웨살리는 갠지스강 상류인 힌란야마띠 강변에 있는 기름진 넓은 평야지대로 농산물이 풍부하게 생산되는 곳이다. 사람들의 성품이 어질고, 인심이 좋은 살기 좋은 고장이었다. 수륙 양방으로 교통이 잘 발달되어 있어 상업이 활발한 왓지국 수도이다. 왓지국은 릿차위족 각 문벌의 수장인 왓지들이 자주 공회당에 모여 토론하고 협의하여 다수의 의견을 존중하는 공화국이다. 지금까지 평화스럽게 잘 지내던 공화정치가 깨지게 될지도 모르는 위기가 왔다.

그것은 열다섯 살의 아름다운 여자아이 암바빨리 때문이었다. 일곱 명의 왓지들의 아들이 서로 다투어 그녀와 결혼을 원했다. 그들은 무력이라도 행사하여 그녀를 소유하려고 했다. 암바빨리는 자신의 아름다움으로 평화스러웠던 나라가 전쟁으로 휩싸이게 되자, 고민하게 되었다.

인도에는 오랜 전통으로 카스트 제도라는 네 계급 사회로 이루어져 있는데, 같은 계급이 아니면 결혼을 하지 못한다. 그러고 보면 암바빨리도 한 왓지의 딸이었다. 고민 끝에 암바빨리는 한 남자의 아내가 될 수 없다고 생각하여 일곱 청년들에게 공회당으로 모이게 하여, "나는 한 사내의 아내가 되지 않고 어떤 사내든 돈을 많이 주는 자에게 하룻밤씩 몸을 허락하겠습니다."고 선언하였다. 왓지와 그의 일곱 아들들이 허락하자 암바빨리는 스스로 기녀가 되었다. 그녀는 기녀가 되어 많은 재산을 모았고, 그 돈으로 가난한 사람과 고아, 독거인을 도왔다.

부처님께서는 처음 웨살리를 방문했을 때, 암바빨리의 망고 숲에서 머무셨다. 그때 그녀는 부처님의 가르침을 받고 감동하여 부처님과 비구 승가를 자기 집으로 공양 청을 하였다. 그때 비구 승가들은 부처님께 그녀의 공양 청에 가지 않겠노라고 하였다.

"청정한 비구가 어찌 기녀의 집에 가서 몸을 팔아 번 돈으로 장만한 음식을 먹을 수 있습니까?"

그러자 부처님께서 말씀하셨다.

"연꽃을 봐라. 뿌리는 비록 더러운 진흙 속에 있어도 그 꽃은 허공에 피어 물방울 하나 묻지 않는다. 암바빨리도 몸은 비록 뭇 사내들에게 짓밟혔어도 그녀의 마음은 허공에 피는 연꽃처럼 깨끗하지 않느냐? 나는 그녀의 공양을 받고자 하지만, 너희들은 각자 자신의 뜻대로 하라."

부처님께서는 그녀의 공양을 받으신 다음, 그녀에게 삼귀의와 오계를 설하셨고, 그녀는 재가불자가 되었다. 그 뒤로는 몸 파는 기녀의 생활을 하지 않았다.

[대반열반경]

2. 21. 그때 세존께서는 암바빨리 숲에서 원하는 만큼 머무신 뒤, 아난다 존자를 불러서 말씀하셨다. "아난다여, 이제 벨루와가마로 가자." "그렇게 하겠습니다. 세존이시여." 라고 아난다 존자는 세존께 응답하였다. 그리하여 세존께서는 많은 비구 승가와 함께 벨루와가마에 도착하셨다. 세존께

서는 거기 벨루와가마에 머무셨다.

2. 22. 거기서 세존께서는 비구들을 불러서 말씀하셨다.
"비구들이여, 이제 그대들은 도반을 따르거나 지인을 따르
거나 후원자를 따라서 웨살리 전역으로 흩어져서 안거를
하여라. 나는 여기 이 벨루와가마에서 안거를 할 것이다."
"그렇게 하겠습니다. 세존이시여."라고 세존께 응답한 뒤,
비구들은 도반을 따르거나 지인을 따르거나 후원자를 따라
서 웨살리 전역으로 흩어져 안거를 하였다. 세존께서는 거기
벨루와가마에서 안거를 하셨다.

2. 23. 그때 세존께서는 안거를 하시는 도중에 혹독한
병에 걸려서 죽음에 다다르는 극심한 고통이 생기셨다. 거기
서 세존께서는 마음 챙기시고 알아차리시고 흔들림 없이
그것을 감내하셨다. 그때 세존께 이런 생각이 들었다. '내가
신도들에게 아무런 말도 하지 않고, 비구 승가에게 알리지도
않고 반열반에 드는 것은 어울리지 않는다. 그러니 나는
이 병을 정진으로 다스리고 생명의 상카라를 굳건하게 하여
머무르리라.'
그리고 세존께서는 그 병을 정진으로 다스리고 생명의
상카라를 굳게 하여 머무셨다. 그래서 세존께서는 그 병을

가라앉히셨다.

웨살리는 기름진 평야에서 농산물이 많이 생산되어 먹을 것이
풍성하고 많은 인구가 살고 있었다. 인심이 너그럽고 보시하기를
좋아하는 불교의 청신사 청신녀가 많아 탁발하는 데 어려움이
없는 곳이었다. 그래서 안거 철에는 많은 비구들이 웨살리로
모여들었다. 그곳에는 큰 숲 중각강당(대림정사)과 왈리까 승원이
있었다.

부처님은 웨살리 외곽에 있는 벨루와가마에서 안거 중 중병을
앓으셨다. 주석서에 의하면, 부처님의 병은 단순한 병이 아니라,
사대(四大, 地水火風)의 조화가 극도로 혼란스럽게 되어 생긴 아주
극심한 병이라고 했다. 부처님은 평상시에도 지병인 위장병으로
고생했다 한다. 처음 출가하여 수행 생활을 할 때, 극한의 금욕
생활로 인하여 생긴 병이라고 한다. 그리고 종종 감기 같은 호흡기
병으로 고생을 하셨다고 한다.

라자가하에 있을 때는 주치의 지왓까가 극진히 보살폈다. 지왓
까는 마가다 왕 아자따삿뚜를 설득하여 부처님을 믿고 따르는
재가신도로 만들기도 했다.

부처님 주치의 지왓까

[율장 마하왁가 8편 1:11-35]

어느 때 부처님은 라자가하의 죽림정사에 계셨다. 그때 웨살리는 매우 번창하였고, 사람들로 북적대고 먹을 것이 풍성하였다. 수많은 건물과 집들, 공원, 연못이 곳곳에 있었다. 더욱이 이곳에는 미모와 기예를 겸비한 유명한 기생 암바빨리가 있어 더 융성한 도시가 되었다.

그래서 라자가하에도 암바빨리에 못지않은 기생을 내세웠는데, 살라와따라고 하였다. 그런데 미모와 명성을 날리는 유명한 기생 살라와따는 남자아이를 낳아서 쓰레기더미에 버렸다.

그때 아바야 왕자는 아침에 왕을 알현하기 위하여 왕궁으로 가고 있었는데, 까마귀에 둘러싸여 있는 아기를 보았다. 남자 아기는 살아 있었다. 왕자는 아기를 데려다 후궁에서 기르도록 하였다. 그래서 이름도 '살아 있다'라는 뜻으로 '지와까'라고 지었고, '왕자의 보호로 양육되었다'라는 뜻으로 '꼬마라밧짜'라고 이름지었다.

지와까는 분별력 있는 나이가 되었을 때, 탁실라의 유명한 의사를 찾아가서 7년 동안 의술을 배웠다. 그런 후 고향으로 돌아오는 길에 대부호 아내의 병을 고쳐주고 많은 돈과 노비와 마차까지 얻었다. 지와까는 왕자에게 돌아와 길러주신 은혜에 감사하여 처음으로 번 많은 돈을 왕자에게 주었지만, 왕자는 받지 않았다. 지와까는 왕자의 후원에 거처를 지었다. 그때 빔비사라 왕이 병이 나서 그를 고쳐주니 많은 궁녀들을 주었지만, 지와까는 궁녀들보다는 할 일을 달라고 여쭈었다. 그래서 빔비사라 왕은 말하였다.

"그러면 지와까야, 나와 왕궁의 여인들과 깨달으신 분과 비구 승단을 돌보도록 하여라."

"네, 알겠습니다."

그래서 그는 부처님의 주치의가 되었다. 그는 다른 사람이 고치지 못하는 고질병들을 고쳐주어 유명한 의사가 되었다. 지와까는 어느 때 웃제니의 빳조따 왕의 병을 치료해 주었는데, 왕은 감사의 표시로 '시웨야까'라는 한 쌍의 천을 지와까에게 보냈다. 그 천은 온갖 천 중에서 가장 값지고 으뜸이고 귀한 천이었다. 지와까는 '이 천을 사용할 만한 분은 오직 온전히 깨달으신 분, 부처님과 마가다의 빔비사라 왕뿐이다.'라고 생각하였다. 지와까는 부처님께 공손히 청원하기를 "승가 대중이 지금까지 누더기 가사를 입었지만, 빳조따 왕이 보내준 천 중에서 가장 값지고 으뜸이고 귀한 천을 받아주십시오."라고 간청하였다.

그 후 부처님은 비구들에게 말씀하셨다.

"장자가 공양 올린 가사를 입어도 좋다. 누구든지 가사를 원하면, 그것을 입어도 좋고, 장자들이 공양 올린 천으로 만든 가사를 입기를 원하면, 그렇게 해도 좋다. 어느 것에 만족하든지 나는 그것을 권한다."

이때부터 재가신도들은 보시의 공덕을 쌓기 위하여 앞 다투어 가사를 만들어 승가에 공양하였다.

[대반열반경]

2. 24. 세존께서는 병이 나으신 지 오래 되지 않아서 간병실에서 나와 승원의 그늘이 마련된 자리에 앉으셨다. 그러자 아난다 존자는 세존에게 다가가서 절을 올리고 한 곁에 앉았다. 한 곁에 앉아서 아난다 존자는 세존께 이렇게 말씀드렸다.

"세존이시여, 저는 세존께서 인내하시는 모습을 뵈었습니다. 세존이시여, 그런 저의 몸도 [세존께서 아프셨기 때문에] 마치 술에 취한 것과 같이 되어 버렸습니다. 세존께서 아프셨기 때문에 저는 방향감각을 잃어버렸고, 어떠한 법들도 제게 분명하게 드러나지 않았습니다. 그래도 제게는 '세존께서는 비구 승가를 두고 아무런 분부도 없으신 채로 반열반에 들지는 않으실 것이다.'라는 어떤 안심이 있었습니다."

2. 25. "아난다여, 그런데 비구 승가는 나에 대해서 무엇을

[더] 바라는가? 아난다여, 나는 안과 밖이 없이 법을 설하였다. 아난다여, 여래가 [가르친] 법들에는 스승의 주먹[師拳]과 같은 것이 따로 없다. 아난다여, '나는 비구 승가를 거느린다.' 거나 '비구 승가는 나의 지도를 받는다.'라고 생각하는 자는 비구 승가에 대해서 무엇인가를 당부할 것이다. 아난다여, 그러나 여래에게는 '나는 비구 승가를 거느린다.'라거나 '비구 승가는 나의 지도를 받는다.'라는 생각이 없다. 그러므로 여래가 비구 승가에 대해서 무엇을 당부한단 말인가?

아난다여, 이제 나는 늙어서 나이 들고 노화하고, 긴 세월을 보냈고 노쇠하여 내 나이가 여든이 되었다. 아난다여, 마치 낡은 수레가 가죽끈에 묶여서 겨우 움직이는 것처럼, 여래의 몸도 가죽끈에 묶여서 겨우 [살아] 간다고 여겨진다. 아난다여, 여래가 모든 표상들을 마음에 잡도리하지 않고, 이런 [세속적인] 명확한 느낌들을 소멸하여 표상 없는 마음의 삼매에 들어 머무는 그런 때에는 여래의 몸은 더욱더 편안해진다."

부처님께서 안거를 하시는 도중에 혹독한 병에 걸려서 죽음에 다다르는 극심한 고통을 겪으시는 것을 보고, 아난다 존자는 혹시나 이러다가 입멸하시지는 않을까 당황했다. 하지만 부처님께서 마음 챙기시고 알아차리시면서 흔들림 없이 고통을 감내하시는 것을 보고, 일반 범부같이 아무 말 없이 입멸하시리라 생각지 않았다.

'아난다여, 나는 안과 밖이 없이 법을 설하였다.'라고 하신 말씀은 지금까지 비구 승가에게 사람을 차별하여 어떤 법도 숨기거나 하지 않고 남김없이 설하셨다는 말씀이다.

'아난다여, 여래가 [가르친] 법들에는 스승의 주먹과 같은 것이 따로 없다.'라고 하신 말씀은, 인도의 전통적인 우파니샤드의 가르침이 비밀리에 특정한 제자에게 비밀한 법을 비밀리 전수하는 비전(祕傳)을 중요시하지만, 부처님은 그런 비전이 없다는 말씀이다.

두 번째 바나와라가 끝났다.

[대반열반경]

3. 1. 그때 세존께서는 오전에 옷매무새를 가다듬고 발우와 가사를 수하고 걸식을 위해서 웨살리에 들어가셨다. 웨살리에서 걸식을 하여 공양을 마치시고 걸식에서 돌아와 아난다 존자를 불러서 말씀하셨다. "아난다여, 좌구를 챙겨라. 낮동안의 머묾을 위해서 짜빨라 탑묘로 가자." "그렇게 하겠습니다. 세존이시여."라고 아난다 존자는 세존께 대답한 뒤, 좌구를 챙겨서 세존의 뒤를 따라갔다.

3. 2. 세존께서는 짜빨라 탑묘로 가셔서 마련된 자리에 앉으셨다. 아난다 존자도 세존께 절을 올린 뒤 한 곁에 앉았다. 한 곁에 앉은 아난다 존자에게 세존께서는 이렇게 말씀하셨다.

"아난다여, 웨살리는 아름답구나. 우데나 탑묘도 아름답고, 고따마까 탑묘도 아름답고, 삿땀바까 탑묘도 아름답고, 바후뿟따 탑묘(다자탑)도 아름답고, 사란다다 탑묘도 아름답고, 짜빨라 탑묘도 아름답구나."

3. 3. "아난다여, 누구든지 네 가지 성취수단[四如意足]을 닦고, 많은 [공부] 짓고, 수레로 삼고, 기초로 삼고, 확립하고, 굳건히 하고, 부지런히 닦은 사람은 원하기만 하면 일 겁을 머물 수도 있고, 겁이 다하도록 머물 수도 있다. 아난다여, 여래는 네 가지 성취수단을 닦고, 많이 [공부] 짓고 수레로 삼고, 기초로 삼고, 확립하고, 굳건히 하고, 부지런히 닦았다. 여래는 원하기만 하면 일 겁을 머물 수도 있고, 겁이 다하도록 머물 수도 있다."

3. 4. 세존께서 이와 같이 분명한 암시를 주시고 분명한 빛을 드러내셨다. 그러나 아난다 존자는 그 [뜻]을 꿰뚫어보지 못했으니, 그의 마음이 마라에게 사로잡혔기 때문이다. 그래서 그는 세존께 "세존이시여, 세존께서는 많은 사람의 이익을

위하고, 많은 사람의 행복을 원하고, 세상을 연민하고, 신과 인간의 이상과 이익과 행복을 위하여 일 겁을 머물러 주소서. 부디 선서께서는 일 겁을 머물러 주소서."라고 간청하지 않았다.

창세기 천지창조의 메시지

출가 전 속세에 있을 때, 이웃 마을에 있는 교회에 다닌 적이 있다. 그때 구약성서 창세기에서 전지전능하시고 사랑이 충만하신 여호와 하나님께서 세상을 창조하실 때, 에덴이라는 낙원을 만드시고, 최초의 인간 아담과 이브를 창조하시어 살게 하였다. 에덴동산에서는 늙고, 병들고, 죽음이 없으며, 삼재팔난이 없는 낙원이라고 했다. 그 낙원은 죄가 없는 자만이 살 수 있는 곳이었다. 아담과 이브, 두 남녀는 아무런 죄가 없었기 때문에 살게 하였다.

그러다가 여호와께서 에덴동산에 선악과나무를 심어놓고 선악과가 열리게 하였다. 그래 놓고 아담과 이브에게 그 선악과를 따서 먹지 말라고 말씀하셨다. 그런데 어느 날, 아담과 이브가 사탄의 교묘한 꼬임에 넘어가, 여호와 하나님의 말씀을 거역하고 선악과를 따먹게 된다. 이것을 알게 된 여호와께서는 노여워하며, 선악과를 따먹은 죄를 물어 늙고, 병들고, 죽음이 있고, 가뭄, 홍수, 태풍, 기근, 전쟁이 있는 황야로 쫓아내게 된다. 이처럼 인류 최초의 인간 아담과 이브가 선악과를 따먹은 잘못을 저지른 대가로 지금도 인류가 그 대가를 받고 있는 것이라고 했다.

나는 생각했다. 대자대비하시고 사랑이 충만하신 전지전능하신 여호와께서 에덴동산에 선악과나무를 심었을 때, 선악과가 열리면 언제 어느 때 누가 따먹을 것임을 모르셨다면, 여호와께서는 전지전능하신 것이 아니다. 그런데 훤히 아시면서도 선악과나무를 심어놓고 그 열매가 열리게 하여 아담과 이브로 하여금 따먹게 하고는 그 죄를 묻는다면, 이 얼마나 잔인한 짓인가! 아담과 이브가 저지른 죗값을 지금까지 인류가 그 대가를 받고 있으니, 너무도 억울하지 않은가?

나의 불만은 이어진다. 어찌하여 여호와는 아담과 이브를 어떠한 유혹에도 빠지지 않는 완벽한 인간으로 창조하시지 않고, 통찰지를 갖추지 못한 불완전한 인간을 창조하셨을까? 구약성서 창세기 천지창조의 설화가 우리에게 주는 메시지는 무엇인가? 여기서 우리가 깨달아야 할 것은 무엇인가?

얼마 전 '예수님께서 잃어버린 한 마리의 양을 찾아 험한 골짜기를 헤매셨다.'라는 신약성서의 한 구절이 떠오른 순간, 앞이 확 열리는 듯한 그 무엇을 느꼈다. 여호와께서 통찰지 깨달음의 보배를 아담과 이브의 마음 깊은 곳에 숨겨놓았을 것이다. 이 보배는 아담과 이브 본인들만이 스스로 찾아야지, 여호와께서도 어찌하지 못한다. 이 통찰지 깨침의 보배를 찾는 순간, 원죄는 사라지고, 현재의 이 세상은 에덴동산으로 변할 것이다.

예수께서 찾아나선 잃어버린 한 마리의 양은 '통찰지 깨침의 보배'가 아닐까? 여호와께서는 깨달아야 얻어지는 통찰지 보배를 스스로 깨달아 얻도록 환경적 조건을 주기 위해 거친 황야로 아담과 이브를 내보냈으니, 어찌 대자대비하심이 아니리요! 아니, 우리는 에덴동산에서 쫓겨난 것이 아니다. 우리는 지금 에덴동산에 그대로 머물러 있는 것이다.

아난다와 깨달음

부처님께서는 아난다에게 몇 번이고 거듭 반복하여 당신이 멀지 않아 반열반에 들 것을 암시하였다. 하지만 아난다는 그의 마음이 마라(악신)에게 사로잡혀 있기 때문에 부처님이 아난다에게 보내는 암시를 알아차리지 못하고 있는 것이다. 아난다가 마라에게 마음이 사로잡힌 것은 그가 아직 아라한과에 오르지 못했기에 통찰지를 증득할 수 없어 마음이 혼미하기 때문이다. 부처님은 이 점을 안타까워하신 것이다. 아라한과에 올라 통찰지를 증득해야 어떠한 유혹에도 넘어가지 않는 대해탈을 하게 된다. 부처님 나이 55세 때 아난다가 시자가 되었으니, 25년을 하루도 떨어져 산 적이 없는 아난다를 완전한 깨달음 아라한과를 증득시키지 못한 부처님의 마음은 무거웠을 것이다. 그러나 이 깨달음은 본인 스스로 마음에서 일어나는 간절함이 없으면 이룰 수 없다.

부처님은 아난다에게 그 간절함을 줄 기회가 없었다. 아난다는 간절함을 한 번도 느낀 바가 없었다. 그래서 부처님은 당신이 사바세계를 떠나 반열반에 든 뒤에야 아난다가 비로소 간절함을 느끼게 되어 뼈저린 정진으로 깨달아 아라한과를 증득하게 될 것임을 알고 계셨다. 그렇다면 아난다가 깨달을 수 있게 해줄 수 있는 스승은 누구일까? 부처님은 한 번 생각해 보았다. 상수 제자인 깟사빠 존자밖에 없었다. 부처님은 깟사빠 존자가 있기 때문에 마음 편히 반열반에 들 수 있었다. 부처님이 열반하신 후, 뒷정리를 깟사빠가 깔끔하게 처리할 것이라고 믿고 계셨다. 그래서 각별히 깟사빠 존자를 사랑했을 것이다.

마하깟사빠

[상윳따 니까야: 16 깟사빠 상윳따 1]

어느 때 부처님은 사왓티의 기원정사에 계셨다. 부처님은 제자들에게 이렇게 가르치셨다.

"깟사빠는 어떤 법의[가사]에도 만족한다. 그는 어떤 법의에도 만족하는 것을 칭찬하며, 부적합한 방법으로 법의를 구하려고 하지 않는다. 법의를 얻지 못해도 애태우지 않으며 법의를 얻는다 해도 집착 없이 그것을 사용하며, 법의에 열광하지 않으며 맹목적으로 법의에 탐착하지 않으며, 또한 그 탐착의 위험을 알기 때문에 그 벗어남을 안다. 깟사빠는 어떤 탁발 음식에도 어떤 거처에도 그리고 어떤 필수의 약품에도 만족한다. 그가 이것들에 만족하는 것을 칭찬하며, 그는 부적합한 방법으로 이것들을 구하려고 하지 않는다. 이것들을 얻지 못한다 해도 애태우지 않으며, 탐착하지 않으며, 또한 탐착의 위험을 알기 때문에 그 벗어남을 안다.

그러므로 비구들이여, 나는 깟사빠와 비슷한 사람의 모범을 들어 그대들에게 간곡히 권고한다. 가르침을 들은 후에는 가르침에 따라 그대로 수행하여야 한다."

깟사빠의 수행

[상윳따 니까야: 16 깟사빠 상윳따 5]

이와 같이 나는 들었다. 어느 때 부처님은 라자가하의 죽림정사에 계셨다. 그때 깟사빠 존자가 부처님께 와서 인사를 드리고 한쪽에 앉았다. 부처님은 말씀하셨다.

"그대는 연로하여 그 낡은 삼베 누더기가 짐스럽고 무거울 것 같군. 그러니 신도들이 공양하는 새 가사도 입고 식사 공양 초대에도 가고 내 가까이 살았으면 좋겠구나."

"부처님, 저는 오랫동안 숲속에서 수행해왔고, 숲속에서의 수행을 좋게 생각하고 있습니다. 그리고 저는 오랫동안 누더기 가사를 입었고, 누더기 가사를 좋게 생각하고 있습니다. 또한 세 가지 가사만 소유하고 세 가지 가사만 소유하는 것을 좋게 생각하고 있습니다. 욕심이 적은 것, 어떤 경우에도 만족하는 것, 홀로 있는 것, 사회와 거리를 두고 사는 것, 열심히 수행 정진하는 것 등을 좋게 생각하고, 또 그렇게 행하고 있습니다."

"그러면 깟사빠여, 어떤 이익 때문에 그와 같은 것들을 좋게 생각하는가?"

"두 가지 유익한 점 때문입니다. 부처님, 첫째는 지금 여기에서의 나 자신의 행복한 삶이며, 둘째는 다음 세대들에 대한 자비심 때문입니다. 다음 세대 사람들은 이것을 모범으로 삼을 것입니다. 그들이 이런 수행을 듣게 되면 그들은 이것에 따라서 수행할 것이고, 그런 수행은 오랫동안 그들을 행복과 복지로 이끌 것입니다."

"참으로 훌륭하다. 깟사빠여, 그대는 세상에 대한 자비심으로 중생의 행복과 복지를 위하여 그렇게 정진 수행하고 정진해 왔다."

세 가지 가사만 소유한다는 말은 상, 하 법의(法衣)와 탁발시

입는 대의(大衣) 가사를 말한다. 단벌로 산다는 뜻이다. 부처님
당시 비구들은 이렇게 삼의(三衣)만으로 살았다.

3. 47. "아난다여, 그리고 지금 오늘 짜빨라 탑묘에서 그대들
을 불러서 말하였다. '아난다여, 웨살리는 아름답구나. 우데
나 탑묘도 아름답고, 고따마까 탑묘도 아름답고, 삿땀바까
탑묘도 아름답고, 바후뿟따 탑묘(다자탑)도 아름답고, 사란
다다 탑묘도 아름답고, 짜빨라 탑묘도 아름답구나.

아난다여, 누구든지 네 가지 성취수단[四如意足]을 닦고,
많이 [공부] 짓고, 수레로 삼고, 기초로 삼고, 확립하고,
굳건히 하고, 부지런히 닦은 사람은 원하기만 하면 일 겁을
머물 수도 있고, 겁이 다하도록 머물 수도 있다. 아난다여,
여래는 네 가지 성취수단을 닦고, 많이 [공부] 짓고, 수레를
삼고, 기초로 삼고, 확립하고, 굳건히 하고, 부지런히 닦았다.
여래는 원하기만 하면 일 겁을 머물 수도 있고, 겁이 다하도록
머물 수도 있다.'라고.

아난다여, 여래가 이와 같이 분명한 암시를 주고 분명한
빛을 드러내었는데도, 그대는 그 뜻을 꿰뚫어보지 못하였다.
그래서 그대는 여래에게 '세존이시여, 세존께서는 많은 사람

의 이익을 위하고 많은 사람의 행복을 위하고 세상을 연민하고 신과 인간의 이상과 이익과 행복을 위하여 일 겁을 머물러 주소서. 부디 선서께서는 일 겁을 머물러 주소서!'라고 간청하지 않았다. 아난다여, 만일 그대가 여래에게 간청을 했더라면, 두 번은 그대의 말을 거절했을 것이지만, 여래는 세 번째에는 허락하였을 것이다. 아난다여, 그러므로 이런 잘못은 그대에게 있다. 그대가 이런 잘못을 범하였다."

3. 48. "아난다여, [그리고] 참으로 내가 전에 사랑스럽고, 마음에 드는 모든 것과는 헤어지게 마련이고 없어지게 마련이고 달라지게 마련이라고 그처럼 말하지 않았던가. 아난다여, 그러니 여기서 [그대가 간청하는 것이] 무슨 소용이 있겠는가? 아난다여, 태어났고 존재했고 형성된 것은 모두 부서지게 마련이 법이거늘, 그런 것을 두고 '절대 부서지지 말라!'고 한다면, 그것은 있을 수 없는 일이다. 아난다여, 그리고 여래는 이미 수명의 상카라를 포기하여 그것을 버렸고, 내던졌고, 풀어버렸고, 제거했고, 방기하였다. 그리하여 '오래지 않아서 여래는 반열반에 들 것이다.'라고 분명하게 말하였다. 그런데 그것을 여래가 [더] 살기 위해서 다시 돌이킨다는 것은 결코 있을 수 없는 일이다. 아난다여, 이제 큰 숲에 있는 중각강당으로 가자."

"그렇게 하겠습니다. 세존이시여."라고 아난다 존자는 세존께 대답했다.

3. 49. 그러자 세존께서는 아난다 존자와 함께 큰 숲이 있는 중각강당으로 가셨다. 가서는 아난다 존자를 불러서 말씀하셨다.

"아난다여, 그대는 가서 웨살리를 의지하여 머무르는 비구들을 모두 집합소로 모이게 하라."

"그렇게 하겠습니다. 세존이시여."라고 아난다 존자는 세존께 대답한 뒤, 웨살리를 의지하여 머무르는 비구들을 모두 집회소로 모이게 하고서 세존께 갔다. 가서는 세존께 절을 올리고 한 곁에 섰다. 한 곁에 서서 아난다 존자는 세존께 이렇게 말씀드렸다.

"세존이시여, 비구 승가가 다 모였습니다. 이제 세존께서 [가실] 시간이 되었습니다."

3. 50. 그러자 세존께서는 자리에서 일어나 집회소로 가셨다. 가서는 마련된 자리에 앉으셨다. 자리에 앉아서 세존께서는 비구들을 불러서 말씀하셨다.

"비구들이여, 여기 [이 세상]에서 나는 이런 법들을 최상의 지혜로 안 뒤에 설하였나니, 그대들은 그것을 호지한 뒤 받들어 행해야 하고 닦아야 하고 많이 [공부] 지어야 한다.

그래서 이 청정법행이 길이 전해지고 오래 머물게 해야 한다. 이것이 많은 사람의 이익을 위하고 많은 사람의 행복을 위하고 세상을 연민하고 신과 인간의 이상과 이익과 행복을 위하는 것이다. 비구들이여, 그러면 나는 어떤 법들을 최상의 지혜로 안 뒤에 설하였는가? 그것은 네 가지 마음 챙김의 확립[四念處], 네 가지 바른 노력[四正勤], 네 가지 성취수단[四如意足], 다섯 가지 기능[五根], 다섯 가지 힘[五力], 일곱 가지 깨달음의 구성요소[七覺支], 여덟 가지 구성요소를 가진 성스러운 도[八正道]이다. 비구들이여, 나는 이런 법들을 최상의 지혜로 안 뒤에 설하였나니, 그대들은 이를 호지한 뒤 받들어 행해야 하고 닦아야 하고 많이 [공부] 지어야 한다. 그래서 이 청정법행이 길이 전해지고 오래 머물게 해야 한다. 이것이 많은 사람의 이익을 위하고 많은 사람의 행복을 위하고 세상을 연민하고 신과 인간의 이상과 이익과 행복을 위한 것이다."

3. 51. 그리고 다시 세존께서는 비구들을 불러서 말씀하셨다. "비구들이여, 참으로 이제 나는 당부하노니 모든 형성된 것들은 소멸하게 마련이 법이다. 방일하지 말고 [해야 할 바를 모두] 성취하여라. 오래지 않아서 여래의 반열반이 있을 것이다. 지금부터 3개월이 넘지 않아서 여래는 반열반할

것이다."

세존께서는 이렇게 말씀하셨다. 선서께서는 이렇게 말씀
하신 뒤, 다시 [게송으로] 이와 같이 설하셨다.

내 나이 무르익어
나의 수명은 이제 한계에 달했도다.
그대들을 버리고 나는 가리니
나는 내 자신을 의지처로 삼았다.
비구들이여, 방일하지 말고
마음 챙김을 가지고 계를 잘 지켜라.
사유(思惟)를 잘 안주시키고
자신의 마음을 잘 보호하라.
이 법과 율에서
방일하지 않고 머무는 자는
태어남의 윤회를 버리고
괴로움의 끝을 만들 것이다.

세 번째 바나와라가 끝나다.

부처님께서는 아난다에게 멀지 않아 반열반(완전한 열반)에
들게 됨을 거듭거듭 반복하여 암시를 주셨다. 하지만 아난다는

마라(악신)에게 마음이 사로잡혀 암시를 꿰뚫어 알아차리지 못했다. 마라는 부처님께 거듭거듭 지금 바로 반열반에 드실 때가 되었다고 열반에 드실 것을 졸라댔다. 아난다가 부처님의 암시를 알아차리지 못하자, 부처님은 마라에게 "여래는 석 달이 지나지 않아서 반열반에 들 것이다."라고 대답하신다. 그 말을 듣고 마라는 기뻐 날뛰다가 천상의 자기 세계로 돌아갔다. 그때서야 아난다는 마라에게서 풀려나 제정신이 들었다.

부처님께서 짜빨라 탑묘에서 말씀하셨다.

"아난다여, 웨살리는 아름답구나. 우데다 탑묘도 아름답고, 고띠마까 탑묘도 아름답고, 삿땀바까 탑묘도 아름답고, 바후뿟다(다자탑) 탑묘도 아름답고, 사란다다 탑묘도 아름답고, 짜빨라 탑묘도 아름답구나!"

부처님께서 여러 번 탑묘들을 들추어서 아름답다고 말씀하신 의미는 무엇일까?

탑묘는 살아생전에 공덕이 많고, 덕망이 높은 사람이 죽으면 그 후손들이나 존경하던 사람들이 그를 화장하여 유골을 탑을 만들어 모신 곳이다. 자손들의 능력이나 그때 그분을 공경하고 존경하던 사람들의 재력에 따라 규모와 크기가 다르고 모양과 아름다움도 차이가 있다.

탑묘는 죽음과 열반을 의미한다. 부처님께서는 이렇게 당신의 열반을 아난다에게 암시하신 것이다.

[대반열반경]

3. 37. "이렇게 말하였을 때, 나는 마라 빠삐만에게 이렇게 대답하였다. '빠삐만이여, 그대는 조용히 있어라. 오래지 않아 여래는 반열반에 들 것이다.'라고 아난다여, 지금 오늘 이 짜빨라 탑묘에서 여래는 마음 챙기시고 알아차리시면서 수명의 상카라를 포기하였다."

인과경에는 '수행자를 괴롭혀 수행을 방해하거나 못하게 하면, 그 죄가 무거워 지옥고를 면치 못한다.'라고 되어 있다. 그렇다면 마라 빠삐만(마왕 파순)은 지옥에 떨어져 지옥고를 당하고 있어야 한다. 그런데 그는 욕계육천 중 최고층인 타화자재천 천왕이다.

타화자재천 신들도 자기들만의 수행법으로 정신집중을 얻어 천상락을 받고 있다. 다만 그들은 자신들의 수행법 외의 수행법을 닦는 수행자는 잘못된 수행이니 그들을 구제해야 한다고 생각한다. 부처님의 가르침을 제일 싫어하여 불교 수행자를 괴롭힌다.

하지만 부처님은 그들을 미워하거나 싫어하지 않으셨다. 그들이 있어 비구들이 긴장하고, 또 게으름에 빠지지 않게 해주는 수행의 조력자로 생각하셨다.

아난다는 마라로부터 사로잡혔던 마음이 풀리자, 제정신이 들어 그때서야 부처님께 간청한다.

"세존이시여, 세존께서는 많은 사람의 이익을 위하고 많은 사람의 행복을 위하고 세상을 연민하고 신과 인간의 이상과 이익과 행복을 위하여 일 겁을 머물러 주소서. 부디 부처님께서는 일 겁을 머물러 주소서."

하지만 부처님께서는 이미 마라 빠삐만에게 석 달이 넘지 않아 반열반에 들 것이라고 말했기 때문에 다시 돌이킬 수 없음을 말하고, 수명의 상카라를 포기한 책임은 아난다 너에게 있다고 말하신다. 수명의 상카라를 포기하게 된 책임을 아난다에게 있다고 하신 말씀 때문에 아난다는 부처님께서 반열반(완전한 열반)에 드신 후 많은 비구 승가로부터 지탄을 받는다.

부처님은 아난다가 마라에 마음이 사로잡혀 있음을 아셨고, 그로 인하여 여래께 일 겁을 머물러 달라고 간청하지 못함도 다 아시고 계셨다. 그런데 중요한 생명의 상카라를 포기한 책임을 어찌하여 아난다에게 돌리어 아난다가 비구 승가로부터 지탄을 받도록 하셨을까? 가장 중요한 생명의 상카라를 아난다가 몇 번 부처님께 세상에 더 머무시도록 간청하지 않았기 때문이라고 말씀하신 것은 여래답지 않은 궁색한 말씀이다. 그리고 아무리 마라 빠삐만이 거듭 간청했다고 해서 가장 중요한 생명의 상카라를 포기했다는 말씀 또한 여래답지 않은 궁색한 답변이다. 부처님은 왜 이러한 궁색한 답변을 하셨을까?

부처님은 누구보다도 당신의 의지가 강하여 어느 누구의 말에도 흔들리는 분이 아니시다. 부처님은 깊은 뜻을 가지고 있었다.

[대반열반경]

4. 1. 그때 세존께서는 오전에 옷매무새를 가다듬고 발우와 가사를 수하시고 걸식을 위해서 웨살리로 들어가셨다. 웨살리에서 걸식하여 공양을 마치고 걸식에서 돌아오시면서, 코끼리가 뒤를 돌아보듯이, 웨살리를 돌아보신 후, 아난다 존자를 불러서 말씀하셨다. "아난다여, 이것이 여래가 웨살리를 보는 마지막이 될 것이다. 오라, 아난다여, 이제 반다가마로 가자." "그렇게 하겠습니다. 세존이시여."라고 아난다 존자는 세존께 대답했다. 그러자 세존께서는 많은 비구 승가와 함께 반다가마로 가셨다. 세존께서는 거기 반다가마에서 머무셨다.

부처님께서 웨살리에서 걸식하여 공양을 마치시고 돌아오시면서 '코끼리가 뒤를 돌아보듯이' 웨살리를 돌아보신 후, 아난다 존자를 불러서 말씀하셨다. "아난다여, 이것이 여래가 웨살리를 보는 마지막이 될 것이다."라는 의미 깊은 말씀 속에는 무겁고, 참담하고, 슬픔이 깃들어 있었다.

당신께서 사바세계를 떠나는 반열반에 드시기 때문에 다시 웨살리를 보지 못할 것이라는 의미도 있지만, 부처님은 그로부터 멀지 않아 마가다 왕 아자따삿뚜가 군대를 끌고 와 왓지를 공격할 것이며 왓지국의 수도 웨살리는 전쟁터가 되고 말 것임을 알고 계셨던 것 같다. 많은 사람들이 창과 칼에 찔려 죽고 집들이 불태워지고 부서지며, 당신이 머무시던 성스러운 많은 탑묘들이 파괴될 것을 생각하면, 마음이 무거울 수밖에 없었을 것이다.

만약 앞으로 일어날 일들을 미리 누설한다면, 천하의 자연의 질서가 깨지고 더 큰 혼란과 살생 그리고 물질적 손실이 생길 것이다. 그러므로 통찰지를 깨달아 부동지(不動智)를 얻지 못한 범부가 미래사를 알게 되면, 천기누설의 과오를 저지를 수 있다. 범부는 앞날의 일을 모르고 사는 것이 오히려 행복하다.

부처님께서 많은 사람이 창, 칼에 찔려 죽고, 집들이 불태워지고, 탑묘들이 파괴되는 험한 일이 생기기 전에, 사람들이 즐거워하고 행복해하는 평화스러운 이때, 사바세계를 떠나 반열반에 드는 것이 좋을 것이라 생각하셨을 것이다.

부처님께서 웨살리를 떠난 지 3년 후, 마가다 왕 아자따삿뚜 왕은 왓지를 공격하여 멸망시킨다.

4. 5. 그때 세존께서는 반다가마에서 원하는 만큼 머무신 뒤, 아난다 존자를 불러서 말씀하셨다. "아난다여, 이제 핫티가마로… 암바가마로… 잠부가마로… 보가나가라로 가자."

4. 6. "그렇게 하겠습니다. 세존이시여."라고 아난다 존자는 세존께 응답했다. 그리하여 세존께서는 많은 비구 승가와 함께 보가나가라에 도착하셨다.

4. 7. 세존께서는 거기 보가나가라에서 아난다 탑묘에 머무셨다. 거기서 세존께서는 비구들을 불러서 말씀하셨다. "비구들이여, 네 가지 큰 권위[大法敎]를 설하리라. 그것을 듣고 마음에 잘 새겨라. 이제 설하리라."

"그렇게 하겠습니다. 세존이시여."라고 비구들은 세존께 응답했다. 세존께서는 이와 같이 말씀하셨다.

4. 8. "비구들이여, 여기 비구가 말하기를 '도반들이여, 나는 이것을 세존의 면전에서 듣고 세존의 면전에서 받아 지녔습니다. 이것은 법이고, 이것은 율이고, 이것은 스승의 교법입니다.'라고 하면 [일단] 그런 비구의 말을 인정하지도 말고 공박하지도 말아야 한다. 인정하지도 공박하지도 않은 채로 그 단어와 문장들을 주의 깊게 들어서 경과 대조해

보고 율에 비추어 보아야 한다.

그의 말을 경과 대조해 보고 율에 비추어 보아서, 만일 경과 견주어지지 않고 율과 맞지 않는다면, 여기서 '이것은 세존의 말씀이 아닙니다. 이 비구가 잘못 호지한 것입니다.'라는 결론에 도달해야 한다. 비구들이여, 이렇게 해서 이것을 물리쳐야 한다. 그의 말을 경과 견주어 보고 율에 비추어 보아서, 만일 경과 견주어지고 율과 맞는다면, 여기서 '이것은 세존의 말씀입니다. 이 비구가 잘 호지한 것입니다.'라는 결론에 도달해야 한다. 비구들이여, 이것이 첫 번째 큰 권위이다."

부처님이 열반한 뒤, 이교도들이 명성이나 이득을 얻고자 하는 열망에서, 비구 승단에 살며시 들어와 담마(法) 아닌 것을 담마라 하고 율 아닌 것을 율이라 하여, 부처님의 정법을 무너뜨리려는 무리들이 생길 것을 아시고 염려되어 네 가지 큰 권위(大法教)를 설하신 것이다.

3차 결집

[사만따빠시디까: 54, 55, 62 마하왕사 5편 267-281]

자신들에 대한 명성이나 이득이 점점 줄어들기 시작한 이교도들은 명성이나 이득을 얻고자 하는 열망에서 부처님의 가르침의 승단에 허락을 얻어 들어와서는 각각 자신들의 교리가 담마이고 계율이라고 선언하면서 자신들의 교리를 제시하였다.

그리고 승단의 허락을 받지 못한 사람들은 스스로 머리를 삭발하고, 노란 가사를 입고, 이 사찰 저 사찰을 돌아다니면서 [정식 비구인 양] 우뽀사타(포살) 예식과 빠와라나(자자) 예식, 승단의 공식적인 예식에 슬그머니 끼어들었다.

그래서 비구들은 우뽀사타 예식을 행하지 않았다. 이교도들은 부처님 가르침과 계율에서 승단의 비구들에 의하여 책망의 대상이 되었는데도 불구하고, 그들은 담마와 계율에 따른 정해진 원칙에 따르지 않음으로써, 부처님 가르침을 헐고 다양한 형태의 난동을 일으켰다. 어떤 사람들은 불을 섬기고, 어떤 사람들은 태양을 경배하고, 어떤 사람들은 의도적으로 부처님 가르침과 계율을 파괴하였다.

그래서 승단의 비구들은 우뽀사타와 빠와라나 예식을 하지 않았다. 아소까라마 승원에서는 7년 동안 우뽀사타 예식을 하지 않았다. 그래서 아소까 왕에게 이런 사실을 보고하였다.

아소까 왕은 목갈리뿟따 띳사 장로를 초청하여 7일 동안 집중적으로 부처님 가르침을 들은 후, 이교도들의 추방에 대한 논의를 하였다. 7일째 날, 아소까 왕은 비구들을 아소까라마 승원에 모이도록 명하고, 왕은 포장을 치고 그 뒤에 앉아서 다른 견해를 가진 사람들을 그룹지어 따로 따로 질문을 하였다.

"어떤 가르침에 온전히 깨달으신 분은 제시하셨습니까?"

이렇게 질문하자 영원주의자들은 부처님은 영원주의자였다고 대답하고, 유한주의자, 무한주의자, 궤변론자, 단멸론자, 회의론자, 유의식론자, 무의식론자 등 이들은 모두 자기들의 교리대로 답하였다. 왕은 부처님의 가르침을 이미 공부하였기 때문에 이들은 비구들이 아니고 다른 교단에 속한 이교도들이라는 것을 알아차렸다. 그래서 왕은 그들에게 흰옷을 입혀서 승단에서 추방하였다. 그 수효는 6만 명에 이르렀다. 왕은 남은 비구들에게 물었다.

"무슨 가르침을 온전히 깨달으신 분은 자세히 설명하셨습니까?"

"부처님은 분석적 교리의 주창자셨습니다."

비구들이 이렇게 답하자, 왕은 장로 비구에게 물었다.

"온전히 깨달으신 분은 분석적인 교리를 자세히 설명하셨습니까?"

"그렇습니다. 위대하신 왕이여!"

이에 왕은 말하였다. "모든 존자님들, 이제 승단의 부처님 가르침은 깨끗해졌습니다. 이제 승단은 우뽀사타를 행하십시오."

그래서 승단은 온전한 화합으로 모두 함께 모여 우뽀사타 (포살)를 행하였다. 이 행사에 헤아릴 수 없을 정도의 많은 비구들이 참석하였다. 이 행사에서 목갈리뿟다 띳사 장로는 이교도의 교리를 반박하는 논장인 까타왓투를 외웠다.

담마와 계율을 암송한 야사 장로와 마하깟사빠 장로처럼, 그도 또한 헤아릴 수 없이 많은 비구들 중에서 삼장에 통달하고, 분석적인 통찰력이 깊고, 지혜가 뛰어난 훌륭한 천 명의 장로를 선별하여 경장 율장을 합송하였다. 목갈리뿟다 띳사 장로는 오염된 부처님의 가르침을 정화하고 3차 결집을 개최하였다. 이와 같이 이 결집은 아소까 왕의 보호 아래 천 명의 비구에 의하여 9개월 만에 마쳤다. 천 명의 비구에 의하여 결집되었기 때문에 "천 명에 관한 결집"이라 불리고, 앞서의 1차 결집과 2차 결집 때문에 이것은 '3차 결집'이라고 불린다.

아소까 왕 통치 17년에 72세의 지혜로운 장로 목갈리뿟따 띳사 는 성대한 빠와라나(자자) 예식으로 결집을 마쳤다.

[대반열반경]

4. 13. 그때 세존께서는 보가나가라에서 원하는 만큼 머무신 뒤, 아난다 존자를 불러서 말씀하셨다. "아난다여, 이제 빠와로 가자." "그렇게 하겠습니다. 세존이시여."라고 아난다

존자는 세존께 응답했다. 그리하여 세존께서는 많은 비구 승가와 함께 빠와에 도착하셨다. 세존께서는 거기 빠와에서 대장장이의 아들 쭌다의 망고 숲에 머무셨다.

4. 14. 대장장이의 아들 쭌다는 세존께서 빠와에 오셨다고 들었다. 그러자 대장장이의 아들 쭌다는 세존께 갔다. 가서는 세존께 절을 올린 뒤, 한 곁에 앉았다. 세존께서는 한 곁에 앉은 대장장이의 아들 쭌다에게 법을 설하시고 격려하시고 분발하게 하시고 기쁘게 하셨다.

4. 15. 그러자 대장장이의 아들 쭌다는 세존께서 설하신 법을 [듣고] 격려받고 분발하고 기뻐하여 세존께 이렇게 말씀 드렸다. "세존이시여, 세존께서는 비구 승가와 함께 내일 저의 공양을 허락하여 주십시오" 세존께서는 침묵으로 허락 하셨다.

4. 16. 대장장이의 아들 쭌다는 세존께서 허락하신 것을 알고서 자리에서 일어나 세존께 절을 올리고 오른쪽으로 [세 번] 돌아 [경의를 표한] 뒤에 물러갔다.

4. 17. 그리고 대장장이의 아들 쭌다는 그 밤이 지나자,

자신의 집에서 맛있는 여러 음식과 부드러운 돼지고기로
만든 음식을 많이 준비하게 하여 세존께 시간을 알려드렸다.
"세존이시여, [가실] 시간이 되었습니다."라고.

4. 18. 그때 세존께서는 오전에 옷매무새를 가다듬고 발우
와 가사를 수하시고 비구 승가와 함께 대장장이의 아들 쭌다
의 집으로 가셨다. 가셔서는 비구 승가와 함께 지정된 자리에
앉으셨다. 앉으셔서는 대장장이의 아들 쭌다를 불러서 말씀
하셨다.
"쭌다여, 부드러운 돼지고기로 만든 음식은 나에게 공양하
고, 다른 여러 음식은 비구 승가에게 공양하여라."
"그렇게 하겠습니다. 세존이시여!"라고 대장장이의 아들
쭌다는 세존께 대답하고서 부드러운 돼지고기가 든 음식은
세존께 공양하고, 다른 여러 음식은 비구 승가에게 공양하였
다.

4. 19. 그러자 세존께서는 대장장이의 아들 쭌다를 불러서
말씀하셨다.
"쭌다여, 부드러운 돼지고기로 만든 음식이 남은 것은,
구덩이를 파서 묻어라. 쭌다여, 나는 신들을 포함하고 마라를
포함하고 범천을 포함한 세상에서 사문, 바라문을 포함하고,

신과 인간을 포함한 생명체들 가운데서, 여래를 제외한 어느 누구도 이 음식을 먹고 바르게 소화시킬 사람을 보지 못한다."

"그렇게 하겠습니다. 세존이시여."라고 대장장이의 아들 쭌다는 세존께 대답한 뒤, 부드러운 돼지고기로 만든 음식이 남은 것은 깊은 구덩이를 파서 묻고 세존께로 갔다. 가서는 세존께 절을 올리고 한 곁에 앉았다. 세존께서는 한 곁에 앉은 대장장이의 아들 쭌다에게 법을 설하시고 격려하시고 분발하게 하시고 기쁘게 하셨다.

4. 20. 그때 세존께서는 대장장이의 아들 쭌다가 올린 음식을 드시고 혹독한 병에 걸리셨나니, 피가 나오는 적리(赤痢)에 걸려서 죽음에 다다른 극심한 고통이 생기셨다. 거기서 세존께서는 마음 챙기시고 알아차리시면서 흔들림 없이 그것을 감내하셨다. 그때 세존께서는 아난다 존자를 불러서 말씀하셨다.

"아난다여, 이제 꾸시나가라로 가자."

"그렇게 하겠습니다. 세존이시여."라고 아난다 존자는 세존께 응답했다.

나는 이렇게 들었나니
대장장이 쭌다가 올린 음식을 드시고

현자께서는 죽음에 다다르는 극심한 병에 걸리셨다.
부드러운 돼지고기로 만든 음식을 드신
스승께 극심한 병이 생겼나니
그것을 깨끗하게 하시면서 세존께서는
꾸시나가라 도시로 가자고 말씀하셨다.

쭌다의 아버지는 금귀거리, 금팔찌, 금가락지 등 액세서리와 금수저, 금술잔 등 금 제품을 만들어 파는 큰 공장을 운영하여 많은 재산을 모은 대부자였다. 그리하여 넓은 땅을 보유하고 있었고, 망고나무 숲도 가지고 있었다.

부처님께서 전에 빠와에 오셔서 쭌다의 망고 숲에 머무신 적이 있었다. 그때 쭌다는 부처님을 친견하고 문답하고 수다원[예류] 과를 증득하였다. 그리고 그는 망고나무 숲에 승원을 지어 놓고 부처님께서 오시면 머무시도록 한, 신심이 돈독한 재가신도였다.

쭌다와의 문답, 진정한 정화의식

[앙굿따라 니까야 10부 176]

어느 때 부처님은 빠와의 대장장이의 아들 쭌다의 망고 숲에 계시었다. 부처님은 쭌다에게 이렇게 말씀하셨다.
"쭌다여, 그대는 누구의 정화예식이 마음에 드는가?"

"부처님, 서쪽 지방의 바라문들은 물병을 가지고 다니고, 물풀로 만든 화환을 걸고, 불을 예배하고, 물로 정화합니다. 이런 그들이 선언하는 정화의식이 저는 마음에 듭니다."

"쭌다여, 그 바라문들은 어떤 정화의식을 하라고 선언하는가?"

"부처님, 그 바라문들은 추종자들에게 이렇게 가르칩니다. '적당한 때에 침상에서 일어나 땅을 만지시오. 만일 땅을 만지지 않으면 젖은 소똥을 만지시오. 만일 젖은 소똥을 만지지 않으면 파란 풀을 만지시오. 만일 파란 풀을 만지지 않으면 불을 예배드리시오. 만일 불을 예배드리지 않으면 두 손을 합장하고 태양에 예배드리시오. 만일 태양에 예배드리지 않으면 저녁나절 세 번 물에 잠기는 예식을 하여야 합니다.' 이것이 바라문들이 선언하는 정화의식입니다. 부처님, 저는 이런 정화의식이 마음에 듭니다."

"쭌다여, 바라문들이 선언하는 정화의식은 거룩한 계율에서의 정화의식과는 아주 다르다."

"부처님, 어떤 것이 거룩한 계율에서의 정화입니까? 거룩한 계율에서 어떻게 하는 정화가 있는지 저에게 가르침을 주시면 좋겠습니다."

쭌다여, 몸으로 짓는 세 가지 더러움이 있다. 말로 짓는

네 가지 더러움이 있다. 생각으로 짓는 세 가지 더러움이
있다.

몸으로 짓는 세 가지 더러움은 어떤 것인가?

어떤 사람은 남의 생명을 빼앗는다. 잔혹하고 손에 피를
묻히고 살생하는 것에 몰두하며, 살아 있는 모든 존재들에
대한 자비가 없다. 어떤 사람은 주지 않는 것을 가져간다.
밀림이나 마을에서 자기에게 주지 않는 다른 사람의 재물을
도둑의 마음으로 가져간다. 어떤 사람은 성적인 욕망으로
잘못된 행위를 한다. 부모와 가족들의 보호를 받고 있는
소녀들, 남편이 있는 여자, 심지어 약혼의 화환을 쓴 여인과도
성행위를 한다.

말로 짓는 네 가지 더러움은 어떤 것인가?

어떤 사람은 거짓말을 한다. 의회나 협회, 친척들, 조합,
왕실 귀족 앞에 소환되어 증인으로서 책임을 지도록 요청받
았을 때, '당신이 아는 것을 말하시오.' 이런 질문을 받고
자신은 알지 못하는데도 '나는 압니다.' 또는 알면서도 '알지
못합니다.' 보지 못하였으면서도 '보았습니다.' 보았음에도
'보지 못하였습니다.'라고 한다. 이와 같이 그 자신의 이득
또는 어떤 누구의 이득을 위하여 또는 물질적 욕망을 위하여
또는 고의적으로 거짓말을 한다.

어떤 사람은 이간질을 한다. 여기서 들은 말을 저기에

가서 말하고, 저기서 들은 말을 여기서 말하여 서로를 갈라놓는다. 그는 화목을 깨트리고 반목하는 사람 사이에서 싸움을 부추기며 남의 불화가 그의 즐거움이다. 불화를 열정적으로 기뻐하고 좋아하며 불화를 만드는 말을 한다.

어떤 사람은 악담을 한다. 통렬한 말, 모진 말, 모욕하는 말, 성나게 하는 말, 산란하게 하는 말을 한다.

어떤 사람은 잡담을 한다. 부적절한 때에 말하고 사실이 아닌 것을 말하고, 이익이 없는 말을 한다. 가르침과 계율에 일치하지 않는 말, 마음에 새길 만한 가치가 없는 말, 타당성이 없는 말, 분별없는 말을 한다.

생각으로 짓는 세 가지 더러움은 어떤 것인가?

어떤 사람은 탐욕스럽다. 다른 사람의 재물을 보고 생각하기를 '다 저 사람의 것이 내 것이었으면!' 하면서 남의 것을 탐낸다.

어떤 사람은 증오의 마음을 가지고 있다. '이것들이 살해되기를, 이것들이 다시는 존재할 수 없도록 파괴되기를!'이라고 타락한 생각을 품는다.

어떤 사람은 잘못된 견해를 가지고 있다. '보시도 없고, 봉헌도 없고, 제사도 없고, 선업을 지어도 악업을 지어도 결과도 없고 과보도 없다. 이 세상도 없고, 저 세상도 없고, 부모도 없다. 이 세상과 저 세상을 스스로 깨달아 천명하는 바르게 수행하는 사문이나 바라문도 없다.'라고 잘못된 생각을 갖는다.

쭌다여, 이와 같이 잘못된 업의 길에 열 가지가 있다. 이런 열 가지의 잘못된 업의 길에 있는 사람이 아침에 일어나서 땅을 만져도 그는 여전히 깨끗하지 못하다. 설령 그가 땅을 만지지 않는다 할지라도 그는 똑같이 깨끗하지 못하다. 설령 소똥을 만진다 해도 소똥을 만지지 않는다고 해도 그는 똑같이 깨끗하지 않다. 파란 풀을 만지든 만지지 않든, 불을 예배드리든 예배드리지 않든, 두 손을 잡고 태양에 예배드리든 예배드리지 않든, 그렇지 않으면 저녁나절 세 번 물에 잠기든 잠기지 않든 [이 모든 정화의식에 상관없이] 그는 여전히 깨끗하지 않다. 무슨 이유 때문인가? 그것은 잘못된 업의 열 가지 길에 의하여 나쁜 곳에 태어나기 때문이다.

그러나 열 가지 바른 행동의 길에 있는 사람이 아침에 일어나서 땅을 만지든 땅을 만지지 않든 그는 깨끗하다. 설령 소똥을 만진다 해도 소똥을 만지지 않는다 해도 그는 똑같이 깨끗하다. 파란 풀을 만지든 만지지 않든, 불을 예배드리든 예배드리지 않든, 두 손을 잡고 태양에 예배드리든 예배드리지 않든, 그렇지 않으면 저녁나절 세 번 물에 잠기든 잠기지 않든, 그는 여전히 깨끗하다. 무슨 이유 때문인가? 바른 업의 열 가지 길이 깨끗하기 때문이다. 더욱이 이런 바른 업의 열 가지 길에 의하여 그는 좋은 곳에 태어난다.

쭌다가 부처님께 올린 부드러운 돼지고기 요리는 당시 인도의 보통 가정에서 자주 해먹는 요리였다. 인도의 일반 사람들은 아무런 탈이 나지 않고 즐겨 먹는 요리가 어찌하여 쭌다가 부처님께 올린 요리만 특별히 신들을 포함하고, 마라를 포함하고, 범천을 포함한, 사문, 바라문을 포함하고, 신과 인간을 포함한 생명체들 가운데서 여래를 제외한 어느 누구도 이 음식을 먹고 바르게 소화하지 못하는 독약이 되었을까? 지금도 인도 사람들 중에는 이런 요리를 즐기는 자들이 있다. 주석서에 의하면 천상의 신들이 쭌다가 부처님께 공양을 올리어 복을 짓는 것을 보고, 신들도 복을 짓고 싶어 하는 마음으로 천상의 최고 음식을 살짝 가미했다고 한다. 그리하여 지나친 영양분 때문에 여래를 제외한 다른 생명체들이 바르게 소화시킬 수 없게 되었다고 한다.

부처님께서 이 음식을 드시고 혹독한 병을 얻었으니, 부처님 또한 바르게 소화시키지 못한 것이다. 그렇다면 의문이 든다. 부처님은 여래의 지위에 오르지 못한 것이 아닌가? 또 부처님께서는 쭌다가 올리는 이 음식을 먹으면 병이 나실 것을 몰랐을까?

부처님께서는 천상의 신들이 쭌다가 올리는 부드러운 돼지고기로 만든 요리에 천상의 최고 음식을 더했음을 아시었고, 먹으면 병이 날 것도 다 아시었다.

부처님께서 피가 나오는 혹독한 설사병에 걸리셨으니, 천상의 신들과 쭌다가 얼마나 죄송했을까? 만약 드시지 않았다면, 또한 섭섭해하였을 것이다. 그래서 어찌 될 줄 다 아시면서도 그들의 정성을 기특하게 여겨 드신 것이다. 만약 부드러운 돼지고기로 만든 먹음직스러운 음식을 드시고 긴 여행으로 지친 몸이 회복되고 활기찬 모습을 보였다면, 부처님과 함께 긴 여행을 하여 지친 비구 승가 중에는 그 음식을 먹지 못한 것을 아쉬워할 자들도 있었을 것이다.

부처님께서 육체의 무상함을 중생들에게 보여주고자 하셨으니, 활기찬 모습은 보여주고 싶지 않았을 것이다.

[대반열반경]

4. 21. 그때 세존께서는 길을 가시다가 어떤 나무 아래로 가셨다. 가셔서는 아난다 존자를 불러서 말씀하셨다. "아난다여, 가사를 네 겹으로 접어서 [자리를] 만들어라. 아난다여, 피곤하구나. 나는 좀 앉아야겠다."

"그렇게 하겠습니다. 세존이시여."라고 아난다 존자는 세존께 대답한 뒤, 가사를 네 겹으로 접어서 [자리를] 만들었다.

4. 22. 세존께서는 만들어 드린 자리에 앉으셨다. 앉으신 뒤, 세존께서는 아난다 존자를 불러서 말씀하셨다.

"아난다여, 그대는 나를 위해 물을 좀 다오. 아난다여, 목이 마르구나. 나는 물을 마셔야겠다."

이렇게 말씀하시자, 아난다 존자는 세존께 이렇게 말씀드렸다. "세존이시여, 지금 500대의 수레가 지나갔습니다. 수레 바퀴로 휘저은 물은 좋지 않고 뒤범벅이 되어 혼탁해졌습니다. 세존이시여, 까꿋타 강이 멀지 않은 곳에 있습니다. 그 물은 맑고, 만족을 주고, 차갑고, 투명하며, 튼튼한 제방으로 보호되어 있습니다. 거기서 세존께서는 물을 드시고 몸을 시원하게 하실 수 있습니다."

4. 23. 두 번째로 세존께서는 아난다 존자를 불러서 말씀하셨다.

"아난다여, 그대는 나를 위해서 물을 좀 다오. 아난다여, 목이 마르구나. 나는 물을 마셔야겠다."

이렇게 말씀하시자 아난다 존자는 세존께 이렇게 말씀드렸다.

"세존이시여, 지금 500대의 수레가 지나갔습니다. 수레바퀴로 휘저은 물은 좋지 않고 뒤범벅이 되어 혼탁해졌습니다. 세존이시여, 까꿋타 강이 멀지 않은 곳에 있습니다. 그 물은 맑고, 만족을 주고, 차갑고, 투명하며, 튼튼한 제방으로 보호되어 있습니다. 거기서 세존께서는 물을 드시고 몸을 시원하게 하실 수 있습니다."

4. 24. 세 번째로 세존께서는 아난다 존자를 불러서 말씀하셨다.

"아난다여, 그대는 나를 위해서 물을 좀 다오. 아난다여, 목이 마르구나. 나는 물을 마셔야겠다."

"그렇게 하겠습니다. 세존이시여."라고 아난다 존자는 세존께 대답한 뒤, 발우를 가지고 그 작은 강으로 갔다. 아난다 존자가 다가가자 수레바퀴로 휘저어져서 좋지 않고 뒤범벅이 되어 혼탁해진 그 물은 맑고 만족을 주고 차갑게 되었다.

4. 25. 그러자 아난다 존자에게 이런 생각이 들었다. '여래의 큰 신통과 큰 위력은 참으로 경이롭고, 참으로 놀랍구나. 수레바퀴로 휘저어져서 좋지 않고 뒤범벅이 되어 혼탁해진 물이, 내가 다가가자 좋고 맑고 혼탁하지 않게 되었구나.' 아난다 존자는 발우로 물을 떠서 세존께 다가갔다. 가서는 세존께 이렇게 말씀드렸다.

"세존이시여, 참으로 놀랍습니다. 세존이시여, 수레바퀴로 휘저어져서 좋지 않고 뒤범벅이 되어 혼탁해진 물이, 제가 다가가자 좋고 맑고 혼탁하지 않게 되었습니다. 세존께서는 물을 드십시오. 선서께서는 물을 드십시오."

부처님께서는 심한 설사병으로 탈수현상이 생겨서 극도의 갈증을 느끼셨다. 길가 나무 아래에서 아난다에게 가사를 네 겹으로 접게 하시고, "피곤하구나. 나는 좀 앉아야겠다." 그렇게 하시고 앉으신 뒤, 아난다 존자를 불러 "나를 위하여 물을 좀 다오 아난다여, 목이 마르구나. 나는 물을 마셔야겠다."라고 하시며, 발우에 물을 떠오게 하셨다. 어른 걸음으로 500보쯤 떨어져 있는 앞길에 작은 개울이 흐르고 있었다.

아난다 존자는 부처님께 말씀드렸다.

"부처님이시여, 조금 전에 500대의 수레가 지나가면서, 개울물이 휘저어져 물이 좋지 않고 뒤범벅이 되어 혼탁해졌으니, 멀지 않은 곳에 있는 까꿋타 강으로 가셔서 물을 드시는 것이 좋겠습니다. 까꿋타 강의 물은 맑고 만족스럽고 차갑고 투명하며 튼튼한 제방으로 보호되어 있습니다."

부처님께서는 목이 말라 괴로워 참기 어렵고 힘들고 지쳐 몇 발자국도 걷기 어려운데, 가까운 곳에 있는 개울물 말고 멀리 있는 까꿋타 강으로 가자고 한다. 부처님께서 세 번 거듭 아난다 존자에게 말하자, 그때서야 아난다 존자는 발우를 들고 개울가로 갔다. 개울가에 가보니 물이 맑고 깨끗해져 있었다. 아난다 존자는 이것이 부처님의 신통과 큰 위력이라고 생각하고, 부처님께 그대로 말하였다.

부처님께서는 이런 아난다 존자를 보시고 얼마나 답답하셨을까? 한 발우 정도의 물이라면 개울가에 가서, 수레가 다니는 곳에서 뜨지 말고 그 위쪽 혼탁해지지 않은 맑은 물을 떠올 수 있다. 개울물이 맑아진 것은 부처님의 신통과 위력 때문이 아니라, 자연현상이다. 흐르는 물은 이내 맑아지게 마련이다. 부처님께서는 이런 아난다를 보시고, 아무 말 없이 물을 받아 드셨다. 이런 부처님의 인내심과 너그러움과 자비심에 감동된다.

팔십 고령에다 웨살리 벨루와가에서 안거 중 중병을 앓으시고 회복도 되지 않아 여행을 계속하시다가, 쭌다의 마지막 공양 후 극심한 설사병에 걸리신 후, 더 이상 공양을 드시지 못하여 극도로 약해진 몸으로 열반지 꾸시나가라로 한 걸음 한 걸음 걸으시며 힘들어하시는 부처님을 모시고 따르던 많은 비구 승가들의 심정은 어떠했을까?

어떤 비구 제자는 마차를 타고 가시면 어떠하실지 청했을 것이요, 어떤 비구 제자는 가마를 만들어 모시고 가겠다고 청했을 것이요, 어떤 힘센 비구 제자는 부처님을 업고 가겠다고 청했을 것이다. 하지만 부처님께서는 모두 허락지 않고 오직 홀로 누구의 부축도 없이 걸어서 꾸시나가라로 가셨다.

[대반열반경]

4. 38. "아난다여, 오늘 밤, 삼경에 꾸시나가라 근처에 있는 말라들의 살라 숲에서 한 쌍의 살라 나무(사라쌍수) 사이에서 여래의 반열반이 있을 것이다. 오라, 아난다여, 까꿋타 강으로 가자."

"그렇게 하겠습니다. 세존이시여."라고 아난다 존자는 세존께 대답하였다.

빛나는 황금색 옷 두 벌을 뿍꾸다는 바쳤으며
그것을 입은 황금색 피부를 가진 스승은 더 빛이 났다.

4. 39. 그리고 세존께서는 많은 비구 승가와 함께 까꿋타 강으로 가셨다. 가서는 까꿋타 강에 들어가서 목욕을 하고 물을 마시고 다시 나오셔서 망고 숲으로 가셨다. 가셔서는 쭌다까 존자(사리뿟따 존자의 동생, 아난다 이전 시자 소임을 맡은 적이 있음)를 불러서 말씀하셨다.

"쭌다까여, 가사를 네 겹으로 접어서 [자리를] 만들어라. 쭌다까여, 피곤하구나. 나는 좀 앉아야겠다."

"그렇게 하겠습니다. 세존이시여."라고 쭌다까 존자는 세존께 대답한 뒤, 가사를 네 겹으로 접어서 [자리를] 만들었다.

4. 40 그러자 세존께서는 발과 발을 포개시고, 마음 챙기고 알아차리면서[正念正知] 일어날 시간을 인식하여 마음에 잡도리 하신 후 오른쪽 옆구리로 사자처럼 누우셨다. 쭌다까 존자는 거기 세존의 앞에 앉았다.

4. 41. 부처님은 까꿋타 강으로 가셨으니
투명하고 맑고 혼탁하지 않은 [그 강에]
세상에서 비할 데 없는 큰 스승 여래께선
심히 지친 몸을 담그고 목욕하고
물을 마시고 나오셨다.
비구 승가의 수장이시고
여기 [이 세상에서] 법을 설하신 분,
대 선인(仙人)이신 그분 세존께서는
비구 승가에 둘러싸여 망고 숲으로 가셨다.
쭌다까라는 비구를 불러서 말씀하셨으니
'네 겹으로 접은 가사 위에 나는 누우리라.'고.
자신을 잘 닦은 분에게서 명을 받은 쭌다까는
네 겹으로 가사를 접어서 [자리를] 만들었다.
스승께서는 피로한 몸을 누이셨으니

쭌다까도 그분 앞에 앉았다.

4. 42 그런 후 세존께서는 아난다 존자를 불러서 말씀하셨다.

"아난다여, 그런데 대장장이의 아들 쭌다가 이렇게 스스로를 힐난할지도 모른다. '여보게, 아난다, 여래께서는 내가 드린 탁발 음식을 마지막으로 드시고 반열반에 드셨으니, 이것 참으로 나의 잘못이고, 나의 불행이로구나!'

아난다여, 대장장이의 아들 쭌다에게 이와 같이 말하여 자책감을 없애 주어야 한다. '도반 쭌다여, 여래께서는 그대가 드린 탁발 음식을 마지막으로 드시고 반열반에 드셨으니, 이건 그대의 공덕이고 그대의 행운입니다. 도반 쭌다여, 모든 곳에서 두루 결실을 가져오고, 모든 곳에서 두루 과보를 가져오는 두 가지 탁발 음식이 다른 탁발 음식들을 훨씬 능가하는 더 큰 결실과 더 큰 이익을 가져다준다고 나는 세존의 면전에서 직접 듣고, 세존의 면전에서 직접 받아 지녔습니다.

어떤 것이 둘입니까? 그 탁발 음식을 드시고 여래께서 위없는 정등각을 깨달으신 것과 그 탁발 음식을 드시고 여래께서 무여열반의 요소[界]로 반열반을 하신 것입니다. 이런 두 가지 탁발 음식은 더 큰 결실과 더 큰 이익을 가져다줍니다.

다른 탁발 음식들을 훨씬 능가합니다. 이제 대장장이의 아들 쭌다 님은 긴 수명을 가져다줄 업을 쌓았습니다. 이제 대장장이의 아들 쭌다 님은 좋은 용모를 가져다줄 업을 쌓았습니다. 이제 대장장이의 아들 쭌다 님은 행복을 가져다줄 업을 쌓았습니다. 이제 대장장이의 아들 쭌다 님은 명성을 가져다줄 업을 쌓았습니다. 이제 대장장이의 아들 쭌다 님은 천상에 태어날 업을 쌓았습니다. 이제 대장장이의 아들 쭌다 님은 위세를 가질 업을 쌓았습니다.'라고.

아난다여, 이렇게 대장장이의 아들 쭌다의 자책감을 없애 주어야 한다."

4. 43. 그때 세존께서는 이런 뜻을 드러내신 뒤, 다음의 감흥어를 읊으셨다.

"베풂에 의해서 공덕은 증가하고
제어에 의해서 증오는 쌓이지 않는다.
지혜로운 자 사악함을 없애고
탐욕과 성냄과 어리석음을 버려서 열반을 얻는다."

네 번째 바나와라가 끝났다.

부처님께서는 까꿋타 강에 들어가 목욕을 하셨다. 사바세계에 오셔서 80년 부리던 육신을 대자연으로 되돌려 보내기 위하여 마지막 예식을 행하셨다. 인류가 있어 온 이래로 인간이 스스로에게 던진 가장 많은 질문은 바로 '나는 무엇인가?'일 것이다. 부처님께서도 이 질문을 여러 번 많은 사람들에게서 받았다. 이 질문에 대해서 대답하셨다.

부처님께서 설하신 초기 경전에서 간단명료하게 '나'는 다섯 가지가 모인 무더기인 오온(五蘊)이라고 하셨다. 오온은 물질인 색(色)과 정신작용인 수(受)·상(想)·행(行)·식(識)을 말한다. 중생들은 이 색수상행식의 다섯 가지 무더기인 오온을 '나'라고 여기고, 여기에 집착하기 때문에 윤회가 이루어지고 생노병사의 고가 따른다. '나'라고 하는 존재를 색수상행식으로 해체해서 보면, 이들의 변화성과 찰나성인 무상(無常)이 극명하게 드러난다. 무상하여 변형되고 변화하는 것은 괴로움[苦]이다. 우리는 변화되고 괴로운 것을 '나'라고 하거나 '나의 자아'라고 하지 않는다. 이처럼 변화를 통찰할 때, 괴로움과 무아(無我)를 꿰뚫어 알아차리게 된다. 이렇게 무상(無常)·고(苦)·무아(無我)를 철견할 때, 집착과 갈애에서 벗어나 해탈을 얻을 수 있다.

중생들이 색수상행식의 오온으로 이루어진 것을 '나'라고 알고 있는 것은 '거짓 나'요 '참나'가 아니다. 우리가 아침저녁 예불 때나 행사 때 독송하는 반야심경에서 관자재보살이 사리자에게 말씀하시기를, '깊이 반야바라밀을 행할 때, 오온이 공(空)한 것을 비추어보고, 일체의 고(苦)를 여의었느니라.'고 하였다. 오온으로 이루어진 '나'를 실다운 줄 알고 애착하여 갈애로 생사윤회를 거듭하면서 무수한 고(苦)를 받았다.

하지만 이 '거짓 나'가 아니면 무상대도(無上大道)를 깨달을 수 없다. '거짓 나'를 통해서 무량한 공덕을 쌓았고, 대해탈의 반열반에 들게 된 것이다. 이웃집에서 빌려온 연장을 되돌려 줄 때는 깨끗이 씻어서 돌려주듯 대자연으로부터 빌려온 '거짓 나'인 육신을 돌려주기 위해 까꿋타 강에 들어가 목욕을 하시어 사바세계에서 묻은 때를 깨끗이 씻어내시었다.

부처님께서는 대장장이의 아들 쭌다의 공양을 받으시고 심한 설사병을 얻으시어 더 이상 공양을 할 수 없게 되자, 대장장이 아들 쭌다가 죄책감에 괴로워하는 것을 보시고, 아난다를 불러서 대장장이 아들 쭌다가 죄책감에서 벗어나도록 위로의 방법을 일러주신다.

"모든 곳에서 두루 결실을 가져오고 모든 곳에서 두루 과보를 가져오는 두 가지 탁발 음식이 다른 탁발 음식들을 훨씬 능가하는 더 큰 결실과 더 큰 이익을 가져다준다고 나는 세존의 면전에서 직접 듣고 세존의 면전에서 직접 받아 지녔습니다.

어떤 것이 둘입니까? 그 탁발 음식을 드리고 여래께서 위없는 정등각을 깨달으신 것과 그 탁발 음식을 드시고 여래께서 무여열반의 요소[界]로 반열반을 하신 것입니다. 이런 두 가지 탁발음식은 더 큰 결실과 더 큰 이익을 가져다줍니다. 다른 탁발음식들을 훨씬 능가합니다."

'그 탁발 음식을 드시고 여래께서 위없는 정등각을 깨달으신 것'은 우루뺄라 네란자 강가에서 수잣타의 우유죽을 드시고 기운을 회복하신 것을 말한다. 부처님의 자상하신 자비심을 엿볼 수 있다. 실은 대장장이 아들 쭌다의 잘못이 아니다. 그때 당시 부드러운 돼지고기로 만든 음식은 그 지방 사람들이 즐겨 만들어 먹던 평범한 음식이다. 천신들이 부처님에 대한 지나친 공경심으로 천상 음식을 살짝 가미해서 생긴 일이다. 이런 사실을 아난다에게 말할 수 없다. 또 다른 혼란과 갈등이 생기기 때문이다.

[대반열반경]

5. 1. 그러자 세존께서는 아난다 존자를 불러서 말씀하셨다.

"오라, 아난다여, 히란냐와띠 강의 저쪽 언덕, 꾸시나가라 근처에 말라들의 살라 숲으로 가자."

"그렇게 하겠습니다. 세존이시여."라고 아난다 존자는 세존께 대답했다. 그때 세존께서는 많은 비구 승가와 함께 히란냐와띠 강의 저쪽 언덕, 꾸시나가라 근처에 있는 말라들의 살라 숲으로 가셨다. 가셔서는 아난다 존자를 불러서 말씀하셨다.

"아난다여, 그대는 한 쌍의 살라 나무 사이에 북쪽으로 머리를 둔 침상을 만들어라. 아난다여, 피곤하구나. 누워야겠다."

"그렇게 하겠습니다. 세존이시여."라고 아난다 존자는 세존께 대답한 뒤, 두 살라 나무 사이에 북쪽으로 머리를 둔 침상을 만들었다. 그러자 세존께서는 발과 발을 포개고 마음 챙기고 알아차리면서 오른쪽 옆구리로 사자처럼 누우셨다.

5. 2. 그러자 한 쌍의 살라 나무는 때 아닌 꽃들로 만개하여, 여래께 예배를 올리기 위해서 여래의 몸 위로 떨어지고 흩날리고 덮었다. 하늘나라의 전단향 가루가 허공에서 떨어져서 여래께 예배를 올리기 위해서 여래의 몸 위로 떨어지고 흩날리고 덮었다. 하늘나라의 음악이 여래께 예배를 올리기 위해서 허공에서 연주되었으며, 하늘나라의 노래가 여래께 예배를 올리기 위해서 울려 퍼졌다.

5. 10. "세존이시여, 저희들은 어떻게 여래의 존체에 대처해야 합니까?"

"아난다여, 그대들은 여래의 몸 수습하는 것에는 관심을 두지 말라. 아난다여, 그대들은 근본에 힘쓰고 근본에 몰두하여라. 근본에 방일하지 말고 근면하고 스스로 독려하며 머물러라. 아난다여, 여래에 청정한 믿음이 있는 크샤트리아 현자들과 바라문 현자들과 장자 현자들이 여래의 몸을 수습할 것이다."

5. 11. "세존이시여, 그러면 어떻게 여래의 존체에 대처해야 합니까?"

"아난다여, 전륜성왕의 유체에 대처하듯이 여래의 유체에도 대처하면 된다."

"세존이시여, 그러면 어떻게 전륜성왕의 유체에 대처합니까?"

"아난다여, 전륜성왕의 유체는 새 천으로 감싼다. 새 천으로 감싼 뒤, 새 솜으로 감싼다. 새 솜으로 감싼 뒤 [다시] 새 천으로 감싼다. 이런 방법으로 5백 번 전륜성황의 유체를 감싼 뒤, 황금으로 [만든] 기름통에 넣고 황금으로 만든 다른 통으로 덮은 뒤, 모든 향으로 장엄을 하여 전륜성왕의 유체를 화장한다. 그리고 큰 길 사거리에 전륜성왕의 탑을 조성한다. 아난다여, 전륜성왕의 유체는 이렇게 대처한다. 아난다여, 전륜성왕의 유체에 대처하듯이 여래의 유체도 대해야 한다. 그리고 큰 길 사거리에 여래의 탑을 조성해야 한다. 거기에

화환이나 향이나 향 가루를 올리거나 절을 하거나 마음으로
청정한 믿음을 가지는 자들에게는 오랜 세월 이익과 행복이
있을 것이다."

지난해, 부처님께서는 마가다국 수도 라자가하(왕사성) 독수리
봉(영취산)에 머물고 계셨다. 그때 마가다 왕 아자따삿뚜는 마가
다의 대신 왓사까라를 부처님께 보냈다. 그리고 부처님께 자신이
왓지를 공격하여 멸망시키고자 하니, 시기가 적당하며 전쟁에서
이길 수 있겠는지를 물어 부처님의 대답을 듣고 오라고 하였다.

부처님께서는 마가다의 대신 왓사까라의 물음을 받고 크게
난처했을 것이다. 웨살리를 수도로 하고 부처님의 가르침을 잘
따르는 착한 백성이 사는 왓지를 공격하여 멸망시키고자 하여
전쟁을 일으킬 시기를 알려달라고 하니, 대답하기도 어렵고 대답
하지 않기도 어려웠을 것이다. 그리하여 아난다를 통하여 그
해답을 간접적으로 전하셨다. 그러고 나서 부처님께서는 멀지
않아 이 세상은 전쟁의 소용돌이에 휩싸일 것을 생각하니, 이
사바세계의 중생들이 불쌍하게 여겨졌을 것이다. 그러고 나서
이 사바세계를 떠날 때가 왔다고 생각하셨을 것이다. 당신의
나이 80세가 다 되었다. 그러면 80년 끌고 다니던 이 육신을
어디서 벗어버릴까? 생각하시다가 전쟁 없이 덕과 지혜로 천하를
다스린 전륜성왕은 없는 걸까? 하고 혜안으로 살펴보니 먼 옛날,

마하수닷사나라는 전륜성왕이 있었다. 그 전륜성왕이 다스린 나라가 꾸사와따라요, 그 나라 수도가 꾸시나가라였다.

전륜성왕이 다스리던 나라 수도 성스러운 꾸시나가라에서 육신을 벗어버리는 영원한 열반, 반열반에 드는 것이 좋겠다고 생각하셨다. 그래서 꾸시나가라를 열반지로 마음에 결정을 하시고, 꾸시나가라를 향하여 라자가하 영취산에서 수천 리 떨어져 있는 꾸시나가라를 향하여 많은 비구 승가와 함께 긴 여행을 시작하셨다. 많은 비구 승가와 함께 해를 넘겨가며 걸어온 긴 여행 끝에 목적지 꾸시나가라에 도착하셨다. 꾸시나가라 근교에 있는 말라들의 살라 숲 한 쌍의 살라 나무 사이에 북쪽으로 머리를 둔 침상 위에 병들고 지친 몸을 발과 발을 포개고 오른쪽 옆구리로 사자처럼 누우셨다.

이제 길고 긴 여행은 끝났다. 더 이상의 여행은 없다. 길 가다가 태어나시고 평생 길에서 보내시다가 길가 살라 나무 숲 한 쌍의 살라 나무 사이에 누워서 열반에 드시게 되었다. 이때 부처님의 마음은 어떠했을까? 중생들은 헤아릴 수 없지만, 중생들이라면 80년 세월 살아온 지난날들이 머릿속에 파노라마처럼 펼쳐졌을 것이다.

부처님께서는 출가하신 후, 누구에게도 당신을 위하여 가볍고 따뜻하고 부드러운 옷을 해달라, 맛있고 영양 많은 음식을 해달라, 안락하고 편안한 잠자리를 만들어 달라고 부탁하신 적이 없다. 금욕과 고행, 끝없는 여행으로 이 육신을 힘들게 하였다. 그런데 지금 반열반에 드신 뒤, 당신의 유체를 전륜성왕의 유체를 대처하듯이 하라고 하신다.

"전륜성왕의 유체는 새 천으로 감싼다. 새 천으로 감싼 뒤, 새 솜으로 감싼다. 새 솜으로 감싼 뒤 [다시] 새 천으로 감싼다. 이런 방법으로 5백 번 전륜성왕의 유체를 감싼 뒤, 황금으로 [만든] 기름통에 넣고 황금으로 만든 다른 통으로 덮은 뒤, 모든 향으로 장엄을 하여 전륜성왕의 유체를 화장한다."

이렇게 전륜성왕의 유체를 대처하듯이 화려하게 하라고 하신 부처님의 뜻은 어디에 있을까? 우리는 여기서 어떤 교훈을 얻을 수 있을까?

[대반열반경]

5. 13. 그러자 아난다 존자는 방으로 들어가서 문틀에 기대며 '나는 유학(有學)이라서 더 닦아야 할 것이 있다. 그러나 나를 연민해 주시는 스승께서는 이제 반열반을 하실 것이다.'라고 울면서 서 있었다. 그때 세존께서는 비구들을 불러서 말씀하셨다.

"비구들이여, 지금 아난다는 어디에 있는가?"

"세존이시여, 아난다 존자는 방으로 들어가서 문틀에 기대어 '나는 아직 유학이라서 더 닦아야 할 것이 있다. 그러나 나를 연민해 주시는 스승께서는 이제 반열반을 하실 것이다.'라고 울면서 서 있습니다."

그러자 세존께서는 어떤 비구를 불러서 말씀하셨다.

"오라, 비구여, 그대는 나의 이름으로 아난다를 불러오라. '도반 아난다여, 스승께서 그대를 부르십니다.'라고."

"그렇게 하겠습니다. 세존이시여."라고 그 비구는 세존께 대답한 뒤, 아난다 존자에게 다가갔다. 가서는 아난다 존자에게 이렇게 말하였다.

"도반 아난다여, 스승께서 그대를 부르십니다."

"알겠습니다. 도반이여."라고 아난다 존자는 그 비구에게 대답한 뒤, 세존께 다가갔다. 가서는 세존께 절을 올리고 한 곁에 앉았다.

5. 14. 한 곁에 앉은 아난다 존자에게 세존께서는 이렇게 말씀하셨다.

"그만하여라, 아난다여, 슬퍼하지 말라. 탄식하지 말라. 아난다여, 참으로 내가 전에 사랑스럽고 마음에 드는 모든 것과는 헤어지게 마련이고 없어지게 마련이고 달라지게 마련이라고 그처럼 말하지 않았던가. 아난다여, 그러니 여기서 [그대가 슬퍼한들] 무슨 소용이 있겠는가? 아난다여, 태어났고, 존재했고, 형성된 것은 모두 부서지게 마련인 법이거늘 그런 것을 두고 '절대로 부서지지 말라.'고 한다면, 그것은 있을 수 없는 일이다. 그런 경우란 존재하지 않는다. 아난다여, 그대는 오랜 세월 동안 이롭고 행복하고 둘이 아니고, 한량이 없는 자애로운 몸의 업과 이롭고 행복하고 둘이 아니고, 한량이 없는 자애로운 말의 업과 이롭고 행복하고 둘이 아니고, 한량이 없는 자애로운 마음의 업으로 여래를 시봉하였다. 아난다여, 그대는 참으로 공덕을 지었다. 정진에 몰두하여라. 그대는 곧 번뇌 다한 [아라한이 될 것이다."

아난다 존자는 25년간 부처님의 시자로 있으면서 하루도 떨어져 지낸 적이 없다. 부처님께서 어디를 가나 아난다 존자는 부처님 곁에 있었다. 아난다 존자는 총명하기로 부처님 제자 중 제일이었으며, 한 번 들으면 다 외워 기억하는 신통함을 가지고 있었다.

하지만 부처님의 가르침을 듣고 기억하는 데는 뛰어났지만, 마음을 집중하여 선정을 익히는 데는 게을리하였다. 아난다 존자는 성위(聖位)에 이르는 네 단계 중 수다원과[預流果], 사다함과[一來果], 아나함과[不還果], 아라한과[無學果] 중 세 번째 단계까지는 증득하였으나, 마지막 단계인 아라한과는 증득하지 못하였다.

아라한과를 증득해야 번뇌가 다하여 통찰지를 얻고, 대해탈의 열반락을 받으며 윤회를 벗어나 다시는 어떤 몸을 받지 않는다.

부처님께서 열반하신 지 2개월 뒤, 라자가하 칠엽굴에서 제1차 결집 때 마하깟사빠가 500명의 아라한과를 증득한 장로 비구들을 초청할 때, 아난다 존자는 초청하지 않았다. 아난다 존자는 아라한과를 증득하지 못했기 때문이다. 25년간 부처님 시자로 있으면서 누구보다도 부처님 가까이에서 부처님께서 설하신 경과 율을 듣고 기억하고 있었지만, 마하깟사빠 존자는 냉정하게 아난다 존자가 결집하는 집회장에 들어오는 것을 막았다.

다섯 번째 바나와라가 끝났다.

[대반열반경]

6. 1. 그때 세존께서는 아난다 존자를 불러서 말씀하셨다.

"아난다여, 그런데 아마 그대들에게 '스승의 가르침은 이제 끝나 버렸다. 이제 스승은 계시지 않는다.'라는 이런 생각이 들지도 모른다. 아난다여, 그러나 그렇게 봐서는 안 된다. 아난다여, 내가 가고 난 후에는 내가 그대들에게 가르치고 천명한 법과 율이 그대들의 스승이 될 것이다."

6. 3. "아난다여, 승가가 원한다면, 내가 가고 난 후에는 사소한 학습계목들은 폐지해도 좋다."

부처님께서 열반하시려는 자리에서 아난다에게, '아난다여, 승가가 원한다면 내가 가고 난 후에는 사소한 학습계목들은 폐지해도 좋다.'라고 하신 말씀이 북방 대승불교가 일어나게 된 근거가 된다.

부처님께서 열반하신 지 백 년 후, 웨살리 왓지 비구들은 부처님께서 말씀하신 사소한 학습계목들은 폐지해도 좋다는 말에 근거를 삼아, 기본 계율에 어긋난 열 가지 새로운 조항을 정하여 공포를 한다.

1. 싱거운 음식을 받았을 때, 간하기 위하여 뿔에다 소금을 간직할 수 있다.
2. 정해진 공양 시간 후에 태양 그림자가 두 손가락 넓이만큼 지날 때까지는 식사할 수 있다.
3. 공양을 하고서도 만일 초대가 있으면, 마을에 가서 또 먹을 수 있다.
4. 같은 지역에 거주하는 비구들이 각각 따로 포살예식을 할 수 있다.

5. 일부 구성원들이 공식적인 일을 거행한 뒤 나중에 불참자의 동의를 구할 수 있다.
6. 스승이 행하였기 때문에 스승을 따라 그 일을 할 수 있다.
7. 공양한 후에도 버터가 되기 전의 우유를 마실 수 있다.
8. 발효되지 않은 야자 즙은 마실 수 있다.
9. 테두리가 없는 정해진 크기가 아닌, 앉는 깔개를 사용할 수 있다.
10. 금과 은을 시주받을 수 있다.

개혁적인 젊은 많은 비구들은 위의 열 가지 새로운 율을 환영했지만, 보수적인 나이 많은 장로 비구들은 부처님께서 정한 계율은 어떠한 경우라도 바꾸어서는 안 된다고 주장하였다. 이로 인하여 개혁적인 많은 비구들은 대중부, 보수적인 나이 많은 장로 비구들은 상좌부로 불리면서 극도의 분파 불교가 시작된다. 그리하여 2차 결집이 시작되었다.

그 뒤 개혁적인 많은 비구들의 집단인 대중부는 북방불교로 대승이라 하였고, 보수적인 나이 많은 장로 비구들의 집단인 상좌부는 남방불교로 소승이라 불리게 되었다.

형식에 집착한 보수적인 상좌 불교를 신봉하기 위해서는 부처님이 활동하시던 당시의 인도처럼, 기후가 사시사철 더워야 하고,

국민 대부분이 불교를 신봉해야 한다. 왜냐하면 율장에 전해진 대로 비구들이 생활을 하려면 겨울이 있는 북방 지방에서는 곤란하다. 비구들은 삼의(상, 하의 법의와 대의 가사) 단벌만 가질 수 있고, 추위를 막을 수 있는 속내의를 입을 수 없으며, 시내에 나가서 걸식을 할 때는 맨발로 다녀야 한다. 그래서 인도, 스리랑카, 미얀마, 태국 같은 남방 국가는 가능하지만, 티베트, 중국, 한국, 일본 같은 겨울이 있는 북방 국가는 불가능하다. 또 사회적 구조상 매일 공양 시 마을에 내려가 걸식을 할 수 없다.

대승(大乘)이라 함은 큰 수레라는 의미로 자기 혼자만이 불난 집을 벗어나지 않고 많은 사람을 큰 수레에 태우고 불난 집을 벗어난다는 뜻이다. 소승(小乘)은 작은 수레로서 자신 본인만 수레를 타고 불난 집을 벗어난다는 뜻으로 상좌부 남방 불교 비구들을 비하하는 말이다.

[대반열반경]

6. 4. "아난다여, 내가 가고 난 후에 찬나 비구에게는 최고의 처벌을 주어야 한다."

"세존이시여, 그러면 어떤 것이 최고의 처벌입니까?"

"아난다여, 찬나 비구가 자기가 하고 싶은 대로 말하더라도

비구들은 결코 그에게 말을 해서도 안 되고, 훈계를 해서도
안 되고, 가르쳐서도 안 된다."

6. 7. 그러고 나서 세존께서는 비구들을 불러서 말씀하셨다.
"비구들이여, 참으로 이제 그대들에게 당부하노니, 형성된
것들은 소멸하게 마련인 법이다. 방일하지 말고 [해야 할
바를 모두] 성취하라."
이것이 여래의 마지막 유훈이다.

찬나 비구는 부처님이 출가할 무렵, 왕궁에서 부처님이 타시던
말을 끌던 마부였다. 그는 부처님께서 성도 후에 까삘라왓투를
방문하였을 때 출가하였다.

찬나 비구는 부처님께서 출가 전 왕자 시절, 까삘라왓투 왕궁에
있을 때, 부처님을 모시는 마부였음을 매우 자랑스럽게 생각하여
다른 비구들에게 으스대곤 하였다. 이런 인연으로 부처님께서는
자기를 연민해 주시고 있다고 생각하여 자만심으로 제멋대로
행동하여 대중 질서를 문란케 하였다.

부처님께서 직접 찬나 비구를 부르시어 그의 잘못된 행실에
대하여 꾸짖으신다면, 어리석은 찬나 비구는 크게 오해하고 실망
하여 승원을 나가 속세로 돌아가서 평생 살아 있는 동안 부처님을

원망하는 무거운 업을 지을 것을 염려하셨다. 그리하여 아난다에게 당신이 이 세상을 떠난 뒤, 왕따를 시키는 중벌을 주도록 하셨다. 비구 승가 대중 중 아무도 자기에게 상대해 주는 사람 없고 관심을 주는 사람이 없게 되면, 스스로 자신의 행동을 뒤돌아보게 하여 뉘우치도록 하심이었다.

주석서에 의하면 찬나 비구는 이 처벌을 받고 정신이 들어서 자만심으로 멋대로 하는 성질을 꺾고 홀로 한거하며 열심히 정진하여 마침내 아라한이 되었다고 한다.

부처님의 자상하신 대자대비하심을 실감케 한다.

[대반열반경]

6.8. 그러자 세존께서는 초선에 드셨다. 초선에서 출정하신 뒤 제2선에 드셨다. 제2선에서 출정하신 뒤 제3선에 드셨다. 제3선에 출정하신 뒤 제4선에 드셨다. 제4선에서 출정하신 뒤 공무변처에 드셨다. 공무변처의 증득에서 출정하신 뒤 식무변처에 드셨다. 식무변처의 증득에서 출정하신 뒤 무소유처에 드셨다. 무소유처의 증득에서 출정하신 뒤 비상비비상처에 드셨다. 비상비비상처의 증득에서 출정하신 뒤 상수멸에 드셨다.

그러자 아난다 존자는 아누룻다 존자에게 이렇게 말하였다.

"아누룻다 존자시여, 세존께서는 반열반하셨습니다."

"도반 아난다여, 세존께서는 반열반하시지 않았습니다.
상수멸에 드신 것입니다."

6. 9. 그러자 세존께서는 상수멸의 증득에서 출정하신
뒤 비상비비상처에 드셨다. 비상비비상처의 증득에서 출정
하신 뒤 무소유처에 드셨다. 무소유처의 증득에서 출정하신
뒤 식무변처에 드셨다. 식무변처의 증득에서 출정하신 뒤
공무변처에 드셨다. 공무변처에서 출정하신 뒤 제4선에 드셨
다. 제4선에서 출정하신 뒤 제3선에 드셨다. 제3선에서 출정
하신 뒤 제2선에 드셨다. 제2선에서 출정하신 뒤 초선에
드셨다. 초선에서 출정하신 뒤 제2선에 드셨다. 제2선에서
출정하신 뒤 제3선에 드셨다. 제3선에서 출정하신 뒤 제4선에
드셨다. 제4선에서 출정하신 뒤 바로 다음에 세존께서는
반열반하셨다.

싯다르타는 알라라 선인의 지도로 초선, 제2선, 제3선, 제4선,
공무변처, 식무변처, 무소유처를 증득하였으며, 웃다까 선인의
지도로 비상비비상처를 증득하였으며, 상수멸정은 싯다르타 본
인이 스스로의 수행력으로 증득하였다.

부처님께서는 반열반에 드시기 직전에 마지막으로 증득한 수행력을 재점검하신 것이다. 처음 초선에서 시작하여 점점 위로 상수멸정까지 증득함을 점검하고, 다시 상수멸정에서 아래로 내려와서 초선까지 점검하셨다가, 다시 초선, 제2선, 제3선으로 오르다가 제4선에서 출정하신 뒤 바로 다음에 반열반에 드셨다.

혹자들은 세존께서는 제4선에서 반열반에 드셨다고 대충 말한다. 그러나 경에서는 분명히 이렇게 제4선에서 출정하신 뒤 바로 다음에 즉시 반열반하셨다고 기술하고 있다. '바로 다음'은 어떤 것일까? 주석서의 설명을 살펴보자.

"'바로 다음'이란 '선(禪)의 바로 다음'과 '반조(返照)의 바로 다음'이라는 두 가지가 있다. 첫째, 선(禪)에서 출정한 뒤에 바왕가로 들어가서, 거기서 반열반에 드는 것을 '선(禪)의 바로 다음'이라 한다. 둘째, 선(禪)에서 출정한 뒤 다시 선의 구성요소들을 반조한 뒤에 바왕가로 들어가서, 거기서 반열반에 드는 것을 '반조의 바로 다음'이라 한다.

이러한 두 가지 '바로 다음' 가운데서 부처님께서는 반조 증득하시고, 선(禪)에서 출정하신 뒤 선의 구성요소들을 반조하신 후에 무기(無記)요 괴로움의 진리[苦諦]인 바왕가의 마음으로 반열반하셨다. 부처님들이나 벽지불들이나 성제자들은 누구 할 것 없이 적어도 [아주 작은 개미와 [같은 순간을 취한 뒤, 무기요 괴로움의 진리인 바왕가의 마음으로 임종을 맞는다." [DA. ii. 594~95]

부연하자면, 우리가 거칠게 볼 때는 삼매에 드셔서 반열반(완전한 열반)하신 것 같거나, 좀 더 미세하게 관찰하면, 삼매에서 출정하신 뒤 바로 반열반하신 것 같아 보이지만, 아비담마의 정밀한 눈으로 관찰해 보면, 부처님을 위시한 모든 깨달은 분들은 이처럼 반드시 바왕가(죽음의 마음)의 마음 상태에서, 그것도 괴로움의 진리를 통해서 반열반하신다는 뜻이다. 물론 모든 유정들도 죽을 때는 반드시 바왕가(죽음의 마음)의 상태에서 죽는다.

[대반열반경]

6. 13. 그리고 꾸시나가라에 사는 말라들은 사람들에게 꾸시나가라로 향과 화환을 가져오게 하고, 모든 음악가들을 모이도록 하였다. 그러자 꾸시나가라에 사는 말라들은 향과 화환을 가져오고 모든 음악가들을 모으고 5백 필의 천을 가지고 근처에 있는 말라들의 살라 숲, 세존의 존체가 있는 곳으로 다가갔다. 가서는 춤과 노래와 음악과 화환과 향으로 세존의 존체를 존경하고 존중하고 숭배하고 예배하고 천으로 차일을 치고 둥근 천막을 만들면서 이와 같이 하여 그날을

보냈다.

그때 꾸시나가라의 말라들에게 이런 생각이 들었다. '오늘 세존의 존체를 화장하는 것은 참으로 바른 시간이 아니다. 우리는 내일 세존의 존체를 화장해야겠다.' 그러자 꾸시나가라에 사는 말라들은 춤과 노래와 음악과 화환과 향으로 세존의 존체를 존경하고 존중하고 숭상하고 예배하고 천으로 차일을 치고 둥근 천막을 만들면서 이와 같이 하여 둘째 날을 보냈고, 셋째 날을 보냈고, 넷째 날을 보냈고, 다섯째 날을 보냈고, 여섯째 날을 보냈다.

6. 14. 그리고 칠 일째에 꾸시나가라에 사는 말라들에게 이런 생각이 들었다. '우리는 춤과 노래와 음악과 화환과 향으로 세존의 존체를 존경하고 존중하고 숭상하고 예배하면서 도시의 남쪽으로 운구해서 도시의 남쪽 밖에서 세존의 존체를 화장하리라.'

그 무렵에 여덟 명의 말라들의 수장들은 머리를 깎고 새 옷으로 갈아입고, '세존의 존체를 운구하리라.' 하였지만, 들어 올릴 수가 없었다. 그러자 꾸시나가라에 사는 말라들은 아누룻다 존자에게 이렇게 말하였다.

"아누룻다 존자여, 무슨 이유 때문에 우리 여덟 명의 말라의 수장들이 머리를 깎고 새 옷으로 갈아입고 '세존의 존체를 운구하리라.' 하였지만 들어올릴 수가 없습니까?"

"와셋타들이여, 그대들이 뜻하는 바와 신들의 뜻하는 바가
다르기 때문입니다."

6. 15. "존자시여, 그러면 신들이 뜻하는 바는 무엇입니까?"

"와셋타들이여, 그대들이 뜻하는 바는 '우리는 춤과 노래
와 음악과 화환과 향으로 세존의 존체를 존경하고 존중하고
숭상하고 예배하면서 도시의 남쪽으로 운구해서 도시의 남
쪽 밖에서 세존의 존체를 화장하리라.'는 것입니다. 와세타들
이여, 그러나 신들의 뜻하는 바는 '우리는 춤과 노래와 음악과
화환과 향으로 세존의 존체를 존경하고 존중하고 숭상하고
예배하면서 도시의 북쪽으로 운구해서 다시 동쪽 문으로
나가서 도시의 동쪽에 있는 마꾸따반다나라는 말라들의 탑
묘에서 세존의 존체를 화장하리라.'라는 것입니다."

"존자시여, 그러면 신들이 뜻하는 바대로 하겠습니다."

대반열반경에서는 다른 빠알리 경전에서 보기 드문 천신들에
대한 이야기가 많이 나온다.

부처님의 거룩한 장례식 행사가 비구 승가와 말라 수장인
장자들의 인간 중심의 행사 절차가 이루어지는 것이 아니라,
천신들의 뜻에 따라 이루어지고 있다. 마치 샤머니즘 같은 무속적

방법으로 이루어지는 것이 너무 낯설다.

부처님은 인간 우리들의 스승인 동시에 천상 신들의 스승이시기도 하다.

자기 집단의 수행법 외에는 배척하고 방해하는 타화자재천 마라빠삐만(마왕 파순)을 빼고 모든 천상 신들은 부처님을 존경하고 공경하여 옹호하고 수호하며 부처님의 설법 듣는 것을 좋아한다. 우리는 그들을 보지 못하지만, 그들은 우리를 보고 우리의 마음을 다 읽을 수 있다.

다행히 아누룻다 존자는 천상신과 소통할 수 있다. 그래서 천상신과 장례를 주관하는 말라들의 수장인 장자들과 중재 역할을 한다. 아누룻다 존자는 부처님의 십대 제자 중 한 분이며, 천안이 제일 밝게 열린 분이다. 아누룻다 존자는 부처님께서 설법하실 때 졸다가 부처님으로부터 호되게 야단을 맞고, 분발하여 졸지 않기 위하여 눈을 부릅떠 감지도 않고, 밤잠도 자지도 않고 정진하다가 심한 눈병을 앓다가 시력을 잃어버린 장님이다. 하지만 마음의 눈이 열려 천안통을 얻었다.

중생은 같은 공간에서 같은 음식을 먹고 지내도 각자 자기의 업에 따라 각자 각각의 삶을 영위하며 산다. 한 방에 있어도 사람 따라 느끼는 체감 온도가 다르고, 같은 음식을 먹어도 먹는 사람 따라 느끼는 맛이 다르다. 같은 인간끼리도 서로 다르지만, 사람과 같은 공간에서 지내는 애완용 개나 고양이와는 업의 차이 때문에 아주 다른 세계에서 산다. 개나 고양이가 느끼는 시간과 인간이 느끼는 시간은 아주 다르다.

그리고 우리 몸속에는 수백 조의 바이러스, 수조의 균들이 자기들 세계인 양 살고 있다. 우린 인간도 신의 영역에서 살고 있는 하나의 기생물이다. 자연신과 허공신의 영역에서 살고 있으며, 자연을 파괴하고 허공을 오염시킨 대가로 자연신과 허공신의 노염으로 코로나라는 바이러스로 전 세계 인류가 혹독한 고통을 당하고 있다.

신과 인간과 동물과 곤충 그리고 자연이 둘이 아니다. 다만 업이 다르기 때문에 따로 따로 분리되어 있는 듯하다. 3차원에서 사는 인간은 4차원의 신의 세계, 시간과 공간이 제로점인 4차원의 신의 세계를 이해하지 못한다. 하지만 선정을 닦아 무아의 경지에 이른 아라한이나 주문을 외워 삼매를 얻는 자는 시간과 공간이 제로점인 4차원의 신의 세계를 체험할 수 있다.

각 종교의 천상체험

중세 기독교에서는 신자들에게 이런 기도문을 외우도록 하였다.

"하나님의 아들 주 예수 그리스도여, 이 죄인에게 자비를 베푸소서!" (Load Jesus Christ, Son of God, have mercy on me, a sinner)

그리스어나 라틴어로 깨어 있을 때나 잠들 때까지 쉬지 않고 기도하도록 하여 신앙체험을 하도록 하였다. 신앙심이 돈독한 어떤 신자들은 쉼 없이 열심으로 기도문을 외워 기도 삼매에 들어 무아지경인 시공간의 제로점인 4차원의 신의 세계에 들게 되었다. 신의 세계에 들어 신을 접하게 되고 신과 소통하며 신의 안내를 받아 천상세계를 다녀오는 체험을 하게 된다. 천상의 아름다움과 천상의 음악과 천상 음식을 맛볼 수 있었으며, 미래의 지구촌에 일어날 일들이 눈앞에 펼쳐짐을 볼 수 있었다.

이러한 체험을 한 신자가 한둘이 아니라, 여러 사람이 있었다. 이런 신앙체험을 한 신자들은 한결같이 자신이 친히 천지를 창조하신 여호와를 만났다고 한다. 하지만 그들이 만난 신들은 각각 다른 신들이며, 그들이 본 천상들은 각각 다른 천상세계이다. 천상계에는 많은 신들이 있고 많은 천상세계가 있다.

기독교 성서에도 여호와 같은 많은 신들이 있음을 의미하는 구절이 있다. 기독교 십계명의 첫 번째 계명이다. '나 이외에 다른 신을 두지 말라!' 이 말 속에는 여호와 당신과 같이 전지전능한 신들이 많이 있고, 자신보다 더 뛰어난 신들이 얼마든지 있다는 것을 의미한다. 기독교 광신자 중에는 길거리에서 만나는 사람마다 '주 예수를 믿으시오. 그리하여 천당에 가시오!'라고 외친다. 그러면서 다른 종교를 믿는 자는 다 지옥에 간다고 한다. 오직 기독교만 믿어야 천당에 갈 수 있다고 말을 한다.

천당은 수없이 많다. 기독교인들이 원하는 천당도 있고, 불교인들이 원하여 가는 천상계와 극락세계가 있고, 힌두교인들이 믿고 가는 천상세계가 있고, 무슬림들이 믿고 가는 천당도 있다. 그러하니 구태여 주 예수를 믿어 기독교인이 바라는 천당만 가자고 고집할 필요가 없다.

'하나님의 아들 주 예수 그리스도여, 이 죄인에게 자비를 베푸소서!'라는 기도를 통하여 무아삼매인 4차원의 신의 세계에서 천신을 만나고 천상세계를 체험한 것, 미래의 지구촌에서 일어날 일을 계시 받아 알게 된 것을 본인만 알고 입을 열어 말하지 않아야 하는데, 통찰지를 깨닫지 못한 어리석음 때문에 천기를 누설하고 만다. 그리하여 여호와 한 분 유일신을 믿는 기독교 교단에 대혼란을 일으키게 된다. 그로 인하여 그들은 마녀로 낙인찍혀 화형에 처해지고, 그런 기도법을 행하지 못하도록 하였다. 통찰지를 얻지 못하고 천상체험이나 신통을 얻게 되면 큰 화를 받게 된다.

불자들 중에도 스승의 지도 없이 혼자 멋대로 진언을 외우는 주력기도를 하는 자들이 있다. 이들도 여러 가지 신앙체험을 하게 되고 신의 힘을 빌려 갖가지 기행을 하다가 큰 재앙을 받는 경우가 있다.

우리나라 어느 사찰을 가나 대웅전에 들어가면, 부처님 계시는 상단이 있고, 좌편이나 우편에 중단이 있는데, 그곳에 화엄신장을 모시는 신중단이 있다. 이 단은 사천왕을 비롯하여 제석천왕과 대법천왕 등 일백사위 천신들이 모셔져 있다. 이 신장들은 부처님께 서원하기를, '부처님과 부처님 가르침과 부처님 법을 배우고 실천하는 승단에 귀의하여 수호하고 보호하겠습니다. 그리고 승보님께 절을 받지 않겠습니다. 다만 저희들에게 부처님 가르침을 베풀어 주십시오.'라고 하였다. 그리하여 아침저녁 예불시 대중 스님들은 신중단에 큰 절을 하지 않고 반야심경 한 편을 독송한다.

[대반열반경]

6. 19. 그 무렵에 마하깟사빠(대가섭) 존자는 500명의 많은 비구 승가와 함께 빠와로부터 꾸시나가라로 통하는 대로를 따라 가다가 길에서 나와 멀지 않은 곳에 있는 어떤 나무 아래 낮 동안의 머묾을 위해서 앉아 있었다. 그때 아지와까(나체외도)가 꾸시나가라로부터 만다라와 꽃을 가지고 빠와로

가는 대로를 따라가고 있었다. 마하깟사빠 존자는 그 아지와 까가 멀리서 오는 것을 보고서 그에게 이렇게 말했다.

"도반이여, 우리 스승에 대해서 아십니까?"

"물론이지요. 도반이여, 저는 알고 있습니다. 오늘부터 7일 전에 사문 고타마께서는 반열반하셨습니다. 거기서 나는 이 만다라와 꽃을 가지게 되었습니다."

그러자 애정을 버리지 못한 비구들은 손을 마구 흔들면서 울부짖고, 다리가 잘린 듯이 넘어지고, 이리 뒹굴고 저리 뒹굴면서, "세존께서는 너무 빨리 반열반하시는구나. 너무 빨리 선서께서는 반열반하시는구나. 너무 빨리 눈을 가진 분이 세상에서 사라지는구나!"라고 하였다.

그러나 애정을 벗어난 비구들은 마음 챙기고 알아차리면서 "형성된 것들은 무상하다. 그러나 여기서 [슬퍼하는 것이] 무슨 소용이 있겠는가?"라고 하였다.

6. 20. 그때 수밧다라는 늦깎이가 그 회중에 앉아 있었다. 늦깎이 수밧다는 비구들에게 이렇게 말했다.

"도반들이여, 이제 그만하십시오. 슬퍼하지 마십시오. 탄식하지 마십시오. 도반들이여, 우리는 이제 그러한 대사문으로부터 속 시원하게 해방되었습니다. 우리는 '이것은 그대들에게 적당하다. 이것은 그대들에게 적당하지 않다.'라고 늘 간섭받았습니다. 그러나 이제 우리들은 무엇이든 원하는 것은 할 수 있고, 무엇이든 원하지 않는 것은 하지 않을 수 있게 되었습니다."

그러자 마하깟사빠 존자는 비구들을 불러서 말하였다.

"도반들이여, 이제 그만하십시오. 슬퍼하지 마십시오. 탄식하지 마십시오. 도반들이여, 참으로 세존께서는 전에 사랑스럽고 마음에 드는 모든 것과는 헤어지게 마련이고, 없어지게 마련이고, 달라지게 마련이라고 그처럼 말씀하시지 않으셨습니까? 도반들이여, 그러니 여기서 [그대들이 슬퍼하는 것이] 무슨 소용이 있겠습니까? 도반들이여, 태어났고 존재했고 형성된 것은 모두 부서지게 마련인 법이거늘 그런 것을 두고 '절대로 부서지지 말라.'고 한다면, 그것은 있을 수 없는 일입니다."

6. 21. 그때 네 명의 말라의 수장들이 머리를 깎고 새 옷으로 갈아입고, '우리는 세존의 화장용 장작더미에 불을 붙이리라!'라고 하였지만, 불을 붙일 수가 없었다. 그러자 꾸시나가라에 사는 말라들은 아누룻다 존자에게 이렇게 말하였다.

"아누룻다 존자여, 무슨 이유 때문에 우리 네 명의 말라들의 수장들이 머리를 깎고 새 옷으로 갈아입고, '우리는 세존의 화장용 장작더미에 불을 붙이리라.'라고 하였지만, 불을 붙일 수가 없습니까?"

"와세타들이여, 그대들의 뜻하는 바와 신들이 뜻하는 바가 다르기 때문입니다."

"존자시여, 그러면 신들이 뜻하는 바는 무엇입니까?"

"와세타들이여, 그대들이 뜻하는 바는 '우리는 세존의 화장용 장작더미에 불을 붙이리라.'는 것입니다. 와세타들이여, 그러나 신들이 뜻하는 바는 '그분 마하깟사빠 존자가 500명의 많은 비구 승가와 함께 빠와로부터 꾸시나가라로 통하는 대로를 따라 오고 있다. 마하깟사빠 존자가 세존의 발에 머리로 절을 하기 전에는 세존의 화장용 장작더미가 타지 말기를!'이라는 것입니다."

"존자시여, 그러면 신들이 뜻하는 바대로 하겠습니다."

6. 22. 그때 마하깟사빠 존자가 꾸사나가라의 마꾸따반다 나라는 말라들의 탑묘에 있는 세존의 화장용 장작더미로 왔다. 와서는 한쪽 어깨가 드러나게 옷을 입고 합장하고 화장용 장작더미를 오른쪽으로 세 번 돌아 [경의를 표한] 뒤, 발쪽을 열고 세존의 발에 머리로 절을 올렸다. 함께 온 500명의 비구들도 한쪽 어깨가 드러나게 옷을 입고 합장하고 화장용 장작더미를 오른쪽으로 [세 번] 돌아 [경의를 표한]

뒤, 발쪽을 열고 세존의 발에 머리로 절을 올렸다. 마하깟사빠 존자와 500명의 비구들이 절을 하자, 세존의 화장용 장작불은 저절로 타올랐다.

마하깟사빠 존자는 부처님께서 꾸시나가라에 오셔서 반열반에 드실 것을 알고, 미리 꾸시나가라에서 멀지 않은 빠와 어느 한 지방에서 많은 비구 승가와 함께 교화 활동을 펼치고 있었다.

마하깟사빠 존자가 세존의 유체가 모셔진 장작더미를 세 번 돌자, 부처님의 두 발이 5백 겹으로 쌓인 천과 황금통과 장작더미가 둘로 열어 재껴지고 나타났다.

이를 두고 북방불교 대승권에서는 '부처님께서 마하깟사빠 존자에게 보이신 마지막 전심(傳心)이다.'라고 한다. 대승경전에서 부처님의 법신(法身)은 불생불멸 영원하다고 하였다.

남방 상좌 불교권에서는 주석서에 마하깟사빠 존자의 신통으로 이루어진 것이라고 했다. 부처님께서는 완전한 열반에 드셨기에 시방세계 어디에서도 부처님의 존재가 사라졌기 때문이다. 대승권에서의 말처럼, 부처님께서 마하깟사빠에게 곽 밖으로 두 발을 보이셨다면 부처님의 뜻은 무엇인가? 남방 상좌불교 주석서에서 말한 것처럼, 마하깟사빠가 신통으로 스승의 성스러운 곽을 열어 재꼈다면, 이것은 고금에 없는 예법이다. 마하깟사빠는 무엇이 의심이 생겨서 곽을 열어 재꼈다는 것일까?

이런 오묘한 뜻은 중생들의 사량분별심으로는 헤아릴 수 없는 격 밖의 소식이다. 이런 것을 선가에서는 교(敎) 밖에 따로 전한 소식이라고 하여 교외별전(敎外別傳)이라고 한다. 이와 같은 교외별전을 보이신 것은 앞서 두 번 있었다. 다자탑전분반좌(多子塔前分半座)와 염화미소(拈花微笑)가 있다.

부처님께서 마하깟사빠 존자에게 전한 첫 번째 교외별전은 다자탑전분반좌이다. 부처님께서 웨살리에 계실 때의 일이다.

어느 날, 부처님께서는 아난다에게 웨살리를 의지하여 수행하는 비구들에게 가서 특별한 설법이 있으니 다자탑묘로 모두 모이라고 전하라 하셨다. 그리하여 아난다 존자는 부처님 말씀을 비구들에게 전하였다.

다자탑묘는 웨살리에 살았던 바후뿟따 장자의 유골을 모신 탑묘다. 바후뿟따 장자는 여러 명의 아내와 그에게서 태어난 많은 자녀를 거느린 재산이 많은 대부호였다. 그가 나이가 많아지고 자식들이 크자, 자식들 간에 아버지의 재산을 서로 더 많이 상속받고자 다툼이 자주 일어났다.

그로 인하여 장자는 마음이 상하여 집 밖 숲속 한가한 어느 나무 그늘 밑에 앉아서 속상한 마음을 달래곤 하였다. 어느 날 그날도 마음이 상하여 집 밖 숲속 나무 그늘 밑에 앉아 있는데,

한 젊은 목수가 집을 짓기 위해 숲속에 들어가 재목감 나무를
베어 가지를 다듬지 않고 끙끙거리며 가지고 가는 것을 보았다.
그 후 며칠 뒤, 다른 젊은 목수가 숲속에서 재목감 나무를 베어
나뭇가지를 다듬어 재목만 챙기어 가볍게 가지고 가는 것을 보았다.

그것을 본 장자는 문득 좋은 생각이 들어 집으로 돌아와 자식들
을 불러 모아 놓고 모든 재산을 자식들에게 골고루 나누어주고
가벼운 마음으로 매일 집 밖 숲속 나무 그늘 밑에 앉아 명상수행을
하였다. 장자가 죽자 그 자식들이 아버지 유체를 화장하여 그
유골을 아버지가 늘 앉아 명상수행을 하던 곳에 탑을 세워 유골을
모셨다. 그래서 바후뿟따 탑묘 또는 다자탑묘라고 한다.

그 탑묘는 공간이 넓지 않아서 많은 비구 승가가 모여 앉기가
비좁았다. 마하깟사빠가 뒤늦게 도착했는데, 자리가 꽉 차 빈틈이
없었다. 아무도 자리를 양보해 주는 자가 없었다. 늙고 피골이
상접하게 깡마르고 누더기 가사를 입은 마하깟사빠는 어찌할지
몰라 서성거리고 있었다.

이런 광경을 탑묘 앞 제단석 위에 앉아서 보고 계시던 부처님께
서 마하깟사빠를 불렀다.

"깟사빠여, 이리 오시오. 그리고 여기에 앉으시오."

부처님께서는 자리를 옆으로 비켜 앉으시면서 마하깟사빠 존자
가 앉을 자리에 부처님께서 수하고 계시는 가사자락을 펼쳐 깔아

주셨다. 그러자 마하깟사빠 존자는 조금도 망설임 없이 부처님께서 깔아주신 가사 위에 앉았다. 이러하신 부처님과 마하깟사빠의 모습에 비구 대중들은 놀라고 의아해하며 숨을 죽이고 그저 멍하니 바라만 보고 앉아 있었다. 그때 아난다 존자가 부처님께 말씀드렸다.

"세존이시여, 웨살리를 의지해 수행하는 비구들이 다 모였습니다. 이제 세존께서는 법을 설하실 때가 되었습니다."라고 거듭 세 번 법을 청하였다. 하지만 부처님께서는 아무 말씀 없이 묵묵히 앉아 계셨다. 대중들은 부처님께서 어떤 법을 설하실까 큰 기대를 품고 숨을 죽이며 기다렸다.

얼마 동안을 기다려도 부처님께서는 아무 말씀이 없으셨다. 그러시다가 부처님과 마하깟사빠 존자는 동시에 자리에서 일어나 오늘 설법이 끝났음을 무언으로 대중에게 알리고 떠나셨다. 그러면 부처님께서는 비구 대중들에게 무엇을 보여주셨으며, 무엇을 깨우쳐 주셨을까?

두 번째 보이신 교외별전은 라자가하의 독수리봉 영산회상에서의 일이다.

부처님께서는 영취산 영산회상에서 어느 날 평상시와 다름없이 많은 비구 승가를 거느리고 사자좌에 올라 설법하셨다. 대중들은 모두 단정히 앉아 몸과 마음을 모아 공손히 부처님의 설법을 기다리고 있었다. 부처님께서 아무 말 없이 앉아 계시니 범천에서 금바라라는 아름다운 꽃을 바쳤다. 부처님께서는 그중 아름다운 꽃 한 송이를 들어 올리시어 대중에게 보이셨다.

회상은 숙연해져서 태고의 정적 같은 고요가 감돌았다. 부처님께서는 엄숙히 한 말씀도 없이 다만 금바라 하늘꽃만 들어 보이셨다. 대중들은 모두 무슨 뜻인지 알지 못하여 어리둥절한 채 그저 묵묵히 바라만 보고 있을 뿐이었다. 바로 그때 대중 가운데 앉아 있던 마하깟사빠가 빙그레 미소를 지었다. 이때 부처님께서는 마하깟사빠의 미소를 보시고 대중들에게 말씀하셨다.

"나에게 있는 정법안장(正法眼藏)을 마하깟사빠에게 부촉(付囑)하노라."

부처님께서는 마하깟사빠만이 꽃을 들어 보인 소식을 알고 미소로 답하였다. 부처님께서 깨달으신 진리를 마하깟사빠도 깨달았음을 증명하는 선언식이었다. 이 한 말씀은 마하깟사빠를 당신의 뒤를 이을 후계자로 인정하신 것이며, 열반 후에 대중을 이끄는 데 크나큰 힘을 실어주신 것이다.

마하깟사빠 존자는 부처님의 무엇을 보고 미소를 지었을까? 부처님의 가르침이 오묘해서 미소를 지었을까? 아니면 부처님의 가르침이 너무 쉽고 평범해서 미소를 지었을까?

세 번째 교외별전은 꾸시나가라 마꾸따반다라는 말라들의 탑묘에서 세존의 화장용 장작더미가 둘로 갈라지면서 두 발이 보임이다.

이 삼처전심(三處傳心)은 선객들이 타파해야 할 선문의 제일 관문이다. 선(禪)은 부처님의 마음이요, 교(敎)는 부처님의 말씀이요, 율(律)은 부처님의 행실이다. 부처님의 마음을 알아야 부처님 말씀의 뜻을 알고 부처님의 행실의 의미를 알 수 있다.

[대반열반경]

6. 27. 그러자 마가다의 왕 아자따삿뚜 웨데히뿟따는 라자가하에 세존의 사리들로 큰 탑을 만들었다. 웨살리에 사는 릿차위들도 웨살리에 세존의 사리들로 큰 탑을 만들었다. 까삘라왓투의 사꺄들도 까삘라왓투에 세존의 사리들로 큰 탑을 만들었다. 알라깝빠에 사는 불리들도 알라깝빠에 세존의 사리들로 큰 탑을 만들었다. 라마가마에 사는 꼴리야들도 라마가마에 세존의 사리들로 큰 탑을 만들었다. 웨타디빠에 사는 바라문도 웨타디빠에 세존의 사리들로 큰 탑을 만들었다. 빠와에 사는 말라들도 빠와에 세존의 사리들로 큰 탑을 만들었다. 삡팔리 숲에 사는 모리아들도 삡팔리 숲에 숯으로 큰 탑을 만들었다. 이와 같이 여덟 군데에 사리탑이, 아홉

번째로 [사리함]의 탑이, 열 번째로 숯을 담은 탑이 옛적에 건립되었다.

6. 28. "눈을 가지신 분의 사리는 여덟 부분으로 [분배하여] 일곱 부분은 인도 대륙에서 모시고 있다.

최상의 인간의 한 부분은
라마가마에서 나가 왕이 모시고 있고,
치아 하나는 삼십삼천이 예배하고
하나는 간다라의 도시에서 모시고 있다.
깔링가 왕이 다시 하나를 얻었으며
하나는 다시 나가 왕이 모시고 있다.
그분의 광명으로 이 영광을 가진 [땅]은 장엄되고
최상의 제사를 받을 만한 자들에 의해서
대지는 장엄되었다.
이와 같이 눈을 가진 분의 사리는
존경할 만한 분들에 의해서 존경되었다.
신의 왕과 나가의 왕과 인간의 왕의
예배를 받는 그분은
이처럼 인간의 왕들로부터 예배 받았다.
손을 높이 합장하여 그분께 절을 올려라.

부처님은 백 겁 동안 만나기 어려우리라."

대반열반경이 끝났다.

사리탑

여덟 군데에 사리탑이, 아홉 번째로 [사리함의] 탑이, 열 번째로
숯을 담은 탑이 부처님께서 교화하시던 인연지에 만들어졌다.
그러나 아쉽게도 부처님께서 많이 머무시면서 비구 승가와 재가불
자들에게 가르침을 베푸시던 기원정사가 있는 꼬살라국 사왓티에
는 부처님 사리탑이 만들어지지 못했다. 부처님께서 태어나신
까삘라국을 멸망시킨 꼬살라국 당시 왕 유리 왕은 부처님 사리탑
을 만들지 않았다.

꾸시나가라에 사는 말라들에 의하여 부처님 장례식과 다비가
원만히 이루어졌고, 사리분배도 골고루 잘 이루어졌다. 하지만
상수 제자인 마하깟사빠 존자에게는 해야 할 큰 일이 남아 있다.
담마가 힘을 잃고 담마 아닌 것이 득세하기 전에, 계율이 힘을
잃고 계율 아닌 것이 득세하기 전에, 담마를 함께 외우고 계율을
함께 외우는 결집불사가 남아 있었다.

1차 결집, 500명의 합송

[율장 풀라왁가 II편]

마하깟사빠 존자는 비구들에게 이렇게 말하였다.

"존자들이여, 어느 때 나는 적어도 500명의 많은 무리의 비구들과 함께 빠와에서 꾸시나가라로 가는 큰길을 따라가고 있었소. 그때 나는 길을 비켜서 어떤 나무 아래 앉았소. 그때 꾸시나가라에서 오는 어떤 나체 고행자가 만다라와 꽃을 들고 빠와로 가고 있었소. 나는 그를 보고 이렇게 물었소.

'그대는 우리 스승님을 아십니까?'

'네, 압니다. 고타마 사문은 일주일 전에 열반하셨습니다. 그래서 이 만다라와 꽃을 그곳에서 가지고 오는 길입니다.'

존자들이여, 이 소리를 듣고 욕망을 초월하지 못한 어떤 비구들은 땅에 쓰러져 팔을 내저으며 이리저리 뒹굴고 통곡하면서, '너무 빨리 세존께서는 열반하셨다. 너무 빨리 선서께서는 열반하셨다. 너무 빨리 세상의 지혜의 눈이 사라졌구나.'라고 비통해하였소. 그러나 욕망을 초월한 비구들은 신중하고 깨어 있는 마음으로 슬픔을 안으로 새기면서, '모든 형성된 것들은 무상하다. 그런데 어떻게 무상한 것을 영원하기를 바라겠는가!'라고 말하였소.

나는 비구들에게 말하였소. '존자들이여, 이제 그만들 슬퍼하시오. 그만들 한탄하시오. 부처님께서 이미 말씀하시지 않았습니까. 우리가 사랑하고 좋아하는 모든 것은 거기에는 변화가 있고 이별이 있다고, 모든 태어난 것들은, 모든 존재하는 것들은, 모든 형성된 것들은 무너지게 마련입니다. 그런데 무너지지 말라고 하는 것은 있을 수 없는 일입니다.'

그런데 그때 나이 많아서 출가한 늦깎이 수밧다라는 비구가 앉아 있다가 하는 말이, '그만하면 됐습니다. 그만들 슬퍼하시오 우리는 이 위대한 사문으로부터 벗어났소 스승께서 이것은 그대들에게 적합하고, 이것은 그대들에게 적합하지 않다고 하시며 우리를 억압했습니다. 그렇지만 지금은 우리가 하고 싶은 것은 무엇이나 해도 되고, 하기 싫은 것은 하지 않아도 될 것입니다.'라고 말하였소.

존자들이여, 담마가 힘을 잃고 담마 아닌 것이 득세하기 전에, 계율이 힘을 잃고 계율 아닌 것이 득세하기 전에, 담마를 말하는 사람은 약해지고 담마 아닌 것을 말하는 사람은 강해지기 전에, 계율을 말하는 사람은 약해지고 계율 아닌 것을 말하는 사람은 강해지기 전에, 담마를 외웁시다. 계율을 외웁시다.

그래서 마하깟사빠 존자는 500명의 아라한을 선택하였다. 장로 비구들은 이런 생각들을 하였다. '그러면 어디서 담마와 계율을 합송하면 좋을까?' 라자가하는 탁발하기에 훌륭한 곳이고, 거기에는 거처도 많다. 그러니 우리들은 라자가하에서 우기를 보내면서 담마와 계율을 합송해야겠다."

그래서 여름 안거 동안 라자가하에서 경과 율을 합송하기로 결정하였다. 선별된 500명의 장로 비구들은 라자가하로 모여들었다. 그리고 이렇게 생각하였다. '부서지고 무너진 부분을 수리하는 것을 부처님은 칭찬하셨습니다. 첫째 달은 부서지고 무너진 승원들을 수리하도록 합시다. 그리고 중간 달에는 모두 함께 모여 경과 율을 합송합시다.'

그래서 장로들은 라자가하로 모여 한 달 동안 부서지고 무너진 승원을 수리하였다. 모임이 시작되었다. 마하깟사빠 존자는 대중들에게 말하였다.

"존자들이여, 내 말을 들으십시오. 대중이 옳다고 생각하시면 나는 우빨리 존자에게 계율에 대하여 질문하겠습니다."

그 다음 우빨리 존자가 대중들에게 말하였다.

"존자들이여, 대중이 옳다고 생각하시면 나는 깟사빠 존자의 계율에 대한 질문에 대답하겠습니다."

마하깟사빠 존자는 우빨리 존자에게 질문을 하였다.

"우빨리 존자여, 어디에서 첫 번째 빠라지까(바라이 죄, 승단에서 추방되는 무거운 죄)가 정해졌습니까?"

"웨살리에서입니다. 존자여."

"누구에 대해서입니까?"

"수딘나 깔란다뿟따에 대해서입니다."

"무슨 문제에 관한 것입니까?"

"성행위에 관한 것입니다."

그리고 이어서 [이와 관련하여 더 자세하게] 깟사빠 존자는 우빨리 존자에게 질문을 하기를, 이 첫 번째 빠라지까의 내용은 무엇이었는지, 어떻게 이 일이 일어났는지, [연루된] 개개인은 누구인지, 무슨 계율이 정해졌는지, 추가로 더 정해진 것은 무엇인지, 위반은 무엇이고 위반 아닌 것은 무엇인지에 대하여 질문하였다.

이와 같이 계속하여 두 번째 빠라지까, 세 번째 빠라지까, ○○○ 등등 하나하나 묻고 대답함으로써 모든 상황을 명확히 하였다. [매번 째 계율이 마무리될 때마다 500명의 대중이 함께 이것을 합송하여 확고히 한 후, 다음으로 넘어갔다.]

마하깟사빠 존자와 500명의 아라한을 증득한 장로 비구들은 라자가하에 도착하여 우기의 첫 번째 달 동안은 아자따삿두 왕의 도움으로 라자가하에 있는 모든 승원들을 보수하였다. 왕은 신속하게 장엄하고 멋진 집회당을 삿따빤니 동굴(칠엽굴)의 입구 옆의 웨바라 바위의 옆에 세웠다. 마치 신들의 집회당같이 다양한 장식으로 꾸며졌고, 장로의 숫자대로 값진 깔개가 준비되었다. 북쪽을 향한 남쪽에는 의장 장로를 위한 높고 거룩한 의자가 준비되었고, 집회당의 가운데에는 연사를 위한 높은 자리가 준비되었고, 동쪽을 향한 서쪽에는 거룩한 부처님의 의자가 준비되었다.

　우기의 두 번째 달, 두 번째 날에 장로 비구들은 장엄한 집회당에 함께 모였다. 장로 비구들은 계율의 암송을 위하여 우빨리 존자를 지목하였다. 마하깟사빠 존자는 장로의 의자에 앉아서 계율에 대하여 질문하고, 우빨리 존자는 연사의 의자에 앉아서 질문에 자세하게 대답하였다. 우빨리 존자의 설명이 끝날 때마다 이어서 그를 따라서 모든 장로들이 반복하여 합송하였다.

　마하깟사빠 존자는 아라한과를 증득한 500명의 장로 비구들을 선택하였다. 아라한과를 증득하지 못한 아난다 존자는 선택받지 못하였다. 아난다 존자가 부처님을 25년 간 시자로 있으면서 하루도 떨어져 지낸 적 없고, 잠시도 부처님 곁을 벗어난 적이 없다. 그리고 총명하여 한 번 들으면 잊지 않고 기억하는 능력을 가지고 있어서 누구보다도 부처님께서 설하신 경과 율을 합송하는 결집불사에 꼭 필요한 사람이다.

　하지만 마하깟사빠 존자는 아난다 존자가 집회당 문 안으로 들어오는 것을 허락하지 않았다. 마하깟사빠 존자는 매일 집회를 열 때, 집회당 문 입구에 서서 일일이 선택해 초대한 장로 비구인지 아닌지 점검하여 들여보냈다. 혹시라도 아라한과를 증득하지 못한, 초대하지 않은 자가 몰래 끼어 들어올까 봐서였다. 아라한과를 증득해야 중생 번뇌가 다하여 통찰지를 얻어 밝은 지혜로 부처님의 가르침인지, 부처님의 가르침이 아닌지를 분별할 수 있기 때문이다.

아라한과를 증득하지 못한 자가 집회장에 들어와 합송하는 데 참여하여 담마 아닌 것을 담마라고 하고, 율 아닌 것을 율이라 하여 부처님의 가르침을 왜곡시킬까 봐 철저히 점검하였다. 아난다가 어느 누구보다도 부처님의 가르침인 경과 율을 알고 기억하고 있음을 알지만, 마하깟사빠 존자가 아난다 존자를 참여시키지 않은 것은 아라한과를 증득하지 못해 통찰지를 갖추지 못한 범부심으로 사량하기 때문이다.

만약 아난다 존자에게 경과 율을 암송하라고 한다면, 부처님의 깨달으신 진리의 말씀이 아난다의 범부심에 의하여 왜곡되기 때문이다. 왜곡된 경과 율이 500명의 장로 비구에 의해 합송된다면, 돌이킬 수 없는 오점을 남기게 된다. 이런 것을 알고 있는 마하깟사빠 존자는 아난다에게 냉정하게 대할 수밖에 없다. 오히려 냉대하고 배척하여 분발심을 일으켜 아라한과를 깨달아 증득해야만 한다는 간절한 마음을 일으키도록 하였다.

율과 경을 결집하여 합송하는 데 7개월이 걸렸다. 우빨리 존자보다도 아난다 존자가 율에 대해서도 더 많이 알고 기억하지만, 차선책으로 우빨리 존자를 선택한 것은 우빨리 존자는 선정을 열심히 익혀 아라한과를 증득하였기 때문이다. 아난다 존자는 우빨리 존자가 연사가 되어 율을 암송한 지가 3개월이 되어 가는데, 하루도 빠지지 않고 집회당에 나타나서 혹시나 자기를 합송에 참여시켜 주지나 않을까 기대했지만, 마하깟사빠 존자는 집회당 가까이 오는 것마저 호되게 야단쳐서 내쫓았다.

아난다는 분하기 짝이 없었다. '누구보다도 내가 율과 경을 많이 알고 있는데, 나를 이렇게 냉대하다니, 부처님 생존해 계신다면, 이렇게 나를 대할까!' 항상 연민해 주시던 부처님이 그리웠다. 부처님께서는 아난다가 당신이 살아생전에는 당신을 믿고 의지해 선정수행을 게을리 함을 아시고, 부처님께서 열반한 뒤에야 아난다가 비로소 뉘우칠 것을 아셨고, 아난다 존자를 제도할 스승은 마하깟사빠라고 생각하셨다.

마하깟사빠 역시 부처님께서 아난다를 제도해야 하는 숙제를 주신 것을 알았다. 그래서 더욱 냉정하게 아난다 존자를 다루었다. 아난다 존자는 식(識)이 맑아 너무 영특하여 마음 집중력이 약하다. 욕계 6천의 천신들도 복이 많고 식이 맑아 선정을 닦지 못한다. 욕계에서는 인간의 몸을 받았을 때, 선정을 닦아 도를 성취할 수 있다.

마하깟사빠 존자는 아난다 존자가 식이 너무 맑아 찰나집중인 위빠사나의 알아차림 수행으로는 마음집중이 어렵다고 생각했다. 근본집중인 사마타 수행법이어야 강한 집중력이 생겨서, 그 강한 집중력은 제8아뢰야식의 근본무명을 타파할 수 있다고 생각했다.

그리하여 마하깟사빠 존자는 아난다가 사마타 수행을 할 수 있는 대신심과 대분발심과 대의정이 돈발하는 계기가 오기만을 기다렸다. 큰 신심과 큰 분발심은 이미 갖추고 있다. 큰 의심이 일어나는 계기가 필요했다.

율을 합송한 지가 3개월이 다 되어 율의 합송이 끝나갈 무렵, 이 날도 아난다 존자는 집회당 입구에서 서성거리다가 마하깟사빠 존자로부터 호되게 야단맞고 돌아서려는 순간, 마하깟사빠 존자에 대하여 한 생각 의심이 생겼다. 그래서 마하깟사빠 존자에게 물었다.

"존자이시여, 부처님께 금란가사 외에 따로 받은 바가 무엇입니까?"

그러자 마하깟사빠 존자는 이렇게 말하였다. "아난다여, 문밖의 찰간대를 꺾어 버려라."

찰간대는 승원 앞에 세워진 높다란 나무기둥을 말한다. 부처님께서 승원에 계실 때는 승원 앞 찰간대에 기를 올렸고, 안 계실 때는 기를 내렸다.

이 말을 듣는 순간, 아난다 존자의 가슴에 큰 의심이 솟구쳤다. '부처님께 금란가사 외에 따로 받은 바가 무엇입니까?'라고 물었는데, '문 앞의 찰간대를 꺾어 버려라'라고 하다니, 이 무슨 뜻인고?

알 수 없는 의심이, 의심을 하면 할수록 커져 의정삼매에 들어 일주일이 지났다. 일주일 동안 무심삼매에 있다가 깨어나는 순간 6진의 어느 경계에 부딪혀 확철대오하였다.

깨닫는 순간은 수십 볼트의 전류에 감전되는 듯 깨달음의 전율이 온몸을 감싼다. 그 환희심은 말로 표현할 수 없다. 아난다 존자는 이렇게 깨닫고 집회장으로 달려가서 굳게 닫혀 있는 문 앞에서 "아난다가 깨달았습니다!"라고 큰 소리를 치자, 마하깟사빠 존자는 이때를 기다렸다는 듯이 "그대가 깨달았으면 신통으로 문 안으로 들어오라"라고 하였다. 그때 마침 율의 합송은 끝나고 다음 차례인 경을 합송해야 하는 참이었으나, 경을 암송할 연사를 정하지 못하고 기다리는 순간이었다. 그리하여 연사의 의자가 비어 있었다.

아난다 존자가 연사의 의자 위에 나타나자, 아난다 존자의 몸에서는 부처님처럼 오색 후광이 나타났다. 500명의 장로 비구들은 부처님께서 몸을 나투신 것이 아닌가 의심하였다. 그때 마하깟사빠 존자는 아난다 존자가 크게 깨달아 아라한과를 증득했음을 알고 대중에게 이렇게 말하였다.

"존자들이여, 내 말을 들으십시오 만일 대중이 옳다고 생각하시면, 나는 아난다 존자에게 담마에 대하여 질문하겠습니다."

아난다 존자는 대중들에게 말하였다.

"존자들이여, 내 말을 들으십시오 만일 대중이 옳다고 생각하시면, 나는 깟사빠 존자의 담마에 대한 질문에 답하겠습니다."

마하깟사빠 존자는 아난다 존자에게 질문하였다.

"아난다 존자여, 어디에서 브라흐마잘라(디가니까야의 제일 첫 번째 경의 이름)를 말씀하셨습니까?"

"라자가하와 날란다 사이에 있는 암발랏티까의 왕실 휴게소에서였습니다."

"누구와 함께 계셨습니까?"

"방랑 수행자인 숩삐야와 바라문 청년 브라흐마닷따와 함께 계셨습니다."

이렇게 하여 경이 합송되기 시작하였다. 마하깟사빠 존자가 주관하여 1차 결집, 500합송이 일곱 달에 걸쳐 완성되었다. 500명의 아라한 장로 비구들은 부처님의 가르침인 경과 율이 세대에서 세대로 끊어짐이 없이 전해져서 그 맥이 이어지도록 전승할 제자들을 길러야 할 막중한 의무를 짊어지고 각자 갈 곳으로 돌아갔다.

이번 '부처님의 마지막 발자취 대반열반경'을 읽고, 다른 어느 경전에서도 볼 수 없는 중요한 교리를 비롯하여, 마음을 흔드는 감명 깊은 가르침과 상상을 초월하는 위대한 영적 힘을 지닌 부처님의 삶과 수행을 만날 수 있었다. 부처님의 진솔한 모습, 중생에 대한 한없는 자비와 연민 등 부처님의 일거수일투족을 선명하게 떠올릴 수 있었다.

대반열반경을 읽으면서 나는 그 간단하고 순수하고 소박하고 들어서 즉시 이해가 되고 감동을 주는 가르침을 다시금 새기게 되었다. 더욱이 부처님의 인간적인 면모, 인격, 성품, 수행, 인간관계, 사유방향, 바른 견해 등, 정말 만나기 어려운 성자의 모습을 만날 수 있었다. 하지만 너무 간단하고 순수하고 소박하기 때문에 그 속에 숨은 깊은 뜻을 놓치기 쉬운 부분이 있었다. 이런 점을 드러내어 쉽게 이해가 되게 하고 싶었다. 이런 깊은 감동을 주는 경전을 읽고 쉽게 이해하여 많은 사람들이 마음에 평화와 행복을 얻기를 발원하였다.

부처님께서는 인간의 몸을 받아 80년 사바세계에서의 삶을 아주 아름답게 마무리하셨다. 이렇게 부처님같이 빈틈없이 깔끔하게 마무리를 짓는 분이 또 나올 수 있을까.

3

참회, 그리고 마무리 준비

지난해 여름에 입고 빨아서 풀하여 잘 손질해 둔 그 승복을 꺼내어 보았다. 손질은 되어 있었지만 다림질이 되어 있지 않아 곱게 다림질을 해놓았다.

장삼은 세탁하여 말려서 곱게 다림질을 했다. 가사는 법주사 종회의원이 가사불사를 회향하여 보시했다. 완벽한 수의를 갖추게 되었다. 보자기에 곱게 싸서 여름 장마철에 곰팡이 냄새가 배지 않도록 비닐 팩에 넣어 벽장에 두었다. 이렇게 모든 것을 다 준비해 놓고 나니 마음이 한층 편안해진다.

더불어 함께 가는 길

대반열반경 읽는 재미에 푹 빠져 경자년의 여름 안거가 언제 끝났는지 모르는 사이에 지나갔다. 병에 대하여 신경을 쓰지 않고, 약을 먹거나 어떤 조치도 취하지 않았다. 하지만 별로 나빠지는 것 같지 않다. 선원에서 안거를 마치고 인사차 온 사제는 내 얼굴이 전번보다 맑아져 더 건강해 보인다고 한다. 나 역시 체중은 늘지 않았지만, 기운은 그런대로 견딜 만하다.

얼마전에 가까이 있는 스님과 시조창 하는 거사님과 함께 하동 섬진강가에 있는 재첩국집에서 점심을 먹은 적이 있다. 재첩국이 내 입에 맞았다. 거사님께서는 그 가계에서 냉동 포장된 재첩국 몇 봉지를 사서 주었다.

절에 돌아와 녹여서 먹어보니 비린내도 없고 깔끔하며 속이 편했다. 그 냉동 포장된 포장지를 보니 전화번호가 적혀 있고 온라인 택배가 된다고 하였다. 그리하여 전화를 걸어서 주문하여 몇 달째 먹었다. 그리고 TV에서뿐만 아니라 주변에서 계란을 하루에 두세 개씩 먹어주면 건강에 좋다고 하여 계란을 먹기 시작했다. 생계란을 컵에 깨뜨려 넣고 죽염과 꿀 반 숟갈을 넣고 뜨거운 물을 붓고 저어서 먹는다.

이 재첩국과 계란이 내 몸에 도움이 되었나 보다. 목에서 피가 넘어올 때는 마음이 조급해지며 금방 모든 것이 끝장이 날 것 같았는데, 피도 더 이상 넘어오지 않고 체중은 그대로인 것이 마음을 느슨하게 만든다. 이러다가 자연치료가 되는 것은 아닐까? 기대해 보기도 한다.

이 일은 신중히 결정해야 하기에 좀 더 참고 기다려 보자. 심하게 기침이 나오고 가슴에 통증이 오면 초기 감기 증세의 약을 복용한다. 그러면 이내 진정이 된다. 추석도 지나고 산들의 나무 빛도 나날이 달라져 단풍이 든다. 아침저녁으로 제법 쌀쌀한 바람이 옷깃 속으로 파고든다. 찬바람을 맞으면 이내 심한 기침이 나온다. 그러면 따뜻한 물을 마셔 진정시키곤 한다. 아침 잠자리에서 일어나 밖으로 나와 세면장에 갈 때는 늘상 일어나는 현상이다.

TV에서는 코로나 뉴스가 연일 쏟아져 나온다. 그리고 독감과 코로나 증상이 유사하니 모든 국민은 독감 예방주사를 맞아야 한다고 떠들어댄다. 나도 서둘러 독감 예방주사를 맞았다. 지리산의 단풍은 설악산이나 백양사 같이 화려하지는 않지만, 은은하고 정겨우며 포근한 감을 준다. 이번 가을이 내게는 마지막 가을이 될 것 같다.

선원 마당에 심어놓은 노랑, 빨강, 하양, 보랏빛 국화가 피기 시작한다. 언제 떠날지 모르지만, 떠나는 자리가 아름다워야 한다고 생각해서 큰길가에 피었던 야생화를 뒤안 창 밖에 심었다.

만성 폐렴 증세의 이 병이 밉지가 않다. 아주 고통스러움을 주는 것도 아니고, 순간순간 가래와 기침으로 고통을 주어 무상함을 깨우쳐 마음을 챙기게 하고, 알아차림으로 간절히 화두를 챙기게 한다.

신체적으로 남달리 불리한 조건으로 태어난 까닭으로 어린 시절, 주위의 친구들로부터 멸시를 받은 적도 있었다. 6.25 전쟁이 일어나 민주주의와 공산주의의 이데올로기가 격렬하게 부딪혔던 시대의 소용돌이에 휘말리어 어려운 가정환경 속에서 살았다. 지금 74년의 세월을 뒤돌아보면, 냉혹한 사회적 현실 속에서 불확실한 미래에 대한 걱정 속에 잠 못 이룬 적도 있었다.

지금 생각하면, 어려운 시기마다 불보살님의 가호가 있었던지 잘 넘겨 지금 마지막 생을 마감하려고 한다. 죽음에 대한 두려움도, 삶에 대한 애착도 없다. 다만 어떻게 하면 아름다운 마무리가 될까? 그 생각뿐이다. 살아 있는 모든 것은 때가 되면 그 생을 마감한다. 이것은 그 누구도 어쩔 수 없는 생명의 질서이며 삶의 신비이다.

이 풍진 세상을 살아가는 일도 어렵지만, 죽는 일 또한 쉬운 일이 아니다. 순조롭게 살다가 명이 다해 고통 없이 가는 것은 행복한 일이다. 난 어떠한 일이 있어도 병원에 실려가 병실에서 죽고 싶지 않다. 그래서 여러 가지로 고민하고 있는 것이다.

무엇보다도 금생에 최고의 행운은 훌륭한 은사스님을 만난 것이요, 그리고 제방선원을 다니면서 당대의 큰 선지식들을 친견하고 선문답을 주고받았던 일이다. 전강, 향곡, 경봉, 성철, 서옹, 월산, 송담, 진제 등 큰 스님들을 친견하고 선을 묻고 답하였다. 내가 쓴 『선승의 길』에 그 내용이 자세히 기록되어 있다.

또 하나 자랑스러워 잊지 못할 일은 인도 성지순례이다. 탄생지 룸비니, 성도지 부다가야 대탑과 보리수, 전법지 녹야원, 열반지 꾸시나가라, 라자가하 죽림정사 영취산, 법화경 설법지, 사왓티 기원정사, 수닷타 장자의 집터, 살인자 앙굴리말라 집터, 날란다 대학 터, 산치대탑, 아잔타 석굴, 웨살리의 아쇼카 왕 돌기둥이다.

그리고 중국 구하산 신라승 김교각 스님의 등신불, 육조 혜능 스님의 등신불, 대사가 머무시던 남화사, 법성사, 국은사 성지를 순방한 일이다.

남방불교의 성지도 둘러보았다. 스리랑카, 미얀마, 태국, 인도네시아, 캄보디아이다. 그리고 세계 7대 불가사의인 인도 타즈마할 영묘, 캄보디아 앙코르와트, 인도네시아 부르보드를 보았던 그 감회가 크다.

　2020년 경자년 동안거가 시작되었다. 대중이 모여 시간을 정해 놓고 정진을 하지 않지만, 안거가 되면 마음가짐이 달라진다. 오랜 동안 대중생활을 하면서 정진해 온 습관 때문이다. 이번 겨울을 지내지 못할 것으로 생각했는데, 그런대로 버티어 준다. 찬바람이 들어오지 못하도록 비닐을 창문 바깥쪽에 치고 문틈을 꼼꼼히 막았다. 나뭇가지를 흔들고 대숲을 흔들어 부딪치며 나는 바람소리가 싫다.

　날씨가 추워지자 아침 예불은 말할 것도 없이 저녁 예불도 참석하기 어렵다. 초하루 지장제일 같은 정기법회에 참석하고 나면 두껍게 옷을 입어도 온몸이 떨리고 기침이 나오고 손발이 꽁꽁 얼어온다. 평생 추위를 많이 탔는데, 이번 병마로 더욱 심해졌다. 그래서 내 방은 보일러 온도를 높여 따뜻하게 해놓는다.

　내 방 난방 시설은 심야전기 보일러이다. 밤에는 공장들이 쉬므로 전기사용량이 적은 심야 시간대에 전기를 공급받아 이용하도록 국가에서 장려하여 놓은 보일러다. 가끔 고장도 나지만 주지스님이 전기뿐만 아니라, 여러 기계설비 및 건설 부문에 뛰어난 재주를 가지고 있어 많은 혜택을 받는다. 심야전기 보일러는 심야에 전기가 들어와 보일러 탱크에 물을 데웠다가 필요할 때 일반전기로 순환 모터를 돌려서 난방을 한다. 소음이 없고, 공해가 없으며, 기름 차량이 들어오지 못하는 곳에 시설을 할 수 있어 사찰에서 이용하기에는 아주 좋은 난방 시설이다.

나는 추위를 많이 타다 보니 방안 온도를 높여 놓고 지내기 때문에 방안 공기가 건조할 때가 많다. 적당한 크기의 통을 구하여 물을 채우고 숯을 넣어두면 숯이 공기 중으로 수분을 발산한다. 즉 가습기 대용이다. 두 귀퉁이에 하나씩 숯통을 놓았다. 그래도 부족할 것 같아 뒤뜰 물가에 심어놓은 석창포를 물이 새지 않는 장독 뚜껑처럼 생긴 두툼한 질그릇에 분을 떠서 화분을 만들었다. 다섯 개의 분을 만들어서 방안에 놓았더니 생기가 돌아 분위기가 살아난다. 석창포는 사철 푸른 잎을 가진 여러해살이 풀이다. 뿌리줄기는 굵고 딱딱하며 많은 마디를 가지고 있고, 잔뿌리를 내어 바위틈과 같은 자리에 붙어서 산다. 잎은 뿌리줄기에서 밑동이 서로 겹친 상태로 자란다. 좁은 줄 꼴로서 춘난과 비슷하게 생겼으며 윤기가 난다. 잎 끝은 칼처럼 뾰족하고 가장자리는 밋밋하며 항상 좋은 향기를 풍긴다. 산속 계곡 물가 습한 바위틈에서 붙어 산다.

석창포는 한약재로도 쓰인다. 뿌리줄기는 약한 불에 뭉근히 달여 복용하면, 정신이 흐릿하고 혼미해지고 귓속이 윙윙 울리면서 머릿속이 지끈거리는 증세, 기억력 감퇴로 인한 건망증, 현기증 등을 다스려주고 신경의 피로를 풀어주므로 연구에 몰두하는 학자나 학생들이 복용하면 좋은 효과를 본다. 이런 석창포 화분을 다섯이나 만들어 방안에 놓은 것은 다만 방안의 습도를 높이기 위함이다.

나는 겨울만 되면 코가 마르고 코 안이 건조해져서 염증이 생겨 부어오르고 피가 나곤 한다. 올해도 역시 염증이 생기고 부어오르며 피가 난다. 나는 이러할 때 자가치료를 한다. 일반 바늘처럼 굵은 침으로 콧속 안의 부어오른 부분을 냅다 찌른다. 그러면 피가 쏟아져 나온다. 이렇게 몇 번 하면 염증이 사라진다.

출가 전 한의사로부터 침, 뜸, 한약 등 한방치료법을 배운 적이 있다. 이때 배워둔 한방치료법이 내 몸을 자가치료하는 데 큰 도움이 되었다. 수십 년째 족삼리와 곡지에 매일 빠지지 않고 뜸을 뜨고 있다. 뜸을 뜰 때는 뜨거워 고통스럽지만, 뜨고 나면 온몸에 생기가 감돈다. 내가 거처하는 선원 옆 지대방은 대웅전 쪽에서 32개 계단을 올라와야 한다. 아직까지 무릎이 아프지 않아 가볍게 오르내릴 수 있는 것은 쑥뜸을 뜬 덕분이 아닌가 생각한다.

매일 오르내리는 계단석은 강가에서 주워와 놓은 강돌이다. 수십 년 수백 년을 물에 씻기어 반들반들하다. 자연미를 살린다고 만든 작품이다. 처음 온 겨울, 아침공양을 하려고 후원으로 내려가는데, 어둠이 채 가시지 않은 이른 아침이어서 첫발을 내려놓는 순간, 쑥 미끄러져서 계단 아래에 처박힌 적이 있다. 전날 초저녁에 비가 내렸는데, 새벽녘에는 기온이 영하로 뚝 떨어져서 계단석들이 얼음으로 덮인 것이다.

다행히 크게 다친 데는 없었다. 돌들이 모난 데가 없이 반들반들했기 때문이다. 겨울에 나이 많은 노인네는 낙상을 제일 조심해야 한다. 낙상하면 손목이나 다리 엉덩이뼈가 부러지면 움직이지 못하기 때문에, 근육이 굳고 허벅지 살이 빠지면서 다른 합병증이 온다. 그 뒤로는 매일 오르내리는 계단이 부담스러워졌다. 조심조심하지만, 언제 어떻게 될지 몰라 궁리 끝에 석공들이 매끄러운 계단석을 금강석이 박힌 망치로 두드려서 매끄럽지 않게 하는 그 방법이 생각났다.

진주에 가서 여러 철물점을 뒤져서 다행히 하나를 구하였다. 막상 그 망치로 두드려 보니 여간 힘이 드는 것이 아니다. 대충 쪼았더니 지금도 망치자국이 나 있다. 지금은 겨울이다. 이곳은 겨울에 눈이 많이 오지 않는다. 와봐야 신발 높이를 넘지 않고, 그것도 낮에 햇볕이 들면 이내 다 녹아 버린다. 그것도 한겨울에 많아야 두세 번이다. 눈이 올 때는 오히려 단단히 조심하기 때문에 문제가 없지만, 겨울비가 왔다가 갑자기 기온이 떨어졌을 때가 더 위험하다. 요즘은 아침을 후원에 가서 먹지 않고, 방 옆에 주방시설이 되어 있어 대충 누룽지로 때운다.

동지가 지나고 소한이 되니 날씨가 더욱 추워지고, 밤이 길다 보니 자다가 자주 깬다. 바깥 온도가 떨어지다 보면 방안 온도도 뚝 떨어져 온몸이 냉해지고 떨리며 기침이 심하게 나온다. 보일러 온도를 올리고 커피포트에 물을 데워서 마시면서 진정을 시킨다. 잠이 저 멀리 달아나면, 앉아서 마음을 모아 화두를 챙긴다.

금생에 내가 받은 하나의 큰 선물은 알아차림으로 마음을 챙기는 화두 참선 수행법이다. 종교는 인간이 스스로 미약하다고 생각하여 절대자 같은 능력 있는 신에게 의지하여 원하는 바를 성취하고자 하는 데서 시작되었다. 복을 비는 것은 종교의 시작이다. 다음으로는, 다음 생에 더 나은 삶을 바라는 내세관이 있어야 한다. 그리고 지금 현세에 있으면서 나를 제어하여 자아를 성숙시키는 수행이 있어야 한다.

조선 오백 년 동안 유교가 불교를 탄압했지만, 불교가 소멸되지 않았던 가장 큰 이유는, 유교에는 기복과 내세관과 자아를 제어하여 성숙시키는 수행법이 없어 종교적 역할이 미약했기 때문이다. 기독교는 절대자에게 모든 것을 바라는 철저한 기복종교이며, 기독교를 믿어야만 천당에 갈 수 있다고, 다음 생에 천당에 태어나고자 하는 내세관이 뚜렷하다. 하지만 자아를 제어하고 성숙시키는 수행법이 없다.

불교는 관음기도, 지장기도, 아비라기도 같은 기도법으로 소원 성취를 바란다. 인과를 믿고 윤회를 믿으며 극락발원을 하는 내세관이 있다. 그리고 자아를 제어하고 성숙시키는 수행법인 마음 챙김, 참선수행이 있다. 그래서 불교는 완벽한 종교라 할 수 있다.

'알아차림'은 위빠사나 수행으로서 마음이 들뜸에 빠지는 것을 알아차려 보호하고, '이 뭣고?' 하고 화두를 챙김은 사마타 수행으로 산란한 마음을 강한 집중력으로 삼매에 들게 하여 무명번뇌를 조복시켜 깨달음에 이르게 한다. 이것이 위빠사나 수행의 장점과 사마타 수행의 장점을 잘 살린, 알아차리면서 화두를 드는 '위빠간 화선'이다.

긴 긴 겨울밤 잠이 오지 않아도, 중간에 잠이 깨어도 괴롭지가 않다. 나에게 마음챙김 참선 수행법이 있기 때문이다. 요즈음 코로나로 찾아오는 사람이 없지만 외롭지 않다. 화두라는 애인이 있기 때문이다. 나는 이 애인을 놓칠세라 챙기고 챙긴다. 알아차림으로 애인을 챙기어 하루를 시작한다. 그와 함께 가고 오고 앉고 서고 밥 먹고 차 마신다. 삶이 얼마 남지 않은 나에게는 이 마음챙김의 참선 수행밖에 없다. 부모형제, 처자식이 있어도 이 세상을 떠나는 저승길에는 아무도 동행해 주는 자가 없다. 하지만 화두 애인만은 나를 배신하지 않을 것이다. 나와 더불어 저승길에 함께할 것이다.

남은 시간을 헤아려 보다

2021년 신축년 소띠 해가 밝았다. 긴 장마와 큰 홍수, 큰 태풍과 코로나 전염병의 삼재로 힘들었던 경자년은 저만치 멀어져 가고 있다. 신축년 소의 해에는 모든 재앙이 물러가고 국민 모두가 정상적인 생활로 돌아갔으면 좋겠다. 하지만 전문가들의 말은 밝지가 않다. 가까운 면소재지 덕산에 코로나 확진자가 몇 명 생겼다고 연신 긴급문자가 핸드폰에 들어온다. 목욕탕도 문을 닫고, 오일장도 서지 않는다. 음식점들은 대부분 문을 닫았다. 난리가 난 것 같다.

이런 가운데서도 세월은 흐르고, 설도 지났고, 입춘도 지나 겨울 안거도 끝났다. 날씨는 조금씩 추위가 누그러지고 있다. 세상이 아무리 힘해도 봄은 오고 있다. 대동강 물도 풀린다는 우수도, 개구리도 입이 떨어져 운다는 경칩도 지나 3월의 중순에 접어들었다. 섬진강 강변에는 매화가 한창이라고 한다.

3월 둘째 주 토요일, 대전에 사는 충남대 김 교수와 대전대 김 교수 두 분이 정각사에 왔다. 그분들과 저녁을 먹고 내일 일요일은 이곳 정각사 주변 명승지를 둘러보기로 하고, 가이드는 내가 맡기로 했다.

정각사에서 천왕봉 쪽으로 올라가다가 좌회전하여 길 따라 올라가면 삼성터널이 나오는데, 터널을 지나면 하동군 청암면

묵계리 청학동이 나온다. 정각사에서 승용차로 25분 거리다. 청학동은 옛날 신선들이 살던 전설적인 동네다. 마을 사람들은 한복을 입었고, 처녀 총각들은 댕기를 땋았으며, 남자 어른은 상투를 틀었고, 여자들은 쪽을 틀어 비녀를 꽂았다. 지금은 한문 서당이 생겼고, 훈장들만 상투를 틀었을 뿐 너무도 달라졌다.

청학동 한쪽에 삼성궁이 있는데, 환인, 환웅, 단군을 모시는 배달겨레의 성전이며 수도장이다. 한풀 선사(仙士)가 배달민족의 전해 내려오는 선도(仙道)를 이어받아 수자(修者)들과 수련을 하면서 돌을 하나, 둘 쌓아올려 묘한 형상의 돌탑을 1,500개나 만들었다. 주변의 숲과 어울려 이국적인 풍경을 자아낸 곳이다. 이 돌탑들을 솟대라고 부른다. 삼한시대에 천신께 제사를 지내던 성지 소도에는 보통 사람들의 접근을 금하려 높은 나무에 기러기 조각을 얹은 솟대를 세웠다고 한다. 성황당에 기원을 담아 소원을 빌며 지리산 자락의 돌로 솟대를 쌓아 성전을 이루고 우리 민족의 정신문화 옛 소도를 복원하였다.

3,333개의 솟대를 쌓아 성전을 이루고 우리 민족의 정신문화를 되찾아 홍익인간 세계를 이루자며 무예(武藝), 가(歌), 무(舞), 악(樂)을 수련하는 터이다.

정각사에서 덕산 쪽으로 승용차로 5분 거리에 덕천서원이 있다. 덕천서원은 남명 조식 선생의 학문과 덕행을 후학들이 이어받기 위해 창건한 교육장으로, 강당이 있고 사당에는 남명 선생 위패를 모셨다. 서원 앞에는 수령이 5백 년이 된 큰 은행나무가 서 있고, 은행나무 앞 덕천강변에 세심정(洗心亭)이 있다. 잠시 세심정에 올라 서출동류수 맑은 덕천 강물을 바라보며 명상에 들어 마음을 씻는다.

덕천서원에서 강변 따라 조금 내려가면 남명 선생이 사시던 생가 산천재(山天齋)가 있고, 마당가에는 남명 선생이 직접 심었다는 수령이 460년 된 남명매가 꽃망울을 터뜨렸다. 산천재 뒤쪽에는 남면 선생의 동상이 서 있고, 유품을 전시하는 전시관이 있으며, 그 뒤 산봉우리에 남명 선생의 묘가 있다.

전시관 옆길 따라 북쪽 좁은 골짜기를 8킬로미터 올라가면 끝자락에 마금담이라는 넓은 분지가 나온다. 마금담이란 막혔다는 뜻이라 한다. 이곳에는 새로운 세상을 살아가는 사람들의 공동체 마을이 있다. 무공해 채소를 키우며 채식만을 주장하며 병든 지구를 살려야 한다고 주장한다.

덕산에서 승용차로 10분쯤 진주 쪽으로 가면 우리나라에서 가장 아름다운 마을 남사 예담촌이 나온다. 태극형의 산과 태극형의 물이 서로 끼고 도는 가운데 마을이 형성되어 있다. 용과 호랑이가 쟁탈하는 형국에 생기가 왕성한 터로서, 삼정승 육판서의 벼슬아치들이 출현한 곳이다. 예담이란 옛 담장을 말하며,

마을 골목골목이 흙과 돌로 쌓은 담장이 미로처럼 되어 있고, 옛 기와집 고가가 멋들어지게 배치되어 있다. 이 마을 고가에 수령 680년 된 원정매 홍매화가 봉우리 져 막 꽃을 터트리기 직전이다. 옛 선비들은 활짝 핀 매화보다 봉우리 져 있는 매화를 더 사랑했다고 한다.

남사 예담촌에 들어서기 직전 좌회전하여 8킬로미터쯤 가면 옛 신라시대에 창건된, 사세가 대단했던 단속사지가 있다. 역대 많은 고승들이 주석했던 사찰이다. 지금은 빈터에 보물 두 점의 탑만이 쓸쓸히 빈터를 지키고 있다. 이곳에도 수령 640년 된 정당매가 지금 꽃망울을 터트렸다. 남명매, 원정매, 정당매의 셋을 산청 삼매라 부른다.

매화는 일평생 춥게 살아도 그 향기를 팔지 않는다. 옛 선비 정신이다. 그래서 매화는 사군자의 하나이다. 남사 예담촌에서 승용차로 10분쯤 진주 쪽으로 가면, 목화 박물관이 나온다. 이곳 단성면이 문익점 선생의 고향이다. 문익점 선생이 중국에 사신으로 갔다가 돌아오면서 붓대 통에 숨겨온 10개의 목화씨를 몇 군데로 분산하여 심었다. 그중 장인인 정천익이 심은 목화씨 하나가 싹이 터 성공을 이루었다. 그래서 그 마을 이름을 배양리라고 하였고, 그 마을에 목화 박물관을 세웠다. 이곳에서 멀지 않은 곳에 문익점 선생의 묘와 사당이 있다.

사찰로는 덕산에서 5킬로미터 북쪽에 있는 국보 비로자나불상과 시원한 물줄기가 장관인 덕산사가 있고, 거기서 더 북쪽으로 가면 지리산에서 가장 아름다운 계곡이 있는 대원사가 있다. 대원사 주차장에서 유평까지 5킬로미터 정도의 산책로를 걸으면 잠시나마 속세의 잡다한 생각을 잊을 수 있다.

대장내시경 검사

일요일 이른 아침이다. 아랫배가 갑자기 아파온다. 통증이 점점 심해지는데, 장이 뒤틀리기 시작한다. 계속 문질러도 소용이 없다. 이런 적은 없었다. 금방 가라앉겠지 했지만, 그렇지가 않다. 진통제를 두 알이나 먹었다. 조금 통증이 가라앉았지만, 통증은 세 시간 가량 계속되었다. 오늘 교수들과 함께 주변 명승지 가이드를 하기로 약속했는데, 아무리 생각해도 어려울 것 같다. 출발시간이 10시인데, 9시가 가까웠다. 그래서 전화를 했다. 갑자기 배가 뒤틀려서 너무도 고통스러워 오늘 약속한 가이드는 할 수 없을 것 같다고.

교수들은 자기들은 괜찮은데, 날보고 진주 큰 병원 응급실로 가봐야 하지 않겠느냐고 내 걱정을 해주었다. 얼마 있다가 통증은 사라졌다.

다음날인 월요일, 주지스님이 병원에 한번 가보는 것이 어떻겠느냐고 하였다. 그래서 기도하는 사제와 진주 B병원에 갔다. 가는 길에 대변을 받아서 가지고 갔다. 국민건강보험공단으로부터 여러 번 대장암 조기발견을 위하여 분변잠혈검사를 받으라는 통보를 받았기 때문에 대장암일지도 모른다는 생각이 들어서였다.

B병원 내과에 가서 의사의 진단을 받았다. 의사의 질문에 자세히 지금까지 있었던 통증을 말하였다. 침대에 눕히고 배의 여기저기를 눌러보면서 통증이 있는지를 물었다. 별 통증을 느끼지 못한다고 하니, 별일 없는 것 같다고 말한다. 이러한 현상은 장이 긴장되어 있는데, 가스가 차서 빠지지 못하거나 변비현상으로도 일어날 수 있으니, 장의 긴장을 풀어주고 변을 묽게 나오도록 일주일 분 처방을 내줄 터이니 약을 복용해 보라고 한다. 혹시나 큰 병인가 싶어 긴장했는데, 별것 아니라 하니 마음이 놓인다.

분변은 건강검진 부서에 제출하고 돌아왔다. 닷새 후 금요일에 B병원으로부터 분변검사 결과 보고서가 도착했다. 보고서를 들여다보니 변에 혈이 검출되었으니 필히 대장내시경 검진을 받아보라고 되어 있다. 대장암일지도 모른다는 것이다.

그래서 이번 월요일 사제와 진주 K병원으로 갔다. K병원에서 위장내시경을 받은 적이 있는 내과의사에게 10일 후 대장내시경을 받도록 예약을 했다. 간호사로부터 대장내시경 받기 전에 환자가 지켜야 할 점과 환자가 해야 할 조치에 대하여 자세하고 친절한 안내를 받았다. 내시경 받는 전날 저녁을 굶고, 당일 이른 아침 5시부터 30분 간격으로 설사제를 병원에서 준 용기에 정해진 양을 물에 희석하여 네 번 먹으면 위장, 소장, 대장의 음식물이 밖으로 나오게 되어 장이 깨끗해진다고 설명하였다. 당일 오후 3시까지 병원에 도착해야 하며, 보호자가 꼭 있어야 한다고 한다. 수면내시경이므로 전혀 통증을 느끼지 않는다고 안심시킨다.

보호자를 누굴 세울까 했더니 젊은 공양주 보살이 자진해서 보호자가 되겠다고 한다. 고맙다. 그런데 나는 고민이 생겼다. 내 체력은 극도로 쇠약해져 있는 상태다. 체중은 40킬로그램도 나가지 않고, 현기증이 심하기 때문이다. 그렇다고 예약을 취소하는 것도 마음에 걸린다. 궁리 끝에, 검사받기 일주일 전에 동네 의원에서 제일 높은 고단위 링거를 맞고, 검사 전날 오전에 또 한 번 링거를 맞기로 했다. 첫 번째 링거를 맞았을 때는 별다른 몸의 변화를 느끼지 못했는데, 두 번째 링거를 맞고 나니 힘이 생겨 자신감이 들었다.

이번 대장내시경 검사를 받고 대장암이 발견된다면, 나는 수술을 받지 않을 것이다. 왜냐하면 조그마한 상처가 생겨 소독하고 연고를 바르고 항생제를 먹어도 상처가 잘 낫지 않는다. 면역성이 떨어져 그런 거란다. 몇 번 손이나 머리에 그런 상처가 났을 때, 내 치료법에 따라 침으로 찔러 피를 뽑아내야 겨우 낫는다.

수술하여 배를 가른다면, 수술한 칼자국은 낫지 않고 고름이 생길 것이다. 수술하여 입원하면 그날로 나는 병원을 벗어날 수 없을 것이다. 병실에 누워서 볼품없이 죽어갈 것이다. 지금 내시경 검사를 받는 것은 내 몸 상태를 알아야 생을 마감할 시기를 정할 수 있기 때문이다.

당일 오후 1시에 절에서 출발하여 2시 전에 병원에 도착하였다. 간호사의 지시에 따라 혈압을 재고 심전도 검사, 흉부 X-레이 검사를 받고 환자복을 입고 수면마취제를 맞았다. 얼마를 잠들었는지 알 수 없으나, 간호사가 흔들어 깨워 정신을 차리니 모든 검사가 잘 끝났다고 하면서, 의사 선생님께 안내해 준다. 의사 선생님은 검사한 사진들을 보면서 장에 아주 작은 혹 하나가 있어 떼어냈다고 한다. 변에 피가 섞인 것은 치질이 있어서인데, 약을 먹지 않아도 되겠다고 한다. 치질로 항문에서 피가 나와 항문 내시경을 받은 적이 있고, 약을 먹어 치료한 적이 있다. 혹시나 대장에서 피가 나왔지 않을까 했는데, 다행한 일이다.

그러나 흉부 X-레이 사진을 보고는 폐가 많이 나쁘다고 한다. 그래서 지금까지 경상대학병원에서 치료받은 이야기와 약이 너무 독하여 약 먹는 것을 포기하고 죽는 것을 자연스러움으로 받아들이기로 했다고 말했다. 그랬더니 다른 좋은 방법이 있을 것이니, 대학병원에 가보기를 권하였다.

"만약 치료를 하지 않으면 어떻게 되고, 얼마나 살 수 있을까요?"

"폐가 석화현상이 되어 숨쉬기가 힘들어지고 체중이 점점 줄어들어 2, 3년 정도밖에 살 수 없을 것 같습니다."

다행이다. 나는 금년 여름까지만 살고 가을 찬바람이 일기 전에 모든 삶을 마무리하고자 하는데, 충분한 시간이 있지 않은가. 내가 궁금해했던 것은 현재의 폐의 상태와 진행 속도였다.

4월은 잔인한 달이라고들 한다. 왜일까?

4월 3일 제주도의 4.3사태, 4월 16일 세월호 사건, 4월 19일 학생민주화운동 등, 큰 사건으로 많은 사람들이 희생되었기 때문일 거다. 그래도 4월의 태양은 대지를 더 푸르게 하고 아름다운 꽃들을 피어나게 하여 세상에 희망을 주고, 산과 들에 사는 크고 작은 짐승들과 새들에게 활력을 주고 있다.

작년 가을에 받아 놓았던 꽃씨를 마당가 화단에 뿌렸더니 싹이 터 파릇파릇 올라오고, 고무다라를 땅에 묻고 흙을 담고 수련 뿌리를 심고 물을 부어 채운 뒤, 대나무 가지로 휘어 꽂고 비닐을 씌워 놓았더니 수련 잎이 물 위에 떠올랐다. 생명들은 신기하다.

아침 6시쯤이면 들고양이 한 마리가 문 앞에서 '야옹, 야옹!' 밥 달라고 울어댄다. 물가치가 떼를 지어 와 울어댄다. 그러면 고양이에게도 사료를 주고, 새들에게도 고양이 사료를 준다. 물까치는 잡식 동물로서 벌레도 잡아먹고, 개구리, 올챙이도 잡아먹으며, 사람들이 버린 음식찌꺼기도 잘 먹는다. 주로 산과 들에 나는 곡식과 열매를 먹지만, 지금 이때가 가장 어려운 때다. 들과 산에 곡식과 열매가 없기 때문이다. 이때 가장 취약한 것은 늙고 약한 새들로, 먹지 못해 죽는 경우가 많다. 산과 들에 산딸기, 복분자, 블루베리, 버찌 등 열매와 풀숲에 벌레들이 많아질 때까지 사료를 줄까 한다. 산과 들에 먹을 것이 많아지면, 새들도 내가 준 사료에 별 관심이 없어진다.

영정사진

5월로 접어들었다. 낮에는 온도가 제법 올라간다. 선원 주위에 심어놓은 창포가 보랏빛으로 찬란하게 피어 있다. 뒤 창문 밖 보랏빛 창포 꽃과 하얀 야생화가 잘 어울린다. 앞마당에 잔디가 많이 자랐다. 여기저기 풀 베는 제초기 소리가 들려온다. 세월은 빠르게 흐른다. 부처님 오신 날 초파일도 며칠 남지 않았다. 금년 부처님 오신 날 행사는 작년보다 초라할 것 같다. 초파일이 가까워지면, 신도들이 절에 자주 와서 모든 전각의 불기를 닦고 도량 풀을 베고 연등 손질을 하고 분주한데, 금년은 조용하다.

코로나 여파로 그 피해가 크다. 코로나 피해는 그뿐이 아니다. 코로나가 위험하니 사람들이 밀집한 목욕탕에 가지 말라고 한다.

목욕탕에 간 지가 오래된 것 같아 몸이 근지러워 큰마음을 먹고 덕산 목욕탕에 갔다. 탕 안으로 들어가기 전 체중을 달아보니 37킬로그램이 조금 넘는다. 건강할 때 52킬로그램 정도였으니, 15킬로그램이나 빠진 셈이다. 내가 봐도 너무 말랐다. 갈비뼈는 폐가 초가집 서까래 같고, 뱃가죽은 백지장처럼 얇고, 주름은 마구잡이로 비볐다가 편 휴지조각 같다. 그러나 살빛은 희고 윤기를 잃지 않고 있다.

암환자들이 말기가 되면 깡말라 몰골이 볼품없어진다. 그래서 그들은 지인들이 병문안 오는 것을 거절한다. 아름다웠던 옛 모습의 환상을 지인들이 영원토록 간직하고 있기를 바랄 뿐, 그 환상을 깨뜨리고 싶지 않아서일 거다. 오늘 나도 그 말이 공감이 간다.

병이 오기 얼마 전 후배 스님이 대웅전 법회를 마치고 방으로 돌아왔을 때, 그가 카메라로 사진을 찍자고 하여 책장 앞에 섰더니, 카메라 셔터를 눌렀다. 얼마 뒤, 그가 사진을 액자에 담아 보내왔다. 사진을 보는 순간, '이 사진이 내 영정 사진이구나.' 하고 생각했다. 오늘 그 사진을 꺼내어 보면서, 영단 위에 쓸쓸히 놓여 있을 장면을 상상해 보았다.

내 앞에 놓인 걸림돌들

편안한 죽음을 맞이하려면, 걸림돌이 없어야겠다. 만약 장애자 자식이 있어 보살피다가 중한 병이 들어 죽어가는 부모라면, 본인의 죽음보다 두고 가야 할 자식에 대한 걱정 때문에 쉽게 눈을 감을 수가 없게 될 것이다. 금실이 너무 좋은 부부가 있어 잠시도 옆에 배우자가 보이지 않으면 찾고 의지하는 부부 중 한쪽이 회복할 수 없는 병이 들어 죽어간다면, 그 또한 얼마나 죽음이 원망스럽고 괴로울까?

사랑하는 자식, 손자, 손녀를 두고 떠나는 일반 가정의 가족관계 속에서 영원한 이별인 죽음은 가장 무서운 형벌과도 같을 것이다. 젊어서 가난을 헤치고 고생 고생하여 재산을 일군 자수성가한 자, 이제 좀 큰소리치면서 남 앞에 뻐기면서 살고자 했는데, 암이라는 중병에 걸려 시한부 인생이 되었다면, 너무 억울하여 죽음이 얼마나 원망스럽고 괴로울까?

정치가로, 스포츠 및 연예인으로 많은 대중들의 인기를 얻고 있을 때, 갑자기 몹쓸 병에 걸려 시한부 인생이 되었다면, 너무도 죽음이 원망스럽고 억울하여 괴로울 것이다. 다행히 나는 위의 모든 경우에 걸리지 않는다. 젊은 나이에 암과 같은 불치의 병에 걸려 시한부 인생이라면, 너무 억울해서 분노가 솟구칠 것이다. 살 날이 많은 젊은 나이에 이런 불치의 병에 걸리다니, 분노에 잠을 못 이루고 두려움으로 몸부림칠 것이다.

그러나 내 나이 칠순하고 다섯이다. 나는 살 만큼 살았다. 지난날을 되돌아보면 숨 가쁘게 변화하는 사회 속에서 용케도 지금까지 큰 고난 없이 살아왔다. 그것은 부처님 가호 덕분이다. 나는 지금 정각사에서 어떤 소임도 맡고 있지 않다. 뒷방에서 밥만 축내고 시은만 지고 있다. 요즈음은 대중 울력도 참석하지 못하고 조석예불뿐만 아니라 정기적인 불교예식에도 참석하지 못하고 있다. 사중에 짐이 되고 있는 것 같다.

이제는 내가 차지하고 있는 이 방을 비워 주어야 할 때가 된 것 같다. 죽음에 대하여 가장 두려운 걸림돌은 사후세계를 모르는 데서 오는 두려움이다. 그러나 나는 부처님께서 설하신 인과관계를 깊이 믿고 있기 때문에 두려움이 없다.

"전생사를 알고자 하는가? 금생에 받고 있는 과보를 보라. 내세사를 알고자 하는가? 금생에 하고 있는 내 행동을 돌이켜보라."

스물두 살에 출가하여 지금까지 반백 년을 넘게 절집 생활을 하면서, 크게 절집 재산을 착취한 적도 없고, 나름대로 계율을 지켜 삼악도에 떨어질 큰 죄를 지은 것이 없는 것 같다. 나름대로 알아차림으로 마음을 챙기는 참선 수행을 꾸준히 해왔다. 다음 생은 금생보다 더 나은 삶이 되지 않을까? 이 정도라면 내 앞에 놓인 걸림돌은 별반 아닌 것 같다. 이러하건대 나를 죽음의 길로 이끌고 있는 현재의 이 병을 원망하고 분노한다면, 그것은 어리석은 짓이다. 내 곁에 바짝 다가와 함께하는 이 병은 누구나 가야할 저승을 안내하는 착한 가이드이다. 대부분의 사람들은 이 가이드를 두려워하고 미워하고 원망하며 싫어한다. 그래서일까? 많은 사람들은 견디기 어려운 통증으로 괴로워한다. 원망하고 미워한 만큼 통증으로 인한 고통이 더 심해진다. 보통 사람들은 따라가지 않으려고 버둥댄다. 때로는 본인의 의지와 관계없이 연명 보조기를 부착하여 십년이 넘도록 가지 못하도록 붙잡아 둔다. 이것이 잘한 짓인가?

내게 와 있는 저승 가이드는 너무 심하게 고통을 주면서 채찍질을 하지 않는다. 혹시나 방심하여 수행을 게을리하거나 알아차림을 놓치면, 가래와 기침으로 경책을 한다. 항상 긴장하되 두려워하지 않도록 해준다. 이 얼마나 착한 저승 가이드인가? 그는 목적지가 가까워지면, 분명히 때를 가르쳐줄 거다. 그때 내 스스로 단식요법으로 생을 마감할 것이다.

부처님 오신 날이 10일도 남지 않았다. 오늘은 너무 기운이 없어서 덕산가정의학과의원에서 영양제 링거를 맞았다. 부처님 오신 날 행사에 참석하려면, 행사 전날 한 번 더 맞아야겠다. 그리고 코로나 백신 1차 접종주사를 5월 28일 오후 3시에 맞기로 예약했다. AZ 주사약이다.

5월의 신록은 날로 짙어만 간다. 모든 생명체들이 활기차게 움직인다. 아침 일찍부터 새들은 시끄럽게 조잘 되고 짝짓기 경쟁이 치열하다. 물까치들은 둥지를 만들기 위해 나뭇가지를 물어 나르기에 바쁘다. 밤이면 소쩍새는 애절하게 울어댄다.

오늘은 여름 철새인 꾀꼬리가 이 산 저 산에서 울어댄다. 5월 초순경이면 어김없이 지리산을 찾아와 절 주위에서 둥지를 틀고 아름다운 곡조의 노래를 들려준다. 크기는 까치만 하지만 몸 전체가 노란색 깃털을 가지고 있다. "히요, 호호, 호이오!" 하고 간드러지게 울다가 "케엑" 하는 볼멘소리도 내며, 날씨가 더운 날에는 "활딱 벗고, 활딱 벗고"하고 울 때도 있다. 이렇게 꾀꼬리가 울면 날씨는 여름이다. 여름의 문턱인 입하가 지난 지도 한참 되었다.

오늘은 부처님 오신 날 이틀 전 음 4월 6일로 혜강스님 입적 20주기이다. 혜강스님은 정각사 창건주 수월스님의 상좌로, 정각사 창건할 때부터 절소임을 보면서 대웅전, 지장전, 삼성각, 법회루, 사천왕문, 요사 등을 지으신 정각사 대공덕주이시다.

25여 년간 주지 소임을 보시다가 소임을 내려놓고 얼마 안 되어 뇌졸중으로 쓰러지셨다. 다행히 속히 병원치료를 받아 거의 정상적인 생활을 할 수 있게 회복되었다. 고혈압, 당뇨가 원인이었다. 스님께서는 10년 간 중풍과 고혈압, 당뇨로 고생하시다가 20년 전 윤4월 6일 68세로 갑자기 세상을 떠나셨다.

나는 그때 호주 시드니 정법사에 있어서 입적 소식을 듣지 못했다. 내가 1992년부터 정각사 주지 소임을 보고 있을 때, 혜강스님은 정각사 뒤쪽 300미터에 있는 내원암에 계셨다. 그때 스님의 많은 도움을 받았다.

스님은 성품이 온후하고 자상하시며 너그럽고 인내심이 많아 승속 없이 많은 분들이 존경하고 공경하였다. 그래서 내원암은 우리나라 불교계 중진 스님들이 많이 찾아와 쉬고 가는 쉼터가 되었다. 영단에 모셔진 스님의 영정을 보면서 '이제 머지않아 저 자리에 내가 있게 되겠구나.' 생각하니 인생 무상함을 짙게 느낄 수 있었다.

살아생전에 스님을 존경하고 공경하며 좋아하는 각별한 인연을 갖고 있는 열두어 명의 스님들이 내원암 법당에 오셔서 제에 참석하였다. 나와도 친한 스님들이다. 그 스님들을 둘러보며 이번이 마지막이라고 생각하니 아쉬움이 들었다.

이 중에도 특별히 안타깝게 느껴지는 스님이 있다. 나보다 다섯 살 위이며, 여러 해 동안 부처님 전에 기도를 많이 하셨고, 전국 선원을 다니면서 많은 안거를 성만하신 존경하는 선배 스님이다. 스님은 성품이 온후하고 자상하며 너그럽고 베풀기 좋아하며 부지런하시다.

몇 년 전까지 가까운 절의 주지 소임을 보다가 상좌에게 물려주고, 지금은 인천시 강화 한 선원에 계신다. 나와는 각별히 친한 사이인 스님이 작년에 전립선암이 발견되어 투병중이라 한다. 그 병중인데도 혜강스님과 각별한 인연 관계로 제에 참석하였다. 수술을 하여 암세포를 완전 제거한다면 남은 생은 기저귀를 차야 한다. 항암치료는 너무 독하다. 차선책으로 방사선 치료를 일주일에 두 번씩 받으며 약물치료를 한다고 한다. 그 고통이 이만저만이 아니라고 한다. 방사선으로 암세포를 죽이다보니 암세포 주변의 건강한 세포들이 많이 손상되어 그 회복 또한 쉽지 않다고 한다. 그리도 좋았던 몸이 반쪽이 되었다. 반쪽이 된 그 스님의 모습을 보면서 깡말라가는 내 모습을 떠올려 보았다.

칠십이 넘어 암과 같은 난치의 병이 들면 무조건 이기려 하지 말고 잘 살펴서 확실히 물리칠 만한 여력이 충분한지를 가늠해야 한다. 반반이라면 병과 타협하여 저승길 가이드로 삼아야 한다. 함께 살아가며 수행을 도와주는 도반으로 삼아야 한다. 그렇지 않고 온 힘을 다하여 수술, 항암치료, 방사선 치료, 약물치료를 하면, 병을 물리친다고 해도 수술, 항암, 방사선, 약물로 인하여 몸이 극도로 쇠약해져 면역체계가 무너져 또 다른 악한 병이 침투하여 어찌할 수 없게 된다.

죽음도 삶의 일부이다. 영원히 살 수는 없다. 다만 몇 년 더 고통스럽게 목숨을 연명하는 것보다는 병과 타협하여 최소한의 고통을 견디면서 알아차림으로 마음을 챙기어 아름다운 마무리를 짓는 방법을 선택해야 한다.

부처님께서 말씀하셨다. "태어났고, 존재했고, 형성된 것 모두 부서지게 마련이다."

그 선배 스님의 나이 팔십이다. 나이를 이길 자는 없다. 벌써 방사선과 약물로 인하여 시신경이 손상되어 앞이 검은 안개처럼 어두워진다고 하니 참으로 안타깝다.

4년 전 우연히 턱 밑에 종기가 생겼다. 면 소재지 의원에 가서 염증치료제 처방을 받아 약을 복용하고, 소독하고, 연고를 바르는 치료를 여러 날 하였다. 그러나 좀처럼 낫지 않았다. 두 달 이상 항생제를 투약해도 좀처럼 낫지 않아 다른 의원을 찾아갔다. 의사 말이 단순종기가 아니라 악성 피부암 같으니 큰 병원을 찾아가 조직검사를 받아 보라고 한다. 그래서 진주 경상대학병원에 가서 살점을 떼어 내어 조직검사를 받았다. 다행히 악성 피부암이 아니고 단순 피부염이라고 하여, 약을 복용하고 연고를 발라 몇 달 고생하여 치료를 마쳤다. 피부병 약이 무척 독하였다.

이러한 일이 있은 뒤로는 조그마한 상처가 생겨도 상처가 잘

낮지 않는다. 연고를 바르고 항생제를 먹어도 좀처럼 아물지 않는다. 항생제와 피부약이 내 몸의 면역체계를 완전히 망가뜨린 것이다. 지금 내가 앓고 있는 폐렴 증상은 망가진 면역성 결핍으로 온 것이 분명하다.

내가 정각사에 와서 여러 해 사용하지 않고 꼭 닫아 놓은 선원 문을 활짝 열고 공기를 소통시키고 청소를 하였다. 오랫동안 문을 닫아 놓았기 때문에 벽에는 곰팡이가 피어 있었다. 곰팡이 제거제를 뿌려가며 닦았어도 얼룩이 남아 있고, 곰팡이 냄새가 쉽게 없어지지 않았다.

그런 상태였는데도 여름 안거 동안 선원에서 혼자 정진을 해 왔었다. 바깥 날씨가 섭씨 30도를 넘을 때, 선원 문을 꼭 닫으면 방안 온도가 더 낮아 시원함을 느낀다. 이때 곰팡이균이 호흡기를 통하여 폐에 들어와 기생을 하게 된 것 같다. 면역력이 강하면 곰팡이균이 기생하지 못하지만, 항생제 과잉 복용으로 면역력이 떨어져 폐에 기생한 것 같다.

이 이야기를 대학병원 교수에게 말했더니, 그럴 수 있다고 한다. 이런 폐렴 증세는 200여 종류가 있다면서, 전파력이 약하여 걱정할 것이 없다고 한다. 그러면서 별 주의할 사항을 말해주지 않았다. 그러나 다른 내과의사는 한 방에서 동거를 하면 전파될 가능성이 있다고 했다. 어쨌든 나는 동떨어진 독채에서 혼자

지내고 있으니, 크게 염려할 필요는 없을 것 같다.

다행히 기침을 할 때 피가 넘어오지 않고 남에게도 쉽게 전파하지 않는다고 하니 얼마나 착한 저승길 가이드냐? 의사 말은 치료약을 복용하지 않으면, 폐의 세포가 서서히 죽어 석고현상이 되어 숨쉬기가 불편해지고, 체중이 점점 줄어들어 저체중으로 죽는다고 한다. 이번 안거를 끝으로 이번 생의 삶을 매듭지어야 한다. 그때까지 잘 버텨야 하고 코로나도 조심해야 한다.

나는 내 병에 대하여 주변 사람들에게 철저히 감추고 있다. 괜스레 말했다가 내가 계획하는 아름답게 가는 길, 아름다운 마무리와 편안한 죽음에 마장이 생길 것이다. 하지만 정각사 대중은 내가 몸이 많이 쇠약해져 있음을 알고 있기에 운력에 빠져도 이해한다. 실제로 오르내리는 32계단이 부담이 된다. 내려갈 때는 다리가 후들거리고 오를 때는 숨이 찬다.

부처님 오신 날 행사를 무사히 끝마쳤다. 금년도 작년과 마찬가지로 코로나로 인해 신도들이 많이 찾아오지 않아 썰렁한 행사였다. 코로나 이전처럼 많은 신도들이 북적대던 그때가 다시 돌아오려는지 마냥 아쉬워진다.

부처님 오신 날이 지나면 사월 보름 하안거 결제가 다가온다. 전국 선원들은 안거 대중을 맞이할 준비가 끝났고, 해제 동안

뿔뿔이 흩어졌던 선객들은 각자 방부가 정해진 선원에 입방하기 위해 서둘러 안거 동안 입고 벗을 겉옷과 내의 및 생활필수품을 챙겨 떠난다.

30~40년 전에는 커다란 걸망에 가사 바루를 비롯한 석 달 동안 입을 옷과 필수품을 담아서 짊어지고 갔지만, 요즈음은 택배 문화가 발달하여 미리 짐을 택배로 보내고 간단한 짐만 챙겨서 떠난다. 선원에 들어서면 지객스님의 안내로 방사와 간물장을 배정 받는다. 그러면 미리 도착한 짐을 풀어 정리한다.

요즈음 선원 방부는 안거가 끝나기 보름 전에 미리 다음 안거 방부를 드린다. 전화 및 팩스로 입방 신청을 하면 신청자의 인적 사항을 소임자들이 심사하여 개별 통보하여 준다. 선원의 인기도에 따라 방부 신청자가 많이 모일 수도 있고, 그렇지 않을 수도 있다. 그리하여 복수 지원을 하는 선객도 있다.

40년 전, 나의 젊은 시절에는 전화 같은 통신이 발달되지 않아, 내가 살고자 하는 선원이 있으면 한두 달 전에 미리 찾아가서 방부를 들인다. 조실스님이 안 계시는 보통 선원에서는 대부분 거절하지 않고 받아준다. 그 시절 주지 소임자들은 선객이 많이 모이면 많이 모인 대로, 적게 모이면 적게 모인 대로, 방사가 비좁으면 비좁은 대로, 사중 형편에 따라 수용이 좋으면 좋은 대로, 나쁘면 나쁜 대로 정성을 다해 선객을 받아들였다. 선객들 또한 별 불평 없이 먹여주고 재워주는 것을 고마워했다.

조실스님이 계시는 선지식 도량의 경우에는, 한두 달 전에 조실스님을 찾아가 인사를 드리고 "큰 스님을 모시고 살고자 왔습니다. 방부를 허락하여 주십시오."하고 방부를 간청한다. 그러면 조실스님은 납자의 본사, 은사, 승납을 묻고 지금까지 어느 스님 밑에서 어떻게 공부를 해왔는지 꼼꼼히 묻는다. 공부의 깊이와 잘잘못을 살피며 은근히 당신을 얼마나 신(信)하고 있는지 시험한다. 그리하여 방부 들이기가 쉽지 않았다.

이런 조실스님 밑에 꼭 의지하여 공부를 하고자 하면 특단의 비범한 방편을 쓰는 수단이 있다. 그 방법은 결제 전날 방짜기 직전에 걸망을 짊어지고 선원에 들어서는 것이다.

그러면 지객스님은 난처해서 어찌할 바를 모른다. 보고를 받은 조실스님은 당신 밑에서 뼈를 묻겠다고 찾아온 선객은 절 밖으로 쫓아내지 못하고, 큰방 방부가 안 되면 객실 또는 후원 소임을 주어 살게 해준다. 오늘 밤이 지나면 모든 사찰의 선객들은 발이 묶이는 결제가 되기 때문이다.

나도 이런 특단의 방법을 사용한 적이 있다. 전강 큰스님께서 입적하시고 송담 스님께서 첫 선원을 열게 된 1975년 하안거 전날 방짜기 몇 시간 전에 인천 용화사 법보선원에 걸망을 짊어지고 들어갔다. 법도와 절차와 예의를 중요시 여기시는 송담 스님께서 무대뽀로 들이닥친 조그맣고 왜소한 나의 돌발적 행동에 많이 언짢아하셨을 것이다.

하지만 송담 스님께서는 나의 은사 정일 스님을 잘 알고 계셨기 때문인지 큰방 방부를 받아주셨다. 그때 어디서 그런 용기와 객기가 나왔을까, 지금 생각하니 뒤통수가 부끄럽다.

만공 스님, 고봉 스님, 우와 스님

백여 년 전, 충남 예산 수덕사에 만공 큰스님이 계셨다. 전국에서 많은 선객들이 모여들어 사중에서 모두 수용하기가 어렵게 되는 지경이었다. 그래서 만공 스님께서는 방편을 썼다. 방부를 들이려면 쌀 한 가마를 탁발해 오라는 것이었다. 그때 우와라는 젊은 납자가 겨울 안거를 보내려고 수덕사를 찾아가 만공 조실스님께 인사를 드리고 방부를 받아주시기를 간청하였다.

조실스님이 수좌에게 말하셨다. "수덕사는 가난하여 식량이 부족하니 쌀 대두 다섯 말, 쌀 한 가마니를 탁발해 오면 받아주겠네."

이 말을 듣고 객실로 돌아온 우와 스님은 탁발하러 가려고 준비했다. 그때 숭산 스님의 스승이신 고봉 스님께서 객실로 찾아와 우와 스님께 물었다.

"스님, 조실스님께서 방부를 받아주셨소?"

"아닙니다. 쌀 대두 닷 말을 탁발해 오면 받아준다고 해서 탁발을 나가려고 합니다."

"그러면 단 한 번에 탁발을 끝내는 방법을 가르쳐줄 터이니 내 시키는 대로 해보게." 하면서 새벽 3시에 도량석(道場釋) 하면서 울리는 커다란 목탁을 가져다주는 것이었다. 그러면서 말했다.

"이것을 가지고 조실스님 방문 앞에서 크게 치면서 큰 소리로 반야심경을 외우게."

도량석은 지전스님이 새벽 정각 3시에 대웅전 앞에서 시작하여 절 도량을 돌면서 새벽예불을 알리기 위해 커다란 목탁을 울리며 다라니를 독송하는 예식이다. 도량석 목탁은 일반 목탁보다 열 배나 커서 그 소리가 산중 전체를 흔든다. 고봉 스님은 이런 커다란 목탁을 우와 스님에게 주면서, 조실스님 방문 앞에서 울리라고 하신 것이다. 화주승이 시주를 받으러 왔으니 어서 나와서 시주를 하라는 뜻이다.

우와 스님은 고봉 스님이 시키는 대로 커다란 목탁을 들고 조실스님 방문 앞에서 두들기며 반야심경을 독송하였다. 그러자 조실스님께서 시자를 불러 "저 어떤 놈이 시끄럽게 목탁을 치는 거냐? 나가 봐라!" 하시니, 시자가 문을 열고 나와 보니 조금 전에 방부 드리러 온 객승이었다. 들어가서 조실스님께 "조금 전에 방부 드리러 온 객승입니다."라고 말씀드렸다.

"저놈 당장 끌어내라!"

덩치가 큰 시자가 키도 작고 왜소한 우와 스님을 불끈 들어다가 객실 방에 팽개쳤다. 시자가 돌아가자 고봉 스님은 멀찌감치 떨어져 이 광경을 보고 나서, 이번에는 커다란 북을 가지고 와서 우와 스님에게 또 이렇게 말하였다.

"수좌가 한 번 먹은 마음은 쉽게 바꾸면 안 되네. 수좌는 고집도 있고 깡다구도 있어야 되네. 이번에는 이 북을 가지고 가서 더 크게 치면서 반야심경을 독송하게."

그러자 우와 스님도 오기가 생겨서 또 다시 북을 가지고 조실스님 방 앞에서 두들기면서 큰 소리로 반야심경을 독송하였다. 북은 큰 재를 지낼 때 어산하는 스님들이 염불 독경하며 울리는데, 그 소리는 듣는 사람들의 심장 박동을 요동치게 한다.

조실스님은 또 다시 시자를 불러서 객승을 끌어내라고 명하셨다. 그러자 시자는 아까와 같이 우와 스님을 불끈 들어다가 객실 방바닥에 팽개쳤다.

시자가 돌아가자, 고봉 스님은 이번에는 태징을 들고 와서 "이봐, 수좌! 이 태징을 치면서 더 큰 소리로 반야심경을 독송하게!" 하며 용기를 주면서 부추겼다.

우와 스님은 고봉 스님이 시키는 대로 또 다시 조실스님 방 앞에 가서 태징을 치면서 반야심경을 독송하였다. 그러자 만공 스님께서 문을 열고 나와 마루 위에 서서 마당 가운데 서서 태징을 치는 수좌를 바라보면서, "뚝배기보다 장맛이 좋구나! 되었다. 방부를 받아줄 터이니 객실로 돌아가거라!" 하셨다.

그러나 우와라는 수좌는 계속 태징을 치면서 반야심경을 독송하는 것이었다. 만공 스님께서 "이놈아! 방부를 받아준다고 했지 않느냐? 시끄럽게 굴지 말고 그만 객실로 물러가거라!"라고 하시자, 우와 스님이 말하기를 "큰 시주님께서 쌀 한 가마를 시주하셨으니 반야심경 한 편을 독송해 드려야지요."라고 말하면서 끝까지 반야심경을 독송하는 것이었다. 만공 스님께서는 크게 웃으시고 크게 기뻐하시며 크게 흡족해 하셨다고 한다.

안거제도

매철 선객들은 결제가 되어 결제 방짤 때가 되면 가슴이 설레었다. 이번에 이 선원에 몇 명의 스님들이 모였을까? 내가 아는 스님은 있을까? 나보다 승랍이 많은 스님들이 몇 명일까? 나는 좌차가 몇 번째가 될까? 이번 입승은 누가 될까? 나는 어떤 소임을 볼까?

전국 각 사찰에서 거주하던 스님들이 모여 새로운 낯으로 석 달 동안 한 방에서 동거동락을 시작할 때는 긴장도 되고 경계심과 경쟁심이 생긴다. 이번 철에는 공부를 성취하고 말겠다는 각오로

매번 임한다.

각 선원에서는 안거가 시작되는 전날, 여름 안거는 음 4월 14일, 겨울 안거는 음 10월 14일 저녁예불 뒤, 전 산중 대중이 큰방에 모여 용상방(龍象榜)을 짠다.

용(龍)은 이판(理判)이요, 상(象)은 사판(事判)이요, 방(榜)은 공개적 알림이란 뜻이다. 이판(理判)은 조실스님과 수행승인 선객을 말하고, 사판(事判)은 주지를 비롯하여 사찰 운영을 맡은 스님들을 말한다. 20여 가지가 넘는 소임(직책)을 붓글씨로 크게 쓰고 그 밑에 그 소임을 맡은 스님들의 불명을 써서 붙인다. 이렇게 만든 커다란 알림판이 용상방인데, 이것을 대중 방 또는 선원 벽에 붙여 놓는다.

통도사, 해인사, 송광사 같은 대중이 많이 사는 총림에서는 선객은 선원에서, 학인은 강원에서, 율원생은 율원에서, 종무원은 종무소에서 용상방을 짠다. 원(院) 따라 소임이 다양하기 때문이다.

많은 대중스님들이 석 달 동안 단체 생활을 하려면 스님들이 각자의 승납과 성격에 맞게 20여 종류의 소임 중 한두 가지씩 맡아 일사불란하게 대중이 움직여야 한다. 그리하여 안거 용상방 짜는 일은 선원뿐만 아니라, 사중 전체에 큰 영향을 미치는 중요한 일이다.

안거제도는 부처님이 계시던 당시 인도의 우기 석 달 내지 넉 달 동안 수행승들이 돌아다니지 않고, 지붕이 있어 비를 피할 수 있는 곳에 모여 수행하던 제도로 지금은 태국, 스리랑카, 미얀마 등 남방 불교권이나 티베트, 중국, 일본 등 북방 대승불교권이나 모두 사라졌지만, 유일하게 우리나라만이 부처님 당시의 안거제도를 그대로 유지하고 있다.

여기에 겨울 안거를 더하여 일 년에 두 번씩 석 달 동안 엄한 청규와 수행시간을 정하여 집중 수행하는 아주 좋은 수행법이다. 이 좋은 법은 끝까지 밀고 나가 계속 이어져야 한다. 세계 불교 국가들이 한국불교가 수행불교라고 여기는 것은 부처님 때부터 이어오는 안거 수행법을 계속 이어오기 때문이다. 만약 한국불교에 안거 수행법이 사라진다면, 한국불교는 무속불교로 전락하고 말 것이다. 그리고 우리나라 안거제도는 매우 민주적이며 융통성 있는 좋은 제도이다.

큰 절 주지 소임이나 개인 사찰을 운영하던 스님 또는 교학에 열중하던 스님들도 발심하여 선을 하고자 하면 선원에 입방할 수 있다. 또 자유로이 내가 원하는 선지식을 찾아 선원을 찾아갈 수 있고, 겨울이면 따뜻한 제주도, 경상남도, 전라남도, 여름이면 시원한 강원도 설악산, 오대산 선원을 골라서 입방할 수 있다.

나는 칠십이 가까울 때까지 이 선지식 저 선지식 좇아 이

산 저 산 선원을 찾아다니며 안거를 했다. 7년 전부터 몸이 허약하여 대중스님들과 시간 맞추어 정진할 수 없어 이곳 정각사에 와서 자유로이 정진한다. 그래도 안거철이 오면 가슴이 설레며 새로운 각오를 다짐한다. 이번 여름 안거는 마지막 안거가 될 것으로 생각하니 각오가 새롭다.

체중이 날로 줄어들다

대중목욕탕에 간 지가 오래되었다. 이제는 대중목욕탕에 가기가 싫다. 코로나 때문만은 아니다. 빠짝 말라 피골이 상접한 앙상한 내 모습을 다른 사람에게 보이기가 싫다. 다른 사람들이 병든 내 모습을 보면 혐오감을 느낄 것 같다. 그래서 인터넷 온라인 쇼핑으로 이동식 반신 욕조를 구입했다.

세면장에 두고 따뜻한 물을 받아 몸을 오랫동안 담가 때를 불렸다. 세면장은 난방시설이 되어 있지 않지만, 오늘 같은 초여름 날씨의 오후는 목욕하기 아주 좋은 날이다. 오랜만에 따뜻한 물에 몸을 담그니 기분이 좋다. 묵은 때가 뭉텅뭉텅 나온다. 몸 구석구석 빠짐없이 때를 벗기고 나니 기분이 상쾌하다.

인터넷 쇼핑으로 체중계도 구입했다. 몸의 변화를 체크해 보기 위해서다. 몸무게를 달아보니 36.9킬로그램, 37킬로그램 선이 무너졌다. 너무 빨리 체중이 줄어드는 것 같다. 이러다가 여름

안거를 보내지 못할까 넌지시 걱정이 된다. 저승길 가이드가 떠나야 할 때를 알리면 언제든지 미련 없이 떠나자.

나는 주변 사람들에게 내 병의 심각성을 감추고 있다. 기침이 심하고 몸살기가 오면, 초기 감기약을 먹어 이겨내고 있다. 찾아온 신도들이 내 병의 심각성을 눈치 채지 못하는 것은 얼굴이 말랐지만 얼굴빛은 맑고 밝기 때문이다.

오늘은 5월 27일, 5월의 끝자락에 와 있다. 아침 일찍부터 여름 철새 꾀꼬리와 뻐꾸기가 서로 목청을 높여 경쟁하며 울어댄다. 활기 찬 초여름의 지리산이다. 여름 철새 하면 제비, 꾀꼬리, 뻐꾸기이다. 그러나 요즘은 제비를 볼 수가 없다. 30년 전만 해도 제비들이 처마 밑에 진흙을 물어와 집을 짓고 알을 낳아 새끼를 부화하여 연신 먹이를 물어다 먹였다. 그 모습을 지금은 볼 수가 없다.

마루 위 중방에 집을 짓고 새끼를 키우면, 네다섯 마리의 새끼 제비들이 경쟁하여 똥을 누웠다. 받침대를 받쳐주지 않으면 고스란히 마루 위에 떨어진다. 좀 귀찮게도 느껴지던 제비가 날아오지 않으니 마냥 아쉽다. 아마 사람들이 지나친 농약 살포로 먹이가 되는 곤충들이 사라지자, 새끼를 키울 수 없어 이곳 지리산을 찾아오지 않은 것 같다.

내일은 코로나 백신을 맞는 날이다. 오늘 아침 체중계에 올라 체중을 달아봤다. 36.4킬로그램이다. 하루에 100그램씩 체중이 주는 것 같다. 키가 160센티미터이면 체중은 50킬로그램이 정상 체중이라고 한다. 정상 체중에서 20퍼센트가 감소하여 40킬로그램 이하이면 저체중 위험수위에 들어간다고 한다. 내 키가 159센티미터이다. 작년 병나기 전에는 50킬로그램에 가까웠다. 체중이 14킬로그램이나 줄어서 현재 지금 내 체중이 36.4킬로그램이니 위험수위 40킬로그램 이하로 내려간 지 한참이다. 언제 쓰러질지 모른다. 다만 정신력으로 버틴다.

음식을 먹는데도 자꾸만 빠른 속도로 체중이 줄고 있다. 이렇게 허약한 몸으로 코로나 백신을 맞고 이겨낼 수 있을지 걱정이 된다. TV에서는 연신 부작용 뉴스가 쏟아져 나오고, 백신을 맞고 고통을 당했다고 하니 불안하다. 아마도 어느 정도 통증은 있겠지, 그것쯤이야 참고 이겨야 하지 않겠는가. 마음을 굳게 가져본다.

오늘은 코로나 백신을 맞는 날이다. 체중을 달아보니 35.8킬로그램이다. 어제보다 600그램이 준 것이다. 어떻게 하루 사이에 600그램이나 줄 수 있을까? 의심스러워 다시 달아보니 역시 똑같은 숫자를 나타냈다.

이런 몸으로 백신을 맞아도 될까? 좀 걱정이 되지만, 그래도 예약한 오후 3시 전에 덕산 가정의학과의원에서 백신을 맞았다. 그리고 타이레놀 진통제를 먹었더니 주사 맞은 왼쪽 팔만 약간 뻐근할 뿐 별다른 증상은 없다.

2차 접종은 8월 13일 오후 3시이니 꼭 참석하라고 부탁하는 메시지가 떴다. 8월 13일이면 음 7월 6일, 하안거가 끝나기 9일 전이다. 그때쯤이면 내 몸은 거의 사그라져가는 짚불과 같을 것이다. 그리고 안거가 끝나면 모든 삶을 마무리할 것이기 때문에 2차 접종은 맞지 않을 생각이다.

우리나라 속담에 "보배는 감추고 병은 드러내라."고 했다. 금은 보화를 가지고 있음을 자랑하면 도적을 당하기 쉽고, 병은 드러내어 여러 사람들에게 알리면, 좋은 약과 명의를 만날 수 있다는 뜻이다. 하지만 나의 경우, 지금 내 몸의 상태를 여러 신도들이 알면, 이 병원이 좋다, 저 병원이 좋다, 이 약이 좋다, 저 약이 좋다, 이 음식이 좋다, 저 음식이 좋다 하며 귀찮게 할 것이다.

나는 신도들에게 정신적 부담을 주기 싫고, 그들의 동정이 필요 없다. 내가 하고자 하는 조용하고 엄숙하며 뜻있는 아름다운 마무리에 지장을 초래할 것이 분명하다. 그래서 철저히 병을 감추고 고통을 참아야 한다. 그리고 병 없는 보통사람과 같은 생활 패턴을 보여야 한다. 지금 내가 할 일은 알아차림으로 마음을 챙기는 참선수행을 열심히 하는 수밖에 없다.

다행히 누구도 내 병의 심각성을 알지 못한다. 그것은 얼굴빛이 맑고 밝기 때문이다. 몸통의 피부는 지방과 근육 살이 빠져 쭈글쭈글하지만, 살빛이 희고 맑다. 보는 이마다 말하기를, 얼굴이 말라 보이지만 맑고 깨끗해서 어려 보인다고 한다. 그것은 내 마음이 평화스럽고 두려움과 걱정이 없기 때문이다. 그저 모두가 감사하고 고마울 뿐이다.

보통사람들은 중병에 걸리면 얼굴빛이 어둡고 탁하다. 독한 약물 중독과 방사선, 항암치료로 인한 부작용도 있지만, 무엇보다 마음이 불안하고 초조하며 원망과 분노로 가득하기 때문이다.

오늘 공양주 보살님께 점심 한 때만 내려와 대중공양을 하고, 아침저녁은 내가 있는 처소 주방에서 손수 해결하겠다고 했다. 지금까지는 전 대중이 아침은 각자 해결하고, 점심과 저녁은 모두 함께해 왔다.

계단을 오르내리기가 힘들다. 면 소재지 마트에 가서 물건을 사서 짊어지고 계단을 오르기가 힘들다. 이제는 편리한 방법을 써야겠다. 단골로 이용하는 택시 기사에게 필요한 물건이 있으면 전화로 부탁하면 된다. 정각사 입구에서 500미터 위쪽에 개인택시 기사 정씨가 살고 있다. 그는 하루에 여러 번 정각사 앞을 지나다닌다. 그와는 오랜 인연이 있다.

오늘은 음 4월 18일, 지장재일 정각사 하안거 기도입제일이다. 오늘은 대웅전에 들어가 기도입제 행사에 꼭 참석하려고 하였다. 그런데 특별 천도제가 겹쳐 있어서 관욕(灌浴)이 길게 있고, 천수경 독송이 끝나 지장보살 정근이 시작되었다. 이때 대웅전에 들어가야 한다. 그런데 갑자기 온몸의 기운이 빠진 탈진 상태가 된다. 신도들이 오는 중요한 행사이므로 꼭 참석하여야 하는데, 도저히 몸이 허락치 않는다. 평상시 먹던 공양시간이 지나다 보니 몸에서 이런 반응이 일어난 것 같다. 이런 돌발 상태가 종종 일어날 것이다. 대비를 해야 한다. 이러할 때 간단한 음식을 섭취해 주어야 한다. 당뇨병 환자가 갑자기 당이 떨어졌을 때, 이런 탈진 현상이 나타난다고 한다. 오래전에 구입해 놓고 한 번씩 측정검사를 해본 혈당 측량계를 꺼내어 혈당을 측정해 보았다. 116이라는 숫자가 나온다. 식사 후 2시간이 지났으니 정상적인 수치이다.

수의를 다림질하다

어제가 현충일이었다. 이제는 날씨가 제법 더워졌다. 초여름 날씨이다. 들판에는 모내기가 끝나 벼들이 나날이 다르게 자라고, 들과 산에는 딸기 종류의 열매들이 풍부하게 익어가니 이제는 물까치들이 고양이 사료에 악착스럽게 대들지 않는다.

나는 매일 이른 아침이면 체중계에 몸을 달아보고 달력에 몸무게를 적는다. 오늘은 35.7킬로그램이다. 요 며칠 사이에 비슷한 숫자가 오르락내리락 한다. 점점 줄어드는 체중과 비례하여 기운도 점점 떨어져 조금만 움직여도 탈진한다.

과연 음 7월 15일 백종일까지 하안거를 마칠 수 있을까? 걱정이 된다. 그러다가 문득 입관할 때 입을 수의가 생각났다. 부처님께서는 전륜성왕의 예식대로 5백 번의 솜과 천으로 유체를 감싸도록 부탁했다. 나는 어떤 수의를 입을 것인가? 일반 장의사에서 사용하는 수의는 속인용밖에 없다. 난 승려인데 속인 수의를 입을 수는 없다.

그래서 속옷, 러닝셔츠, 팬티, 흰 양말은 시장에서 구하고, 겉옷 바지저고리는 몇 년 전에 누나가 보내온 것을 입으려고 한다. 누나는 오랫동안 장롱 속에 묵혀 두었던 곱디고운 삼베를 당신은 아까워 옷을 못해 입고 있다가 딸과 상의하여 승복 집에 맡겨서 삼베 승복 한 벌을 만들어 보내왔다. 지난해 여름에 입고 빨아서 풀하여 잘 손질해 둔 그 승복을 꺼내어 보았다. 손질은 되어 있었지만 다림질이 되어 있지 않아 곱게 다림질을 해놓았다.

장삼은 세탁하여 말려서 곱게 다림질을 했다. 가사는 법주사 종회의원이 가사불사를 회향하여 보시했다. 완벽한 수의를 갖추게 되었다. 보자기에 곱게 싸서 여름 장마철에 곰팡이 냄새가 배지 않도록 비닐 팩에 넣어 벽장에 두었다. 이렇게 모든 것을 다 준비해 놓고 나니 마음이 한층 편안해진다.

오늘은 7월 15일, 음 6월 6일. 절기로는 소서가 지났다. 며칠 전이 초복이었다. 본격적인 더위가 찾아온 것이다. 장마철로 접어 들었다고 했으나, 한 번 엄청나게 전국을 폭우로 피해를 주더니만 어디로 사라졌는지 연일 무더위만 기승을 부린다.

그리고 오늘은 정각사 창건주 수월 스님의 입적 10주기가 되는 날이다. 정각사 뒤 내원암에서 상좌가 모신다. 내가 정각사에 와서 사는 동안 한 번도 참석하지 않은 해는 없었다. 나와의 인연이 깊고 정각사를 창건하신 대 공덕주이기 때문이다. 그러나 올해는 가까운 거리이지만 도저히 참석할 수 없다. 몸이 허락지 않는다. 체중이 많이 빠져 저체중 위험수위에 있는 나로서는 조금만 움직여도 탈진상태가 된다. 전번에 사중 정기법회에 참석 해보니 너무 힘이 들었다. 자칫 잘못하면 쓰러져 졸도할 수도 있다. 그러면 119를 불러 병원 응급실로 실려 가게 되고, 깨어난 뒤에는 중환자실에 입원시키고 말 것이다. 그러면 병원 문턱을 벗어나지 못하고 죽게 될 것이다. 이것은 내가 원하는 죽음이 아니다. 그래서 내원암 스님께 전화를 해서 오늘 큰스님 제에 몸이 불편하여 참석하지 못하겠노라고 했다.

오늘 아침, 체중을 달아보니 36.1킬로그램이다. 어제 35.6킬로그램보다 500그램이 늘었다. 그것은 어제 저녁 혼자서 택시를 불러 덕산에 나가 중국음식 우동을 사 먹은 효과이다. 나는 35킬로그램을 최후의 방어선인 마지노선으로 삼고 어떻게든지 35킬로그램 아래로 떨어지지 않기 위해 온갖 노력을 한다.

정각사에는 나에게 보배 같은 사제가 있다. 나보다 꼭 20살 아래인 사제다. 그는 20대에 입산하여 승납 30년이 다 되어간다. 승가대학을 졸업하고 전국 여러 선원에서 수년간 참선수행을 했으며, 우리나라 명산 유명한 기도 도량에서 다년간 기도정진을 했다. 강남 보은사에서 여러 해 동안 노전(爐殿: 법당에서 향과 초를 올리고 마지, 불공, 염불, 재를 올리는 소임)을 보았으며, 최근에는 정각사에 와서 얼마 전에 천일지장기도를 끝마치고, 지금은 하안거기도 및 백중기도를 열심히 하고 있다. 새벽 3시가 되면 혼자서 도량석을 하고 대종을 치고 예불을 올린다. 그리고 하루에 세 번 기도정진을 열심히 정성껏 한다.

그는 키가 큰 편이며 얼굴은 잘 생긴 점잖은 선비형 미남이다. 그가 20대 젊은 나이에 출가하여 오십 중반이 넘도록 어떠한 유혹에도 넘어가지 않고 오직 부처님의 가르침 따라 청정수행을 게으르지 않고 열심히 정진하고 있으니 승보(僧寶)가 분명하다. 무엇보다도 나에게 많은 도움을 주기 때문에 내게 보배 같은 사제라고 생각한다.

덕산이나 진주병원에 갈 때 부탁하면, 그는 기꺼이 자기 승용차로 나를 편안히 데려다준다. 필요한 물건을 사고자 덕산에 가자고 하면, 언제든지 거절하는 법이 없다. 덕산에서 살 수 없는 중요한 물건들은 인터넷 온라인을 통하여 구매해 준다. 그리고 내게 온 우편물이나 택배가 있으면, 내 방까지 가져다준다. 얼마나 고마운지 모른다.

더욱 고마운 것은, 나와의 밥 친구가 되어 주기 때문이다. 체중 유지를 위하여 외식을 하고자 할 때 나가서 외식을 하자고 하면, 거절하지 않고 그는 자기 승용차로 나를 모셨다. 나는 식사량이 적어서 식당에서 가져다준 음식을 다 먹을 수 없어 식사량이 큰 사제에게 절반가량 덜어준다. 그래서 남은 음식이 없이 비우고 나올 수 있었다.

그러나 요즈음 그는 살이 너무 쪘다면서 살을 빼기 위하여 건강 다이어트 중이다. 그는 점심과 저녁 사이 3시쯤에 스스로 다이어트 음식을 만들어 하루 한 때만 먹는다. 이러다 보니 같이 공양할 수가 없다. 같은 절 안에 있으면서도 얼굴 보는 일이 드물다. 나는 35킬로그램의 마지노선을 지키기 위해 외식을 해야 하는데, 같이 가 밥 먹을 상대가 없다. 늘 밥 친구가 되어 주던 사제가 체중조절을 위하여 철저히 다이어트를 하고 있는데, 같이 가자고 할 수가 없다.

덕산에 여러 식당이 있지만, 내가 늘 가는 식당이 있다. 입이 짧고 소화력이 약하여 내 입맛에 맞고 속이 편하고 소화가 잘 되는 중국음식 삼선우동을 먹곤 한다. 늘 사제와 둘이서 들렀는데, 혼자서 가서 같은 음식을 사 먹으려니 쑥스럽다. 무엇보다도 음식을 다 먹지 못하고 많은 양을 남기고 나오려니 식당 주인 보기가 죄송스럽다. 같이 밥 먹을 친구가 그립다.

어제는 택시를 불러 타고 새로 생긴 중국 음식점에 들러서 우동을 사 먹었다. 늘 다니던 식당이 정기휴일이기 때문이기도 했지만, 새로 생긴 식당의 음식 맛을 알고자 해서였다. 음식 맛은 늘 다니던 그 집만 못하다.

마트에 가면 여러 가지 간단히 요리해 먹을 수 있는 식자재들이 많다. 쇠고기, 돼지고기, 닭고기 등 육류와 여러 생선 및 조개류 같은 해산물들이 부위별로 잘 손질되어 손쉽게 요리할 수 있게 되어 있다. 하지만 청정한 절 도량에서 냄새를 풍기면서까지 내 몸 하나 생각하고 요리해 먹는다면, 도량신이 노할 것이다. 또한 소화력이 약한 나로서는 그런 음식들을 소화시키지 못한다.

며칠 전에 젊은 공양주 보살에게 내가 한 방(棒)을 맞았다. 젊은 보살이 살찐다고 어찌나 호들갑을 떠는지라, 그래서 한마디 했다.

"세상은 너무 불공평하다. 어떤 사람은 살찔까 봐 호들갑을 떨고, 어떤 자는 살을 찌지 못해 안타까워하니…."

그랬더니 공양주 보살이 대뜸 말하기를 "이게 평등한 것이에요. 살이 안 찌는 사람은 살 안 찌게 하지 않아요?"

이 말은 냉한 것은 싫고, 질긴 것은 싫고, 이것은 소화에 좋고, 저것은 소화가 안 된다고 음식을 너무 가리기 때문에 살이 찌지 않는다는 뜻이다. 공양주 말이 맞다. 내가 생각해도 음식을 가린다. 하지만 소화력이 약한 나로서는 그렇게 하지 않을 수 없다.

찬 바람이 불기 전에 마무리 지어야 한다

우리나라 사람들은 가장 더운 시기를 삼복(三伏) 더위라 한다. 삼복은 초복(初伏), 중복(中伏), 말복(末伏)이다. 초복은 소서(7월 7일) 지나서 첫 번째 천간(天干: 甲乙丙丁戊己庚辛壬癸)이 일진(日辰)에 경(庚)자가 들어가는 날이다. 올해는 7월 11일 경신(庚申)일이 된다. 중복은 열흘 후 경(庚)자가 들어가는 날이다. 올해는 7월 21일 경오(庚午)일이다. 말복은 입추(立秋, 8월 7일)가 지난 첫 번째 경(庚)자가 들어가는 날이다. 올해는 8월 10일 경인(庚寅)일이 된다. 중복과 말복 사이는 10일 때도 있고, 20일 때도 있다.

지금 시기가 초복이 지나고 중복이 가까워지고 있다. 연일 무더위가 기승을 부리고 있어 전국에 폭염 주의보가 내려졌다. 낮에도 푹푹 찌지만, 저녁이 되어도 열이 떨어지지 않아 열대야

현상을 나타내고 있다. 도시는 아스팔트 도로와 콘크리트 건물 벽에서 품어 나오는 열기 때문에 가마솥처럼 찜통더위이다. 이렇게 날씨가 더워지자, 사람들은 도시를 탈출하여 바닷가나 산속 또는 강가를 찾는다.

인도는 사계절이 더운 나라이다. 섭씨 40도가 넘는 날이 많다. 그래서 인도 사람들은 낮에는 활동을 자제하고 밤이 되면 밖으로 나와 활동을 하기 시작한다. 그래서인지 낮보다 밤을 좋아하고 해가 뜨는 동쪽보다 해가 지는 서쪽을 좋아한다. 서쪽에는 극락세계가 있을 거라고 믿고, 죽어서 서방정토 극락세계에 태어나기를 원한다.

부처님께서는 동향을 좋아하셨다. 정각산 보리수나무 밑에서 깨달음을 얻을 때도 동쪽을 향하여 앉아 선정에 드셨다가 깨달음을 얻으셨다. 평상시에도 동쪽을 향하여 앉기를 좋아하셨다. 법회를 열 때는 서쪽을 등지고 동쪽을 향하여 앉아서 설법하셨다.

동쪽은 각향(覺向), 깨달음의 방향이라고 하였다. 긴 무명(無明)의 어두움의 밤을 밝은 태양이 떠올라 물리쳐 깨달음의 대해탈을 의미하기 때문이리라.

우리나라 사람들은 한 해가 저물어가는 12월 31일이면, 지는 해의 낙조를 보기 위해 전라북도 부안 변산반도를 찾는 사람들과, 1월 1일 서해의 뜨는 해를 보기 위해 강원도 정동진을 찾는 사람들로 나누어진다.

지는 해를 보기 위해 부안 변산반도를 찾는 사람들은 옛 추억을 그리워하는 사연이 많은 나이가 지긋한 분이나 노처녀, 노총각 또는 혼자된 여성들이다. 그들은 지는 해의 찬란한 낙조를 보면서 아름다웠던 옛 추억들을 떠올린다.

뜨는 해를 보기 위해 강원도 정동진 동해를 찾는 사람들은 젊은 청춘 남녀 또는 신혼부부가 많다. 동해의 수평선 위에 붉게 떠오르는 찬란한 태양을 바라보면서 희망찬 내일을 꿈꾸며 무지갯빛 설계를 한다.

유교는 동쪽은 인(仁), 어짊을 뜻하고, 서쪽은 의(義), 의리를 뜻하고, 남쪽은 예(禮), 예법을 뜻하고, 북쪽은 지(智), 지혜를 뜻하며, 중앙은 신(信), 믿음을 뜻한다고 한다.

우리나라 사람들은 동쪽과 남쪽을 좋아했다. 동쪽은 희망과 행운을 가져다주는 방향이라고 생각했고, 남쪽은 복을 가져다주는 방향이라고 생각했다. 그래서 우리나라 속담에 "삼대가 적선을 해야 남향집을 짓고 산다."라고 했다. 서쪽은 실망과 실패, 북쪽은 죽음을 의미한다. 그래서 죽음을 북망산에 간다고 한다.

내가 거처하는 건물은 정북에서 한 눈금 서쪽으로 틀어진 방향이다. 그래서 겨울이면 볕이 들지 않고 차가운 북풍만 몰아친다. 찬 바람이 불어오기 전에 삶을 아름답게 마무리 지어야 한다.

신축년 하안거가 끝나다

입추가 지나고 말복도 지났다. 8월의 하순에 이르니 밤이면 풀벌레 울음소리 더욱 애처롭고, 낮이면 숲속에서는 가는 여름을 아쉬워하는 듯 매미가 목청껏 울어댄다. 이제는 아침이면 제법 선선한 바람이 불어 가을이 다가왔음을 느끼게 한다.

오늘은 하안거가 끝나는 전날인 음 7월 14일, 자자(自恣)를 하는 날이다. 세월은 참 빠르기도 하다. 결제가 엊그제 같은데 벌써 석 달이 지나 해제날에 이르렀다.

선원에서는 하안거가 끝나는 해제 전날 밤이면 저녁 예불을 모신 뒤 사중 전 대중이 큰방에 모여 자자를 한다. 자자는 대중이 모인 자리에서 자신의 잘못이 있으면 말해 달라고 요청하는 예식으로, 서로 잘못을 지적하고, 참회하고, 시정하여, 수행을 점검하고 청정하게 하기 위한 것으로, 부처님 당시부터 내려오는 전통이다. 윗좌석의 구참 스님들부터 차례로 자자를 하는데, 이렇게 말한다.

"대중스님들이시여! 나에 대하여 본 것, 들은 것, 의심되는 것에 대하여 잘못된 것이 있으면, 대중스님들께서는 부디 자비로써 저에게 말씀해 주시면 고치겠습니다."

나의 초참 시절만 해도, 처음 선방에 들어온 신참들은 그 말을 그대로 믿고 신랄하게 구참스님들의 허물을 지적하여 말했다.

그러면 자자를 하는 구참스님은 아주 겸손한 태도로 합장 배례하며 "잘못된 허물을 지적해 주셔서 감사합니다. 꼭 고치도록 하겠습니다."라고 말했다. 하지만 자자가 끝나고 사적인 자리에서 구참스님이 신참스님을 만나면, 구참스님의 태도가 달라지곤 했다.

"야! 니가 그 많은 대중 앞에서 그런 말을 해? 니 두고보자!"

그때서야 신참수좌는 '그게 그런 것이 아니구나.' 하고 깨닫게 된다. 이리하여 요즈음 자자는 허물을 말하지 않고 덕담하는 분위기로 바뀌었다.

자자가 끝나면 해제비와 안거증을 준다.

음력 7월 15일은 하안거 해제일도 되지만 지옥이나 아귀의 세계에서 고통받고 있는 영혼과 구천을 떠도는 조상들의 영혼을 구제하는 우란분재일(盂蘭盆齋日)이다. 우란분은 우람비나(산스크리트어)를 한자로 소리나는 대로 적은 것으로 '거꾸로 매달리는 고통을 받는다'는 뜻이다.

우란분재는 우란분경에서 유래한다.

부처님의 십대 제자 목련존자(木蓮尊者)가 신통력으로 돌아가신 어머니를 찾아보니 아귀가 되어 굶주리는 고통을 겪고 있었다. 목련존자는 자신의 신통력으로 어머니를 구제하려 했으나 어머니의 죄가 너무 무거워 구제할 수 없었다. 그래서 목련존자는 부처님께 어머니를 구제해 주시기를 간청하니 부처님께서 말씀하셨다.

"너의 어머니는 죄가 너무 무거우니 여름 안거가 끝나는 음력 7월 15일에 여러 스님들께 갖가지 음식과 과일을 정성스럽게 공양하면 어머니는 아귀의 고통에서 벗어날 것이다."

목련존자는 부처님의 가르침대로 백 가지 음식을 차려 여러 스님들께 공양을 올리어 어머니를 구제했다. 그래서 하안거가 끝나는 음 7월 15일을 우란분재 또는 백종일(百種日)이라 하여 우리나라 각 사찰에서는 조상을 천도하는 제를 올린다.

선원에서 수행하는 스님들은 사중에서 행하는 제에 참석해야 한다. 하지만 마음이 급한 수좌는 아침 일찍 걸망을 지고 떠난다.

우란분재 백종 행사는 우리나라 불교 행사 중 부처님 오신 날 다음으로 큰 행사이다. 조상을 숭배하여 조상께 제를 지내는 것을 중요시하는 우리 민족은 우란분재 백종 행사를 중시하였다. 나도 항상 우리 속가 조상들의 왕생극락을 위하여 조상들의 위패를 올리고 기도에 동참한다. 이렇게 중요한 행사인지라 대웅전에 참석하여 영가님들을 위해 축원해 주고 경도 읽어야 하는데, 몸이 허락지 않는다.

죽음이 백 보라면, 죽음의 문턱인 아흔아홉 보까지 와 있다. 몸무게를 달아 보면, 마지노선인 35kg이 무너졌다가 회복하기를 반복하고 있다. 숨이 멈출 것 같은 심한 기침이 자주 나온다. 따뜻한 물과 초기 감기약으로 진정시키지만, 기침의 횟수가 빈번

해졌다. 내비게이션의 안내양이 '목적지 주변에 왔습니다. 안내를 종료하겠습니다.'라고 이미 안내를 마친 상태인 것 같다.

이 마지막 한 발자국을 지키기 위해 병원에 입원하여 링거를 꽂고 생명연장을 하여 몇 날을 더 산다고 한들 무슨 의미가 있겠는가. 이제 아름다운 마무리를 위하여 단식에 들어가야 한다. 짐승들도 죽음에 이르면 먹이를 먹지 않고 죽음을 기다린다. 하지만 사람들은 억지로라도 숨이 멈추는 순간까지 음식을 먹이려고 하고, 영양제를 공급하여 단 며칠이라도 생명을 연장시키려 한다. 그렇기 때문에 숨이 멈추면 금방 시신이 부패되고 악취를 풍기게 된다.

부처님께서는 대장장이 아들 쭌다의 공양을 드시고 설사를 하여 장을 비웠고, 그 뒤 음식을 드시지 않고 반열반에 드시었다.

불보살님께 고별인사

오늘은 아침부터 가을 장맛비가 내리고 있다. 북쪽에서 내려오는 차가운 공기와 아래쪽에서 올라오는 습기를 많이 머금은 더운 공기가 우리나라 부근에서 만나 긴 구름띠를 이루어 이번 주 내내 비를 뿌린다고 한다. 거기에다가 태풍 12호 '오마이스'가 오늘 밤 남부에 상륙하여 내륙을 통과하면서 이곳 지리산 일대에 많은 비를 내리고 온대성 저기압으로 변하여 소멸할 것이라고 했다.

어제 우란분재 백종일은 날씨가 좋았다. 그러나 코로나 때문에 신도들이 몇 명 오지 않아 썰렁한 행사가 되었다.

오늘 내 일정은 각 전각(殿閣)에 들리어 불보살님께 마지막 고별인사를 드리는 것이다.

제일 먼저, 대웅전 참배를 하였다. 정각사 대웅전에는 중앙에 석가모니불을 주불로 모셨고, 부처님 좌편에는 문수보살, 우편에는 보현보살, 문수보살 좌편에는 관세음보살, 보현보살 우편에는 지장보살을 모셨다.

나는 가사를 수하고 향을 올린 뒤 불보살님 전에 절을 올리고 무릎을 꿇고 자작한 참회문을 낭독하였다.

참회문

시방삼세 부처님과 팔만사천 큰 법보와 보살성문 스님들께 지성귀의 하옵나니 자비하신 원력을 굽어 살펴주옵소서!

제가 이제 다겁생에 지은 업장 삼보전에 원력 빌려 일심 참회 하옵나니 불쌍히 여기시어 참회를 받아주옵소서.

제가 다겁생에 알게 모르게 뭇 중생을 죽인 죄업, 일심 참회

하옵나이다.

제가 다겁생에 알게 모르게 주지 않은 물건 가진 죄, 일심 참회 하옵나이다.

제가 다겁생에 알게 모르게 삿된 음행 한 죄, 일심 참회 하옵나이다.

제가 다겁생에 내 집단과 내 이익을 위하여 알지 못하면서 안다고 하고, 알면서도 모른다고 하며, 보았어도 보지 못했다고, 보지 못했으면서도 보았다고 거짓말한 죄, 일심 참회 하옵나이다.

제가 다겁생에 여기서 들은 말을 저기에 가서 말하고, 저기서 들은 말을 여기서 말하며, 서로를 갈라놓고 화목을 깨뜨리며, 불목하는 사람들 사이에서 싸움을 부추기고, 남의 불화를 나의 즐거움으로 여기어 불화를 만드는 이간질한 죄, 일심 참회 하옵나이다.

제가 다겁생에 거친 말, 통렬한 말, 모진 말, 모욕하는 말, 성나게 하는 악담한 죄, 일심 참회 하옵나이다.

제가 다겁생에 부적절한 때에 말하고, 사실이 아닌 것을 말하고, 이익이 없는 말, 타당성이 없는 말, 분별없는 말을 한 죄, 일심 참회 하옵나이다.

제가 다겁생에 탐심으로 가질 수 없는 물건을 갖고자 하고,

얻을 수 없는 명예를 얻고자 하고, 취할 수 없는 권력을 취하고자 욕심을 부린 죄, 일심 참회 하옵나이다.

제가 다겁생에 마음을 다스리지 못해 남에게 화내고, 증오하고, 저주하며 원망하는 마음 일으킨 죄, 일심 참회 하옵나이다.

제가 어리석어서 옳은 것을 그릇되게, 그릇된 것을 옳게 보아 남을 오해한 죄, 일심 참회 하옵나이다.

삼계의 스승이시며 사생의 자부이신 부처님이시여, 제가 이제 금생의 삶을 마감하려 하오니 저의 뜻을 헤아려 허락하여 주시옵소서!

원하옵나니, 이 내 몸이 세세생생 날 적마다 반야지혜 좋은 인연 만나옵고, 내세에 사람 몸을 받거들랑 구족 색신 갖추옵고 정법 문중 바른 스승 만나 뵙고 속성정각 이루어지이다.

나무석가모니불, 나무석가모니불, 나무시아본사 석가모니불.

그리고 나서 불법승 삼보(三寶)를 옹호하는 104위 신장님을 모신 신중단(神衆壇)을 향하여 이렇게 빌었다.

"여러 신장님들이시여, 제가 이제 이 세상을 떠나려고 하오니, 마지막 가는 길에 마장(魔障)이 없게 잘 보살펴 주시옵소서!"

다음으로 은사스님 영전에 촛불을 밝히고 향을 피워 올린 뒤 절을 올리고 한참을 엎드려 은사스님께서 살아생전에 베풀어주신 은혜를 생각하며 이렇게 고하였다.

"나를 낳아주신 분은 부모님이지만 중을 만들어주시어 부처님 가르침 따라 수행 정진케 해주신 것은 스님 은덕입니다. 이 생에 와서 최고의 행운은 스님을 만난 일입니다. 스님의 은혜는 세세생생에 갚아도 다 갚을 길이 없습니다. 이제 스님 곁으로 가고자 하오니 저를 받아주십시오. 불초 제자 대현이는 엎드려 간절히 빕니다."

영단을 향하여 조상님들께 절을 올리고 대웅전을 나와 명부전(冥府殿)으로 갔다. 명부전은 지장전(地藏殿)이라고도 한다.

명부전 문을 열자 문 양편에는 두 저승사자가 한 손에는 철퇴를 들고 다른 한 손은 주먹을 불끈 쥔 험상한 모습으로 서 있다. 중앙에는 인자한 모습의 지장보살이 근엄하게 앉아 계신다. 지장보살은 명부세계의 중생을 교화하시는 원력이 크신 보살이시다. 보살님 좌편에는 도명존자(道明尊者), 우편에는 무독귀왕(無毒鬼王)이 보좌하고 있다. 도명존자 좌편에 다섯 분, 무독귀왕 우편에 다섯 분, 망자의 영혼을 재판하는 열 분의 명부 재판관, 흔히 말하는 염라대왕이 의자에 앉아 계시고, 그 옆에 기록관이 배치되어 있으며, 그 앞에는 사자처럼 생긴 짐승 위에 둥근 업경대(業鏡臺)가 있다. 열 분의 명부 재판관(염라대왕)들은 망자가 태어난

해의 간지(干支) 중 여섯 간지씩을 맡아서 재판을 한다.

제1. 진광대왕: 임신생, 을해생, 신미생, 갑술생, 경오생, 계유생
제2. 초강대왕: 경인생, 계사생, 기축생, 임진생, 무자생, 신묘생
제3. 송제대왕: 갑신생, 정해생, 계미생, 병술생, 임오생, 을유생
제4. 오관대왕: 병인생, 기사생, 을축생, 무진생, 갑자생, 정묘생
제5. 염라대왕: 임인생, 을사생, 신축생, 갑진생, 경자생, 계묘생
제6. 변성대왕: 무인생, 신사생, 정축생, 경진생, 병자생, 기묘생
제7. 태산대왕: 병신생, 기해생, 을미생, 무술생, 갑오생, 정유생.
제8. 평등대왕: 무신생, 신해생, 정미생, 경술생, 병오생, 기유생
제9. 도시대왕: 갑인생, 정사생, 계축생, 병진생, 임자생, 을해생
제10. 오도전륜대왕: 경신생, 계해생, 기미생, 임술생, 무오생, 신유생

저승사자들이 붙들어온 망자의 영혼을 업경대 앞에 세우면 업경대에는 살아있을 때 있었던 일들이 TV 화면처럼 나타난다. 이렇게 되는 것은 살아생전부터 망자의 영혼 속에는 아뢰야식이라는 블랙박스가 장착되어 있기 때문이다. 이 화면에 나타나는 선악의 모든 사건들을 기록관이 기록한다. 철저한 증거주의 재판이 이루어진다. 재판은 일주일에 한 번씩 이루어져 7주가 되는 49일 만에 판결이 결정된다.

재판이 이루어지는 49일 안에 친지나 지인들이 망자를 위하여 제를 올리거나 공덕을 베풀면 그 공덕이 망자에 돌아가 마지막 판결이 결정될 때 큰 영향을 미친다. 그동안 망자의 마음가짐이 중요하다. 망자를 위하여 행한 공덕을 명복(冥福)이라 한다.

그러나 불교인으로서 수행을 잘 하였거나 공덕을 많이 쌓은 사람들은 명부 재판관의 재판을 받지 않고 인로왕보살의 안내로 극락세계에 가게 된다.

기독교를 믿고 수행과 공덕을 쌓은 사람은 천사의 안내로 천당에 간다. 각자가 믿는 종교에 따라 망자가 입는 혜택이 각기 다르다.

나는 지장보살님께 이렇게 소원을 빌었다.

"대자대비하시며 원력이 지대하신 지장보살님이시여, 제가 이제 금생을 마감하고자 하오니 보살님의 가호력으로 명부세계 명부 재판관으로부터 재판을 받지 않고 인로왕보살님의 보살핌으로 왕생극락하게 하여 주옵소서."

그러고 나서 제3 송제대왕 전에 절을 올리고 이렇게 고하였다.

"정해생 출가사문 대현입니다. 살아있는 동안 착한 일보다 나쁜 일을 많이 했습니다. 이제 깊이 참회하오니 부디 잘 살펴주시옵소서."

명부전을 나와서 삼성각과 선원, 그리고 내 거처가 있는 곳으로 가기 위해 매끄러운 강돌로 만들어진 계단석을 한 발짝 한 발짝 조심스럽게 올랐다. 다리가 후들거리고 숨이 차고 심장이 마구 뛴다. 매일 오르내리는 계단이지만 늘 조심조심 긴장을 풀지 말아야 한다. 오늘은 비가 내리어 더 미끄럽다. 미끄럼을 방지하고 자 금강석이 박힌 망치로 두들겨 까칠하게 만든 망치자국도 이제 는 거의 다 지워졌다.

삼성각(三聖閣)에는 인간의 새 생명과 수명을 관장하는 치성광 여래불과 북두대성 칠원성군, 중생들의 복전(福田)이 되어 중생들 의 소망을 이루어주시는 나반존자, 그리고 가람수호를 맡아 삼보 를 옹호하는 산신을 모신 전각이다.

이분들께도 향을 피우고 절을 올린 뒤 발원하였다. "이제 제가 금생을 마감하고자 하오니, 마지막 가는 길에 아무런 장애가 없고 고통이 따르지 않게 하여 주옵소서."

오랜만에 죽림선원 큰방에 들러 선원에 모셔져 있는 목불탱화 에도 향을 피우고 절을 올린 뒤 소원을 빌었다. 목불탱화에는 석가모니불과 그 좌우에 문수보살과 보현보살, 그리고 십대 제자 가 모셔져 있다.

"다음 생에는 건강한 몸으로 사람 몸 받아 태어나면 꼭 불법을 만나 바른 스승 밑에서 참선수행을 열심히 하여 성불하게 하여 주소서."

각 전각을 참배하여 불보살님 전에 올리는 고별인사가 끝났다. 하지만 정녕 고별사를 해야 할 분께는 고별인사를 하지 못했다. 정각사에는 살아계시는 부처님이 계시는데, 세수가 95세 되시는 주지스님의 모친이시다. 노보살님은 6.25전쟁 1.4후퇴 당시 남쪽으로 내려오신, 황해도 구월산 부근에서 사셨던 실향민이시다.

노보살님은 항상 긍정적인 사고로 살아가신다. 노래를 좋아하셔서, 기쁠 때나 슬플 때나 늘 노래를 부르신다. 그래서 노래방 기계를 노보살님 방에 설치해 드렸다. 지금도 지나간 옛노래 80여 곡을 가사를 보지 않고 부르실 정도로 대단한 기억력을 갖고 계신다. 이가 빠지고 없어서 발음이 똑똑하지 않지만, 가사와 박자를 틀리지 않고 잘 부르신다. 젊은 시절에는 노래를 잘 부른다고 칭찬을 많이 받았다고 늘 자랑하신다.

노보살님은 남 칭찬하기를 좋아하고, 허물을 보지 않으며, 남의 일에 간섭을 하지 않는다. 절 후원에 와서 공양주에게 반찬을 잘 만드니 못 만드니, 절 살림을 잘 하느니 못 하느니, 일체 말이 없으시고, 후원 공양간에 잘 오시지도 않는다. 신도들 앞에 나서서 내가 주지스님 모친이라고 거드름을 피운 적도 없다. 절에서 일하는 처사가 옆방에 사는데, 여러 날 방에 들어앉아 있을 뿐 일을 하지 않아도 절대로 아무 말씀을 하지 않는다.

또 부지런하시다. 잠시도 쉬지 않고 늘 무엇인가를 하신다. 텃밭에 무, 배추, 상추, 쑥갓, 가지, 고추, 호박 등을 가꾸어 절 반찬에도 도움을 주신다.

보살님은 또 꽃을 좋아하시어 철따라 아름답게 피는 꽃들을 분에 심어놓고 가꾸신다. 그리고 애완용 동물을 사랑하시어 강아지 세 마리를 키우신다. 너무 잘 먹여서 강아지들이 과체중이다. 평소 베풀기를 좋아하시어, 봄에 죽순이 나올 때면 손수 죽순을 꺾고 삶아서 손질해 두었다가 이 사람 저 사람에게 주신다.

당신 생신이나 아들인 주지스님 생신 때에는 인연 있는 스님들을 초청하여 음식을 대접하고, 봉투에 금일봉을 담아서 보시하신다. 옆방 처사도 빼놓지 않으신다.

1.4후퇴 때 남한에 내려와 온갖 궂은일을 하시며 고생하셨지만 남한에서 고생한 이야기는 안 하시고, 이북에서 부잣집 지주의 딸로 살면서 행복했던 이야기만 하신다. 이렇게 늘 긍정적 사고로 사시기 때문에 건강하게 오래 사시는 것 같다.

나는 노보살님께 가서 고별인사를 올릴 수가 없다. 그럴 만한 사정이 있어서이다. 대중들이 내 병의 심각성을 느끼지 못하고 있을 때, 노보살님은 나를 만나면 대뜸 "너무 바짝 말랐어. 어디가 아픈 게 분명해! 병원에 가봐!" 큰소리로 말씀하신다. 그러면 나는 남의 물건을 훔치다가 들킨 사람처럼 화들짝 놀란다. 나는 얼른 "난 괜찮아요. 난 안 아파요!" 짧게 대답하고 그 자리를 피해 버린다.

지금 고별인사를 하기 위하여 노보살님을 뵌다면, 나도 모르게 왈칵 눈물이 쏟아져 나올 것 같다. 그러면 눈치 빠른 노보살님은 낌새를 알아차리실 것이다. 나는 끝까지 내 일을 숨기고 싶다. 그래서 내 방이 있는 곳에서 노보살님이 계시는 곳을 향하여 고별인사를 올렸다.

"부디 건강하게 백 살이 넘게 오래오래 사시어 통일이 되거들랑 간절히 원하시던 고향에 가시는 소원을 이루소서!"

이렇게 고별사를 다 마치고 나니 조금 더 죽음의 문턱에 가까워진 것 같다.

지금 나는 백척간두(百尺竿頭) 벼랑 끝에 서 있다. 뒤로는 물러설 수 없는 곳, 선택의 여지가 없이 앞으로 나아가야만 한다. 한 발자국도 남지 않은 벼랑 끝에 서니 두려워진다. 벼랑 끝 낭떠러지는 어떤 세상이 펼쳐질지 모르는 저승세계이기 때문이다.

강원도 양양 낙산사 홍련암이 세워지기 전의 일이다. 의상대사는 그 자리 벼랑 끝 바위 위에 서서 동해를 향하여 합장하고 해수관세음보살을 친견코자 여러 날 동안 밤낮으로 관세음보살을 부르며 기도를 올렸다. 하지만 아무리 열심히 기도를 해도 관세음보살이 나타나지 않자 의상대사는 자신의 신심이 부족함을 한탄하며 몸을 바다로 던진다. 그때 해수관세음보살이 청룡을 타고 나타나 붉은 연꽃으로 대사의 몸을 받았다고 한다.

내가 백척간두에서 몸을 던지면 인로왕보살이 반야용선을 타고 나타나 연꽃으로 받아 극락세계로 보내주실까? 나는 그렇게 되기를 불보살님께 간절히 기도드린다.

오늘은 음 7월 18일 지장재일 하안거 기도 회향일이다. 가을 장맛비가 아침부터 주룩주룩 내린다. 태풍 오마이스는 별 피해 없이 우리나라를 지나갔다.

어제는 이동식 욕탕에 따뜻한 물을 받아 목욕을 하고 삭발, 면도를 하였다. 그리고 소지품을 정리하여 필요없는 물건들은 쓰레기봉투에 담아 밖에 내놓았다.

오늘은 단식을 시작하려고 작정한 날이다. 단식에 들어가기 전에 지금까지 내 마음속에 품고 있는 계획을 소임자 스님께 말하여 도움을 요청하려고 했는데, 이제 때가 온 것이다. 나는 아침 일찍 주지스님과 기도스님을 내 방으로 와달라고 하였다.

"오늘 체중계에 몸무게를 달아 보니 34.5킬로그램입니다. 내 건강이 극도의 한계점에 와 있네요. 죽음이 백 보라면 아흔아홉 걸음에 와 있는 것 같아요. 남은 한 발자국을 지키기 위해 병원에 입원하여 영양제 링거액으로 짚불처럼 다 사그라져가는 몸을 몇날 더 연명한들 별 의미가 없을 것 같아 오늘부터 단식수행을 하려고 합니다."

유언장과 고별사를 보여주고, 통장에서 인출한 돈과 수표를 건넸다. 그리고 영정사진과 수의를 보여주었다.

한 가지 마음에 걸리는 것이 있다. 유언장에 적힌 대로 속가 누님과 조카들에게 전화로 사망 소식을 전하면, 모두들 속히 달려올 것이다. 그들은 내가 어떤 병을 앓았는지, 어떤 방법과 노력을 하여 치료를 하려고 애를 썼는지 궁금해할 것이다. 승속을 막론하고 사람들은 병이 들면 병원을 찾고 결국엔 죽음을 병실에서 맞이하는 것을 당연한 것으로 생각한다. 그러니 내가 병원이 아니고 사찰, 나의 방에서 운명한 것을 두고 그들은 혹시나 주변에서 환자를 너무 무관심하고 소홀히 대접하지나 않았을까 섭섭한 생각이 들 수도 있을 것 같다.

아무래도 누님과 조카들을 잘 이해시켜야 할 것 같았다. 그래서 병원을 다니면서 받은 처방전과 X레이, CT 촬영한 CD를 보여주며 그들에게 잘 설명해 달라고 했더니, 주지스님이 사제에게 스마트폰으로 녹음을 하도록 했다.

나는 병이 발견되어 병원을 찾아가 치료 받은 과정과, 지금까지 투병한 내력을 요약하여 녹음을 했다.

단식 수행, 그리고 열반을 향하여

둘숨 날숨을 알아차리며 고요한 우주의 평화스러운 침묵에 전율을 느낀다. 무기의 혼침에 빠지지 않고 성성히 한 생각을 챙긴다. 나는 이제 돌이킬 수 없는 위치다. 내가 지금 하고 있는 단식수행법을 포기하여 병원을 찾는다면, 나를 기다리고 있는 것은 그저 진통제 영양제로 고통을 잠재우는 일과 연명의 기약없는 시간, 막대한 치료비, 꼴불견의 죽음뿐일 것이다. 그러니, 고통이 더 따르고 힘들더라도 내 갈 길은 이 길뿐이다. 누가 안타까워하여 꼬일지라도 그를 따라서는 안 된다.

오늘은 단식수행 첫날이다. 별로 배고픔을 못 느꼈고, 기운도 전날과 다름이 없다. 오직 죽기 위하여 하는 단식은 하고 싶지 않아서, 갈증이 나면 한 모금씩 물은 마시기로 했다. 또, 심하게 기침이 나고 고통이 오면 초기 감기약을 복용하여 진정시키고자 했다. 정진을 위한 단식으로 생각하여 육신을 달래가면서 마지막 순간을 맞이할 것이다.

단식수행 이틀째가 되는 날이다. 체중은 34.2킬로그램이다. 체력이 어제보다 많이 떨어진다. 구충제는 열흘 전에 먹었다. 단식을 할 때 중요한 관장을 했다. 관장기를 이용하여 30도 가량의 미지근한 물 1리터 정도를 항문으로 넣어 대장 내의 변을 밖으로 쏟아내는 방법이다. 관장을 하고 나니 아랫배가 시원해진다.

세상을 떠나려 하니 마음에 걸리는 중생들이 있다. 늘 찾아와 밥 달라고 하는 들고양이들과 까치, 까마귀, 물까치 등 새들이다. 이들은 고양이 사료를 좋아한다. 그래서 남아있는 10Kg 정도의 고양이 사료를 그릇 그릇 담아서 비가 들이치지 않는 처마 밑에 놓아두었다.

단식수행 셋째 날.

알림이 울리기도 전, 아침 일찍 잠에서 깨어났다. 뱃속이 불편하다. 위장이 쓰리고 무겁고 꽉 막힌 듯 답답하다. 왜 이럴까? 생각해 보니, 기침이 심하고 통증이 올 때 먹었던 감기약이 속을 뒤집어놓은 것 같다. 감기약 봉지에 식후 30분 이내에 먹으라고 적혀 있는 약 사용법을 무시하고 빈 속에 약을 먹은 것이 원인인 것 같다.

울산에 사는 후배 스님이 보내준 환으로 된 한약 소화제를 컵에 넣고 따뜻한 물을 조금 붓고 으깨어 잘 희석시켜서 마셨더니, 시간이 갈수록 뱃속이 편안해진다. 오전 8시쯤에 관장을 했다. 탁한 변의 찌꺼기가 쏟아져 나왔다. 장 안으로 들여보낸 물이 한 몫에 다 쏟아져 나오는 것이 아니어서 신경이 쓰인다. 변기에 앉아 한참을 기다리다가 다 나왔으려니 하고 옷을 추스르고 방에 들어와 얼마 있으면 설사를 할 때처럼 배가 싸르르한 감이 들어 다시 화장실에 들어가야 한다. 이러기를 몇 차례 하고 나니 기운이 소진되어 맥이 풀린다.

11시경에는 광주에 사는 속가 형님의 아들(친조카)과 큰누나의 아들(조카)이 왔다. 거기에 주지스님과 기도스님, 그리고 정각사 룸비니 어린이집 원장인 J 스님, 다섯 사람이 내 방에 찾아왔다. 주지스님 혼자서는 감당하기 힘든 큰 사건으로 생각하여, 이분들에게 알린 것이다.

어린이집 J원장스님은 나보다 세 살 위의 연장자 스님이다. 스님과의 인연은 30년 전 내가 정각사 주지 소임을 볼 때 J 스님의 권유로 덕산에 어린이집을 열게 되면서부터이다. 정각사 불교어린이 법회를 창설한 스님은 세속 법률에 밝아 지금도 정각사 송사 문제에 많은 도움을 주는 정각사 고문이다.

이들이 함께 찾아온 뜻은, 당장 단식을 풀고 병원 입원을 하자는 것이었다. 나는 병원을 생각하면 끔찍한 지옥으로 여겨진다. X레이 검사, CT 검사, 객담 검사, 심전도 검사, 피 검사, 소변 검사, 폐활량 검사… 온갖 검사 때문에 몸이 지치는 것은 말할 것도 없고, 탁한 공기에 어울리기 힘든 세속인들과 한 병실에서 맞지 않은 음식을 먹으면서 산다는 것은, 생각만 해도 끔찍하다. 독한 약으로 위장을 뒤틀리게 하고, 링거를 팔에 꽂고 누워 있을 것을 생각하면 온몸에 소름이 끼친다.

천국 같은 정각사 죽림선원 지대방, 웅장한 지리산의 정기가 뭉쳐 이루어진 이곳 마당가 화단에는 백합을 비롯하여 내가 정성껏 가꾼 꽃들이 피어 있다. 풍경소리, 바람 부는 소리, 물 흐르는 소리가 여러 산새들과 매미, 이름 모를 벌레들이 울어대는 소리와 한데 어우러져 자연의 오케스트라를 방불한다. 나는 이곳을 잠시도 떠날 수 없을 것 같다.

이렇게 좋은 환경에서 마지막 삶을 장식할 수 있다는 것은 아무나 누릴 수 있는 행운이 아니다. 이런 행운을 날더러 버리라고 집요하게 설득한다. 나 또한 이들의 마음을 헤아리지 못하는 것은 아니다. 지금은 백 세 시대인데, 내 나이 칠십다섯이니 한참을 더 살아야 하지 않느냐는 것이다. 의술이 고도로 발달한 지금, 폐렴 정도는 쉽게 나을 수 있다고 한다. 나는 생각한다. 나의 건강이 나빠진 것은 현대 의학을 지나치게 믿었기 때문이다. 몇 해 전, 턱 밑에 난 피부병을 단순 종기로 여기고 여러 날 동안 항생제를 투여하고 독한 피부병 약을 먹어댔다. 그럼으로써 내 몸의 면역체계가 무너진 것 같다. 그로 인해 폐렴균에 감염된 것이다. 좋은 약을 써서 폐렴이 낫는다고 해도 독한 약물 치료로 인해 면역체계는 더욱 약화되어 또 다른 악한 병원체가 침투할 것이다. 이것이 자연의 법칙이다. 그럴 줄 뻔히 알면서 어리석게 명줄을 놓지 않으려고 발버둥칠 것이 어디 있겠는가.

옛날 스님네들은 병이 들어 죽음이 가까워지면 마지막 수행법으로 단식에 들어가 맑은 정신으로 한 생각 놓지 않고 생을 마감했다. 옛날 속가 일반인들도 나이가 들어 병이 깊어지면 주변 권속들의 수고와 본인의 고통을 덜기 위하여 곡기를 끊었다. 짐승들도 죽음이 닥치면 먹이를 먹지 않는다. 그러나 요즈음 사람들은 병자가 숨이 멈출 때까지 음식물을 먹이고, 영양제를 공급시킨다. 현대의학의 의료기술을 믿고 또 지나친 남용으로, 편히 갈 환자를 산 자들의 인정과 주변의 체면 때문에 힘들게 하고 있다. 옛사람들보다 지식은 많으나 지혜는 쇠퇴하였다.

내가 강한 의지를 갖지 않고 조금이라도 마음이 약해졌다면, 끈질긴 설득에 항복하고 말았을 것이다. 그들의 말에 따라 병원에 입원하여 바라는 대로 병이 빨리 치료가 되어 퇴원한다면 그 얼마나 좋겠는가. 하지만 반대로, 여러 가지 조건이 들어맞지 않아 병이 더욱 악화된다면 어쩔 것인가. 그러면 임의로 퇴원하려고 해도 현행 의료법상 그러지도 못하고 여러 날을 막대한 치료비를 부담하면서 병실에서 죽어가기만 기다리게 될 것이다. 그리된다면 환자인 나도 고통이요, 어렵게 만들어버린 그들 또한 후회하게 될 것이다. 병원에 가면 병이 낫는다는 생각은 잘못된 생각이다. 내가 만약 돈 많고 이름난 큰스님이라면 내 의지대로 행할 수 있을까? 아마 그럴 수 없을 것이다. 옆의 시자들에 의하여 어쩔 수 없이 병원 신세를 져야 할 것이고, 결국 병실 문을 나서지 못할 것이다.

내가 돈도 있고 유명한 큰스님이 아닌 것이 얼마나 다행인지 모른다.

단식수행 6일째.

체중은 32.1kg. 음력 7월 23일. 은사스님의 입적 17주기가
되는 날이다. 나도 은사스님의 뒤를 따르고 싶다. 새벽 예불을
알리는 대종소리가 고요한 산사에 울려퍼진다. 한 병승의 임종을
재촉하는 열반의 종소리로 들린다.

은사스님께서 가신 오늘, 나도 따라서 가고 싶었는데 그러지
못하고 해가 저문다. 아쉽다. 아직 못 다한 남은 짐이 있나 보다.
꺼질 듯 꺼지지 않는 짚불, 임의로 휘저어 태울 수도 없다. 시간이
가면 저절로 꺼지겠지. 2주가 될지, 3주가 될지, 알 수 없는 일이다.
그때까지 한 생각 놓치지 않고 알아차림으로 마음을 챙기는 수행
을 열심히 하는 수밖에 없다.

시간은 빠르게 흐른다. 건강을 위하여 단식원에 들어간 일반인
들은 1주일이나 또는 2~3주 동안 단식요법을 행한다. 다이어트를
위해 단식원에 가는 이들도 많다. 그때 그들이 공통으로 말하는
것은, 배고픔을 참는 것보다 더 힘든 것은 시간이 더디 가는
것 같은 지루함이라고 한다. 그래서 그들은 스마트폰 게임, 인터넷
검색, TV, 음악, 잡지, 만화책, 소설책 등으로 소일하면서 시간을
보낸다. 불교의 알아차림 명상 수행법을 알지 못하기 때문이다.

단식요법과 명상 수행법을 겸하면 좋을 것이다.

식욕은 오욕 중 첫째다. 뭇 중생은 먹는 쾌감에 생명을 건다. 먹는 것 자체가 생명과 직결되어 있기 때문이다. 나는 별로 배고픔이 느껴지지 않는다. 내 방에는 TV가 있다. 하지만 세상사에 흥미가 끊어지니 리모컨에 손이 가지 않는다.

단식수행 7일째.

체중 32.0kg. 체력은 그런대로 견딜 만하다. 떠나는 자리가 깨끗해야 될 텐데. 공양주 보살에게 올라오라고 하여 소변통도 비우고 방과 주방 청소를 해 달라고 하였다. 워낙 청소를 하지 않아서 구석구석 거미줄이 쳐져 있고, 곳곳에 먼지가 수북이 쌓여 있다.

오전에 다 끝마치지 못하고, 오후에 또 와서 청소를 했지만, 아직 주방이 덜 끝나고 냉장고 청소가 안 되어, 내일 와서 하겠다고 한다. 이곳 내 거실이 삼일장 영안실이 될 것이다.

대중들도 나의 강한 뜻을 꺾지 못하고, 또 냉철한 나의 판단에 동의하여 수행자로서 마지막 할 수 있는 단식 정진에 적극 협조해 준다. 감사하고 고맙다.

그제는 속가 누나와 조카 등 여섯 명이 다녀갔다. 오지 말라고 고함을 치며 절대 오는 것을 반대했는데 기어코 온 것이다. 이미 와서 방문을 두들기는데, 화를 내면서 문전박대하여 그들을 보낸 다면, 너무 많이 섭섭해할 것 같았다. 새벽부터 서둘러 장거리를 달려왔는데 한마디 말도 나누지 못하고 돌아서게 된다면, 나 또한 마음이 편치 않을 것 같았다.

마음을 바꾸어 부드럽고 자상한 태도로 그들을 설득시키고 이해시켰다. 대화 중 종종 눈물을 흘렸지만, 그들도 충분히 이해했 고, 나의 뜻을 따르기로 하며 슬프게 발걸음을 돌렸다. 피로 맺어진 인연은 너무 끈끈하다. 바르게 죽고자 함이 왜 이렇게 힘이 드는 것일까?

단식수행 8일째.

체중 32.2kg. 8월이 지나고 9월로 접어든 첫날이다. 예로부터 우리나라의 가을은 청명한 날이 많았다. 그런데 몇 년 전부터는 가을 장맛비가 생겨나더니, 오늘도 궂은 비가 오락가락한다. 가을 장맛비는 곡식이 여물어가는 요즈음 일조량 부족 현상을 일으켜 이익이 없다. 우리나라의 일상적인 맑고 밝은 쾌청한 가을 하늘이 그립다.

아랫배 항문 주변에서 변이 나올 듯 방귀가 나올 듯 야릇한 감각을 준다. 기운이 없어 비틀거리며 용기를 내어 화장실에 들어가 관장을 했다. 변의 찌꺼기가 쏟아져 나왔다. 시원한 감이

든다. 기침이 나오고 숨쉬기가 힘들어도 그런대로 견딜 만하다.

단식 중에 관장을 하지 않으면 변이 오랫동안 장내에 남아 있어 아랫배가 묵직한 느낌을 주어 불쾌해진다. 딱딱하게 굳어진 변은 독소 가스를 체내로 보내어 정신을 혼탁하게 한다. 단식 중에 관장은 빼놓아서는 안 되는 중요한 일이다. 단식요법을 잘 지키는 것은, 마음집중 수행에 큰 도움이 된다.

단식수행 9일째.

체중 32.0kg. 저녁 무렵이다. 방귀 냄새가 고약하다. 아직 배출되지 못한 음식 찌꺼기가 부패하고 있는 모양이다. 단식에 들어가기 바로 직전에, 대장내시경 촬영할 때 행하는 설사법으로 한꺼번에 위장, 소장, 대장 내의 모든 음식을 밖으로 쏟아내는 방법을 썼어야 했다. 그러지 못한 것이 원인이다. 소장 내에 남은 음식이 천천히 대장으로 내려가면서 부패되고 있는 것이다. 관장을 또 해야겠다.

역시 탁한 변 찌꺼기가 쏟아져 나온다. 오줌도 커피빛을 띤다. 냄새도 고약하다. 단식요법에서는 하루에 2리터 정도의 물을 마실 것을 권장한다. 나는 약 0.5리터 정도만 마시고 있다. 목이 마를 때, 조금씩 목을 축이는 정도다. 병을 치료하는 목적으로 하는 단식이 아니기 때문에 단식요법을 가볍게 여기었다.

몸이 가렵다. 단식 전날, 탕에 따뜻한 물을 받아 온몸을 담근 뒤 야무지게 몸 구석구석을 밀어 때를 벗겨냈다. 그 뒤 두 번 온수 샤워를 했을 뿐, 지금껏 씻지 않았다.

대야에 따뜻한 물을 담아 방안에서 수건에 물을 적시어 온수마찰을 했다. 단식요법에는 매일 냉수마찰을 하도록 되어 있다.

오랜 병고로 극도의 저체중인 34.5kg에서 단식을 시작했으므로 며칠 지나지 않아 목숨이 끝날 것이라고 단순하게 생각했다. 내 생각이 빗나간 것이다. 손발이 따뜻하고, 아랫배가 뜨끈하다. 기운도 감돌아 힘이 남아 있는 것 같다. 어째서 내게 이렇게 에너지가 많이 남아있을까? 곰곰 생각해 본다.

한 달여 전에 울산에 사는 후배 스님이 공진단을 보내왔는데, 그것을 꾸준히 먹었다. 공진단은 높은 칼로리의 에너지를 품고 있다. 그 때문인지 체중은 떨어졌지만 몸안의 기운은 떨어지지 않은 것이다.

부잣집 노인네가 임종 때에 고생을 많이 한다는 옛말이 있다. 아들 딸들이 인삼, 녹용 같은 높은 칼로리의 보약을 많이 드시게 하여, 그 에너지 때문에 숨이 빨리 멈추지 않는다는 것이다. 고칼로리의 보약은 고혈압으로 뇌졸중을 유발할 수 있다고 한다. 그래서 저칼로리 고단백의 식품이 좋다. 단백질은 뇌세포를 건강하게 하여 치매 예방에 도움을 준다.

공진단 때문에 단식 정진이 오래 가게 된 것 같기도 하지만, 그렇다고 해서 후회하지는 않는다. 나는 죽기 위한 단식을 하고 있는 것이 아니기 때문이다. 수행자로서 마지막 수행의 목적으로 단식을 하고 있기 때문에 마음이 조급하지 않다. 조금 더 긴 시간을 정진할 수 있지 않겠는가. 단식 정진을 즐기며 하자는 것이 나의 뜻이다. 지금 내가 가는 길은 분명하다. 반드시 끝나는 시점이 있을 것이기 때문이다. 3주가 될지 4주가 될지는 알 수 없지만. 나는 그저 몸의 건강이 극도로 좋지 않았을 때 공진단을 먹게 되었을 뿐이다. 공진단을 먹지 않았더라면 하안거를 보내기가 힘들었을 것이다. 행운이라 생각한다.

기침이 자주 나오고, 숨쉬기가 고통스럽다. 그리고 오른쪽 허리가 은근히 아프다. 오랫동안 누워 있으면 이런 통증이 온다. 일어나 허리를 펴고 앉으면 한동안 편안해진다. 일어나서 보행을 하려고 하지만, 체력이 금방 소진되고 만다. 나의 정진은 앉고 서고 누울 때를 가리지 않고 알아차림을 하기 때문에 형식에 집착하지 않는다. 통증을 참고 이기는 것도 수행의 일부다.

단식수행 13일째.

체중 30.5kg. 오늘도 가을 장맛비가 오락가락 자질구레하게 내린다. 방안에서 따뜻한 물을 대야에 담아놓고 수건을 적시어 몸 구석구석 깨끗이 닦아냈다. 속옷도 갈아입었다.

자꾸만 힘없는 방귀가 나온다. 어떨 땐 나올 듯 말 듯 귀찮게 한다. 아마도 장내에 음식 찌꺼기가 남아 부패하면서 그러는 것 같다. 그래서 관장을 했다. 아주 탁한 변의 찌꺼기들이 쏟아져 나왔다. 시원한 기분이 든다.

쉽게 생각하고 계획한 일이 생각 외로 오래 가고 어려워질 때는 누구나 당황하게 마련이다. 단순히 자살하기 위해 단식을 시작했다가 중도에 포기한 사람들이 적지 않다고 한다. 본인이 생각한 기간이 지나도 삶의 끝이 보이지 않으면 갑자기 공포가 엄습해 온다. 사후세계에 대한 두려움과 공포 때문에 다시 삶을 되찾고자 단식을 포기하고 만다. 나는 다르다. 병이 깊어서, 돌이켜 생명을 구원할 수 있는 상태가 아니다. 돌이킬 수 없는 위치이다. 두렵든 두렵지 않든, 앞으로 나아가야 한다. 가보지 못한 사후세계에 두려움이 없진 않다. 『티벳 사자의 서』에 의하면, 사후세계에 나타나는 현상은 망자들 각자의 업에 따르는 환상이라고 했다. 망자의 업이 두터워 불안하고 초조하면 무서운 환상이 펼쳐지고, 망자가 수행력으로 마음을 비우고 고요히 마음집중을 하면 앞에 펼쳐진 환상은 밝고 맑고 평화스러운 세계가 나타난다고 했다. 그래서 죽음을 맞이하는 그 순간이 매우 중요하다.

곱게 잠자리에 누워 숨을 거둔 내 모습을 누군가가 보게 된다면 덜 당황하겠지만, 거처의 어딘가에 넘어져 쓰러져 있는 나를 누군가가 발견하게 된다면, 그 사람은 몹시 당황할 것이다. 그때 어떤 행동을 취해야 할지 모를 것 같아서 자세하게 그 행동 방향 지침서를 작성하였다. 당황한 나머지 119에 신고하여 나를 병원으로 신고가는 잘못을 범하지 않도록 하기 위함이다.

"갑작스런 일이 일어났을 때는 이렇게 하세요. 내가 집 어딘가에 쓰러져 있는 것을 보게 되면, 내가 숨을 쉬고 있든 쉬지 않고 있든, 곧바로 119에 신고하지 마십시오. 조심스레 안아서 잠자리 시트에 눕혀두면, 조용히 숨을 거둘 것이오 숨을 거두어 임종했다는 확신이 들면 112에 신고를 하세요. 경찰이 검시관과 함께 와서 본 뒤 그들이 사망확인진단서를 해주게 되면, 그때부터는 유체를 마음대로 다룰 수 있게 됩니다.

유체의 머리가 북쪽으로 가도록 눕히는데, 시트 위에 비닐을 까세요 유체 위에 가사를 덮고 병풍을 치세요 유족들에게 연락하세요. 임종한 지 24시간 후에 염하여 입관하게 됩니다. 입관이 끝나면 관의 머리가 북쪽으로 가도록 안치합니다. 관 밑에는 비닐을 까세요. 병풍을 치고, 영단을 꾸민 뒤 성복제를 지내고 조문을 받습니다."

마침 주지스님이 올라와서 자세한 설명과 함께 글을 전했다.

단식수행 15일째.

체중 29.8kg. 모처럼 쾌청한, 한국의 전형적인 9월 가을 날씨다. 오랜만에 밝은 태양빛을 바라보니 기분이 상쾌하다. 앞문을 활짝 열어젖히니, 웅장한 지리산맥에서 뿜어나오는 정기가 방안으로 쏟아져 들어온다. 신선한 공기를 들이마시니 몸과 마음이 가벼워진다.

푸른 창공, 집 주변에 피어 있는 꽃들과 푸른 잔디가 나에게 생기를 준다. 들려오는 뭇 생명들의 아름다운 소리. 참으로 신비롭고, 성스럽고, 거룩하다. 뒷 창문 밖 풀들이 모처럼 햇빛을 받아 반짝이는 것이 사랑스럽다.

부처님께서 코끼리가 뒤를 돌아보듯이 마지막 웨살리를 돌아보시면서 아난다에게 말씀하셨다. "아난다여, 웨살리는 아름답구나. 우데나 탑묘도 아름답고, 고따마까 탑묘도 아름답고, 삿담바 탑묘도 아름답고, 바후뿟따(다자탑)도 아름답고, 사란다 탑묘도 아름답고, 짜빨라 탑묘도 아름답구나."

이 말씀 속에는 아주 인간적인 부처님의 마음이 담긴 것 같다. 그렇다고 중생심의 애착에서 하신 말씀은 결코 아닐 것이다.

허리가 뻣뻣하고 등덜미가 굳어져 통증을 유발했던 것이 많이 완화되었다. 단식에 들어가기 전까지 족삼리, 팔 곡지에 떠오던 쑥뜸을 그만두어 기혈 순환에 영향을 준 것 때문에 이런 현상이 일어나는 것 같다. 쑥뜸하기를 다시 시작하니 그 효과가 난다.

기운이 많이 소진되어 몇 발자국 앞에 있는 소변통에 가기도 힘들다. 창문을 열고 닫기도 힘들고, 벽에 있는 전기 스위치를 켜고 끄기도 힘들다. 그래도 정신은 맑고 밝다. 한결같이 알아차림으로 마음집중 화두공안을 챙기고 챙긴다.

배고픈 고통도 없다. 먹고 싶은 음식도 생각나지 않는다. 그저 마음은 편안하고 한가하다.

몸 전체의 체온이 골고루 기분좋게 따뜻하다.

아랫배 단전이 뜨끈뜨끈하는 걸 느끼니, 아마도 좀 오래 갈 것 같다. 그래도 언젠가 다 소진될 것이다. 마지막 체중의 한계점이 어디가 될까? 매일 체중을 체크한다.

물맛이 감돈다. 한모금의 물을 지구라는 큰 어머니의 젖으로 생각하며 마신다. 어린애가 엄마의 젖을 빨듯 행복감에 젖어 마신다. 생명수는 맛있다.

단식수행 17일째.

체중 28.8kg. 오늘은 공양주가 올라와서 보고는 말한다. "스님, 오늘은 어제보다 좋아 보이네요. 어린애 같아 보여요."

몸은 점점 말라가지만 노폐물이 죄다 빠져나가인지 피부가 맑고 밝게 보이는 것이다. 무엇보다도 마음이 편안하고 한가하기 때문일 것이다.

죽음에 대한 공포나 원망, 그리고 초조한 불안감에 싸여 있다면 이러하지 않으리라. 나는 이대로 행복하다. 이런 마음가짐으로 마지막 생을 마감하는 것이 가장 아름다운 삶의 마무리가 아닐까? 그때가 멀지 않겠지.

단식 중에는 삭발이나 면도를 하지 않는다는 규칙이 있다. 단식 중에는 오감이 극도로 예민하기 때문에 삭발과 면도는 기혈을 손상시킬 수 있다. 그러나 나는 2~3일 간격으로 기계면도 및 삭발을 했다. 머리카락 숫자가 적기 때문에 가능하다. 만약 면도도 하지 않고 삭발도 하지 않고 있으면 너무도 초라한 모습이 될 것이기 때문이다. 보는 이에게 맑고 밝은 표정을 보임으로써 그들에게 안도감을 주기 위함이다. 나 자신도 기분이 상쾌해진다.

저녁 어두워질 무렵이다. 가스가 나올 듯 말 듯, 힘을 주어야 겨우 나온다. 불쾌하다. 그래서 공양주 보살을 급히 올라오라고 하여 두 개의 대야를 가져다놓고 관장기를 설치하라고 하였다. 방안에서 관장을 할 참인 것이다.

따뜻한 물 1리터를 관장기를 통하여 장내로 보냈다. 참을 수 있는 만큼 참고 기다렸다가 대야에 쏟아냈다. 탁한 변의 찌꺼기들이 많이 쏟아져 나왔다. 먹은 것이 없는데 도대체 어디에서 이런 것들이 쏟아져 나오는 것일까. 단 한 번에 물이 쏟아져 나오지 않고, 얼마 있다가 나오기를 몇 번 반복된다.

관장을 하고 나니 기운이 탈진되었지만, 기분은 상쾌하다.

단식수행 18일째.

체중 28.6kg. 오늘은 맑고 밝다. 햇볕이 강한 가을 날씨다. 문을 활짝 열어젖혀도 춥지도 덥지도 않다. 단식수행에 아주 좋은 계절인 것 같다. 때를 잘 선택했다.

가스가 시원하게 나온다. 어제 관장한 효과이다.

목에 가래가 걸리곤 하여 토하지도 못하고 괴로워했는데 요즈음 가래가 사라졌다. 단식에서 온 변화인 것 같다. 조금만 움직여도 숨쉬기가 힘들고 손발에 힘이 없어 움직이기가 힘들다. 또한 한 자세로 앉아 있기도 힘들다. 누워 있는 시간이 길어진다.

마음이 불안하고 초조하면 꿈이 험악하다. 나는 꿈이 편안하다. 꿈을 꾸지 않는 것은 아니다. 꿈도 망상이다. 아직은 가벼운 망상이 남아있는 것이다.

단식수행 19일째.

체중 28.6kg. 산악인들은 왜 죽음을 무릅쓰면서까지 히말라야

산정에 오르려고 하는 것일까? 목숨을 걸고 도전했다가 중도에 포기하기도 하고 성공하기도 한다. 히말라야의 품에 안겨 돌아오지 못하는 경우도 적지 않다. 무엇 때문에 이 위험하고 무모한 도전을 최고의 스포츠라고 하여 세계인들이 주목할까? 사람들의 호기심 때문일 것이다. 인간의 정신력과 체력의 한계점은 누가 어느 정도 더 강하고 높을까? 그래서 이겨낸 히말라야 정상 정복, 안나푸르나 정복, 그 쾌감, 그 희망, 그것이 우리 사회에 주는 메시지는 무엇일까?

지금 내가 하고 있는 삶을 마감하는 단식수행은 나의 정신력으로 육신의 한계점을 향하여 나아가는 일이다. 생명의 한계점에 이르러 모든 것이 제로점에 도달하면, 나는 대해탈의 행복감을 느낄 것이다. 그 순간을 불보살님이시여, 축복의 그 시간을 어서 주십시오.

『티벳 사자의 서』는 말한다. 불안과 공포, 초조, 두려움으로 임종을 맞이하면 어둡고 무서운 경계가 나타난다고. 그러나 마음을 비우고 한 생각 챙기며 알아차림을 놓치지 않으면 밝고 맑은 평화스러운 경계가 펼쳐진다고 한다. 사후세계에 나타나는 현상은 망자의 업에 따라 일어나는 환상이라 한다. 내가 이렇게 하여 삶을 마감한다면 주변 사람들은 어떻게 생각할까?

들숨 날숨을 알아차리며 고요한 우주의 평화스러운 침묵에 전율을 느낀다. 무기의 혼침에 빠지지 않고 성성히 한 생각을 챙긴다. 나는 이제 돌이킬 수 없는 위치다. 내가 지금 하고 있는 단식수행법을 포기하여 병원을 찾는다면, 나를 기다리고 있는 것은 그저 진통제 영양제로 고통을 잠재우는 일과 연명의 기약없는 시간, 막대한 치료비, 꼴불견의 죽음뿐일 것이다. 그러니, 고통이 더 따르고 힘들더라도 내 갈 길은 이 길뿐이다. 누가 안타까워하여 꼬일지라도 그를 따라서는 안 된다.

지금까지 많은 불보살님의 가피력을 입어 왔다. 불보살님의 가피력을 입어 어서 빨리 마지막 수행의 목적이 이루어지기를 간절히 기도한다.

단식수행 22일째.

2021년 9월 15일. 체중 27.3kg. 몸 움직이기가 힘들다. 천근만근 몸이 무겁다. 숨쉬기도 힘들다. 소변 보기도 힘들고, 체중 달기도 힘들다. 숨을 고르고 고요히 누워 있으면 맥박은 감지되지 않고, 심장박동도 멈춘 듯하다. 숨도 멈출 듯하지만 가느다란 생명의 박동 소리는 이어진다. "이대로 멈추었으면 감사하겠습니다." 간절히 기도하는 마음이 된다. 생명체는 너무 고귀하기 때문에 신의 세계에서도 함부로 닿을 수 없는 영역인가 보다. 그런데 인간이 함부로 본인의 생명일지라도 가벼이 여겨서는 안 된다.

편집자로부터 (글쓴 이: 올리브나무 대표 유영일)

●

●

●

대현 스님의 기록은 여기에서 더 이상 이어지지 않는다. 나는 스님의 단식 27일째인 9월 20일(추석 전날) 오후, 정각사에서 마지막으로 스님을 뵈었다. 스님을 뵙는 순간, 깜짝 놀라지 않을 수 없었다. 7월 어느 날 뵈었던 스님의 모습과는 너무나 달라져 있었기 때문이다. 그때는 물론 단식 수행에 들어가시기 이전이었지만. 그럼에도 누워 계시는 스님의 깡마른 모습이 웬지 낯설지가 않았다. 잠시 생각을 더듬은 끝에, 스님의 모습을 뵈면서 내가 연상했던 것이 무엇이었는지를 알 수 있었다. 그것은 간다라 미술의 최고 걸작으로 손꼽히는 <석가모니 부처님 고행상>이었다. 갈비뼈가 다 드러난, 앙상한 겨울나무 같은 스님의 모습은 영락없이 <부처님의 고행상> 그것이었다.

나는 그날 밤 10시 무렵까지 스님 곁에 머물면서, 스님의 마지막 기록물(단식을 시작하신 8월 25일부터의 기록)을 수습하여 내

노트북에 타자하였다. 그 이전의 기록들은 스님과 연락을 주고받으면서 이미 정리되어, 스님께서 몸소 교정까지 두 차례나 다마치신 상태였다.

(석가탄신일 무렵의 봄날, 스님은 당신의 죽음에 대한 기록과 함께 부처님의 마지막 가신 길에 대한 공부 내용을 책을 펴내어 줄 것을 나에게 유언하셨고, 그동안 나는 편집자로서 스님과 교류하면서 작업을 진행해 왔었다.)

내가 옆방에서 타자를 치는 동안, 스님은 아주 편안하게 주무셨던 것 같다. (숨소리가 아주 고르게 들렸다.) 추석이 다음 날이었고 나 나름대로의 일정이 있어서, 그날 밤 늦게 나는 정각사를 떠났다.

그로부터 이틀 후인 2021년 9월 22일 오후, 정각사(주지: 황명 스님)로부터 대현 스님의 열반 소식을 들었다. 8월 25일 단식을 시작하신 지 29일 만이었다.

고별사

　나를 낳아주신 분은 부모님이지만, 중을 만들어주시어 부처님 법을 만나게 된 보람된 삶을 살게 해주신 분은 은사스님입니다. 은사스님의 은혜는 하늘보다 높고 바다보다 깊습니다. 그 은혜, 세세생생에 갚아도 다 갚을 길이 없습니다.

　저는 지혜와 용기와 결단심이 부족해 문도들을 바르게 이끌지 못했습니다. 그런데도 사제들은 저를 사형으로 대접해 주고 있습니다. 하지만 무엇 하나 베푼 바가 없습니다. 이제야 내 자신이 인색했음을 부끄럽게 생각합니다.

　그리고 신도님은 훌륭한 수행력을 갖추지 못했고 덕망도 없는 저에게 과분한 대우를 해주시었습니다. 무거운 시은만 지고 가는 것 같아 마음이 무겁습니다.

나는 죽음에 대하여 많은 생각을 했습니다. 어떻게 죽는 것이 가장 잘 죽는 죽음일까? 죽음 그 자체는 두렵지 않습니다. 죽음은 누구도 피할 수 없는 것이기 때문에 당연하게 받아들입니다. 하지만 죽어가는 그 과정이 두렵습니다. 주위에 죽어가는 사람들의 죽음의 과정을 보면, 너무도 안타깝습니다.

병원 중환자실에 거의 의식이 없는 환자가 산소호흡기를 부착하고 링거액으로 영양분을 공급받아 숨만 쉬고 있는 경우가 많이 있습니다.

옛날 도인들은 앉아 죽고, 서서 죽고, 미리 날짜를 정해놓고 죽고, 죽기를 마음대로 하였습니다.

나는 늘 신도들에게 말하였습니다. 이 몸은 공(空)하여 거짓 나이니 애착할 게 없다고 하지만 막상 죽음이 내 코앞에 다가오니 어떻게 죽어야 잘 한 죽음일까? 생각이 깊어집니다.

수행자가 수행의 목적은 깨달음을 성취하여 생사윤회를 벗어나는 것이요, 만약 금생에 깨달음을 성취하지 못했다면 마지막 숨을 거두는 순간 알아차림으로 한 생각 챙기면서 저세상으로 가야 합니다. 그 한 생각은 내세로 연결되어 금생의 수행력과 원력 따라 다음에도 수행자의 길을 걸어 쉽게 깨달음을 성취한다고 합니다.

초학 시절 보름 동안 단식을 한 적이 있습니다. 그때 단식을 하면서 열심히 정진을 하였더니 정신이 맑아져 화두가 성성적적 끊어짐이 없이 밤낮 이어짐을 체득한 바가 있습니다. 그때 생각하기를, 이 세상 떠날 때 단식을 하면서 가는 것이 좋겠구나! 하였습니다.

지금 내 나이는 칠순이 훨씬 지났습니다. 백세까지 사는 세상이니 한참 못 미치는 나이라고 생각하는 사람도 있겠지만, 본래 약골로 태어난 나로서는 많이 산 것입니다.

그리고 절집에 들어온 지도 반백년이 지났습니다. 시은만 지고 있어 무거운 업만 쌓여 가는 것 같습니다.

나이가 들어 면역력이 떨어져 일년 내내 감기 기운이 떨어지지 않고 콧물이 줄줄 흘러내리며 가래가 목구멍에 걸리어 괴롭고 기침이 심합니다. 이러한 증상들이 이제 이 세상을 하직하라는 메시지인 것 같습니다.

백 년 이백 년 더 살다 간다고 해도 아쉽기는 매 한 가지입니다. 지금 더 살려고 버둥댄다면 그것은 생에 대한 애착 때문입니다. 생에 대한 애착은 윤회의 씨앗이 됩니다. 나는 그 윤회의 씨앗인 애착을 버리고자 합니다. 좀 힘이 남아 있고 정신이 또렷할 때 단식을 하면서 마지막 정진을 하고자 합니다.

그러하오니 주위에서 저를 도와주십시오.

이 세상 올 때는 업연에 끌리어 오는 줄 모르고 왔지만 갈 때는 알아차림으로 한 생각 챙기면서 가는 줄 알고 가고 싶습니다.

올 때는 비록 울면서 왔지만 갈 때는 웃으며 가고자 합니다. 나를 억지로 병원으로 데려가 영양제를 놓고 음식을 먹이지 마십시오. 간절히 부탁드립니다. 대중들께 짐 지워 드려 죄송합니다.

七十五年空幻身　　칠십오 년을 살아온 허망한 이 몸
칠 십 오 년 공 환 신

東西南北空自忙　　이곳저곳 공연히 바삐 돌아다녔네
동 서 남 북 공 자 망

世緣已盡空手去　　세상 인연이 다하여 빈손으로 가노니
세 연 이 진 공 수 거

白雲青山空來去　　백운이 청산에 공연히 왔다가네
백 운 청 산 공 래 거

大玄 合掌

안거 경력

법명 : 大玆
은사 : 正日
승적번호 : 0574—50

연도	안거	안거 선원
1975년	하안거	인천 용화사
1975년	동안거	〃
1976년	하안거	강진 백련사
1976년	동안거	지리산 칠불사
1977년	하안거	현풍 도성암
1977년	동안거	문경 봉암사
1978년	하안거	오대산 상원사
1978년	동안거	월래 묘관음사
1979년	하안거	강진 백련사
1979년	동안거	해남 대흥사
1980년	하안거	도봉산 망월사
1980년	동안거	강진 백련사
1981년	하안거	〃
1981년	동안거	〃
1982년	하안거	문경 봉암사
1982년	동안거	예산 향천사
1983년	하안거	〃
1983년	동안거	〃
1984년	하안거	수원 용주사
1984년	동안거	〃

1985년	하안거	지리산 천은사
1985년	동안거	〃
1986년	하안거	현풍 도성암
1986년	동안거	예산 향천사
1990년	하안거	김천 수도암
1990년	동안거	〃
1991년	하안거	지리산 정각사 선원
1991년	동안거	〃
1997년	동안거	곡성 태안사
1998년	하안거	〃
1998년	동안거	〃
1999년	하안거	예산 향천사
1999년	동안거	〃
2000년	하안거	〃
2002년	동안거	부안 내소사
2003년	하안거	〃
2003년	동안거	〃
2004년	하안거	〃
2004년	동안거	〃
2005년	하안거	서울 보광사
∫	연속 안거	〃
2008년	하안거	〃
2009년	하안거	부안 내소사
2009년	동안거	〃
2010년	하안거	곡성 태안사
2010년	동안거	〃
2011년	하안거	〃